취토스

취업을 위한

토익

스피킹

취토스 취업을 위한 토익스피킹

저자	김병기, 백형식, 김유미
초판 1쇄 발행	2011년 7월 15일
초판 2쇄 발행	2012년 3월 12일

발행인	박효상
책임 편집	강성실
편집	모희진, 이종만
디자인	손정수, 윤영선
마케팅	이종선, 이태호, 이전희
조판	이정임

출판등록	제 10-1835호
발행처	사람in
주소	121-839 서울시 마포구 서교동 378-16 4F
전화	02)338-3555(代)
팩스	02)338-3545
E-mail	saramin@netsgo.com
Homepage	www.saramin.com

사람이 중심이 되는 세상, 세상과 소통하는 책 **사람in**
기획편집 1팀_ 강성실, 모희진,이종만 | 기획편집 2팀_ 임수진 | 단행본팀_ 강현옥
디자인팀_ 손정수, 윤영선 | 마케팅_ 이종선, 이태호, 이전희 | 관리_ 남채윤

취토스

취업을 위한 토익 스피킹

단기간에
TOEIC SPEAKING을
마스터하는
맞춤형 실전서

김병기, 백형식, 김유미 지음

TOEIC SPEAKING

사람in
saram
in.com

TOEIC SPEAKING

Preface

최근 우리를 둘러싸고 있는 영어 광풍의 온도는 제법 뜨겁습니다. 그 후끈후끈한 열기의 온도가 과연 몇 도나 되는지는 어디서나 쉽게 측정해볼 수 있지 않을까 생각합니다. 살아가면서 몇 번은 족히 듣고도 남았을 '조기 영어 교육'이란 말은 차치하고라도, 길가다 쉽게 볼 수 있는 많은 영어 학원들, 어학연수와 유학에 대한 치열한 광고들, 그리고 어느 서점에 들어가더라도, 서점 직원에게 물어보지 않고도 단박에 그 위치를 쉽게 찾을 수 있는 유일한 판매대가 바로 영어 학습서 판매대의 위치라는 사실은 작금의 영어 광풍의 온도가 몇 도나 되는지 우리에게 충분히 알려주고도 남습니다.

얼마 전에 우연히 '밥은 봄처럼, 국은 여름처럼, 장은 가을처럼, 술은 겨울처럼'이라는 옛말을 듣게 되었습니다. 그저 모든 음식에는 그 음식에 알맞은 적정 온도라는 것이 있기 마련이라는, 지극히 평범한 사실을 담고 있는 속담인데, 참 들으면 들을수록 선조들의 지혜가 느껴져서 몇 번이고 곱씹지 않으려야 않을 수가 없었습니다. 그런데 나중에는 곱씹던 맛이 점차 바뀌면서 입맛이 살짝 쓰기까지도 했더랍니다. 이 속담이 비단 음식에만 해당되는 이야기는 아닌 듯싶어서 말입니다. 과연 이 영어 광풍의 온도는 우리가 영어 공부를 하는 데 있어서 최적의 효과를 거둘 수 있는 적절한 온도인지, 아니면 미지근한 물에서 점차 뜨거워지는 줄도 모르고 가만히 있다가 죽어가는 개구리의 모습을 재현하는 그러한 온도인지, 속담 하나가 던져주는 그 속뜻에는 현역 영어 강사로서 고민해야 할 부분 또한 담겨져 있었습니다.

근래 영어 학습의 화두는 단연코 '영어 구사 능력'에 있다고 해도 과언이 아닙니다. 요즘 대학생이나 직장인에게 취업과 승진에 있어서 영어 능력이 얼마나 중요한 위치를 차지하고 있는지 설파해봐야, 그 사실은 그다지 새삼스러울 것도 없다는 반응만 얻을 뿐일 만큼 영어 스피킹 능력의 비중이 예년에 비해 점차 늘어나고 있는 상황입니다. 그래서인가요, 필자들은 TOEIC Speaking 학습서를 집필하면서 온도에 대한 고민이 상당했었다는 사실을 인정하지 않을 수가 없습니다. 바로 어느 정도의 온도로 이 콘텐츠를 다뤄야만 이 학습서로 공부하시는 분들이 TOEIC Speaking에 있어서 최적의 학습 효과를 거둘 수 있는지 말입니다.

본서는 현재 취업 혹은 승진을 위해 TOEIC Speaking 시험을 준비해야 하는 대학생 또는 직장인들을 위해 과감하게 기존 Speaking 교재의 틀을 버리고 새로운 접근을 시도 하고 있습니다. 기존 Speaking 교재들은 영어로 문장을 구사하고 어느 정도 회화에 익숙한 사람들이나 시도해봄직한 답변들을 제공하여 막상 문장 하나도 자력으로 표현하지 못하는 사람들에겐 그저 그림에 떡인 답답하고 막막한 모범답안들과 그에 따른 해설들로 가득합니다. 실제로 많은 Speaking 입문자들의 경우, Speaking 교재들에 등장하는 질문과 해당 답변을 단순하게 암기하는 수준에서 Speaking 공인시험을 대비해왔기 때문에 자신이 공부한 질문과 다르게 제시되는 경우 이에 능동적으로 대응할 방법이 없던 것이 부인할 수 없는 현실이었습니다.

본서는 Speaking 입문자들이 질문에 대한 답변을 스스로 만들어낼 수 있도록 효율적으로 유도함은 물론이고, 회화에 능숙하지 못한 학습자라도 손쉽게 답변을 할 수 있는 효과적인 방법을 제시하고 있습니다. 아울러 많은 실전 문제를 통한 반복 학습을 거쳐 어떠한 문제가 출제되더라도 그 문제에 대하여 최소 Level 6 수준의 답변이 가능한 수준으로 훈련할 수 있도록 구성되어 있습니다. 따라서 자신이 공부했던 질문과 유사한 질문이 등장하는 경우에만 준비한 답변을 말할 수 있었던 답답함을 해소하고 생소한 문제가 나오더라도 기본적인 답변을 구사할 수 있는 능력을 배양하는 데 초점을 맞추었습니다.

오랜 고민의 시간을 통해 Speaking 학습을 위한 최적의 구성을 갖추고 있는 본서는 단순 암기식 답변을 지향하는 기존 Speaking 교재와 여러 면에서 차별화되었으며 많은 분들이 실제 Speaking 실력 향상을 추구할 수 있는 적절한 온도를 지닌 교재임을 확신합니다.

마지막으로, 이 책을 집필하는 데 실전문제 해설 작업을 성심으로 도와주신 EDU LANG 연구소의 수석 연구원이자 이익훈 어학원 토익 강사이신 김유미 강사님께 진심 어린 감사의 말씀을 전하고자 합니다.

2011년 7월 종로 관철동 EDU LANG 연구소에서

김병기, 백형식, 김유미 배상

TOEIC Speaking 시험 소개

TOEIC Speaking이란?

미국의 비영리 시험 개발 기관인 ETS(Educational Testing Service)는 기존 TOEIC 시험이 '듣기 평가'와 '읽기 평기'를 통해서 영어 의사소통 능력을 종합적으로 평가하는 데 한계가 있음을 인식하고 '영어 말하기 능력'을 직접적으로 측정하기 위해 TOEIC Speaking 시험을 개발하였다. TOEIC Speaking 시험은 시험지가 아닌 IBT 방식으로 진행되며, TOEIC 시험이 그러했듯이 전세계적인 비즈니스 환경에 적절한 내용으로 구성되어 있다. 여기에는 업무와 관련된 상황 혹은 문화를 초월한 친숙한 일상생활에서 수행해야 할 과제까지 포함되어 있다.

TOEIC Speaking의 특징

1. TOEIC Speaking은 수험자가 지정된 응시 센터를 방문하여 시험을 보는 IBT 방식으로 치러지며, 수험자의 응답은 녹음되어 온라인 채점 통신망을 통해 미국 ETS 본사로 보내진다.
2. 신뢰성 확보를 위해 매회 채점 시작 전, Calibration Test로 검증된 채점자들이 수험자 1인의 답변에 각 문항별 약 11명 내외의 그룹으로 구성되어 채점에 참여함으로써 채점의 공정성과 객관성을 확보한다.
3. 네트워크 시험 진행 방식을 이용하여 전 세계 어디에서나 응시가 가능하다.

TOEIC Speaking 응시 신청 방법

응시 신청은 TOEIC Speaking 온라인 홈페이지(www.toeicspeaking.co.kr)를 통해 온라인 접수만 받고 있으며, 방문 접수는 가능하지 않다. 응시료는 부가세 포함 72,600원이며, 일반인을 대상으로 하는 정기시험은 월 1회씩 연 12회 실시한다.

TOEIC Speaking 구성

총 6개 유형, 11문제로 구성되어 있으며, 전체 소요 시간은 약 20분이다.

문제 번호	문제 유형	답변 준비 시간	답변 시간	평가 기준	점수
1-2	Read a Text Aloud "지문 낭독하기"	45초	45초	· 발음 · 억양과 강세	0~3
3	Describe a Picture "사진 설명하기"	30초	45초	위의 모든 항목들에 더하여 · 문법 · 어휘 · 일관성	0~3
4-6	Respond to Questions "질문에 답하기"	없음	4번: 15초 5번: 15초 6번: 30초	위의 모든 항목들에 더하여 · 내용의 일관성 및 완성도	0~3
7-9	Respond to Questions Using the Information Provided "주어진 자료를 활용하여 질문에 답하기"	자료 파악시간 30초 별도 답변 준비시간 없음	7번: 15초 8번: 15초 9번: 30초	위의 모든 항목들	0~3
10	Propose a Solution "해결방안 제시하기"	30초	60초	위의 모든 항목들	0~5
11	Express an Opinion "의견 제시하기"	15초	60초	위의 모든 항목들	0~5

TOEIC Speaking 레벨 및 환산 점수

성적은 10점 단위의 Score와 8단계로 세분화된 Level이 동시에 제공됨으로써 동일 Level에 속해 있는 수험자 간의 영어 능력을 세분화하고 정확하게 판단한다.

등급(Level)	점수	등급(Level)	점수
Level 8	190~200	Level 4	80~100
Level 7	160~180	Level 3	60~70
Level 6	130~150	Level 2	40~50
Level 5	110~120	Level 1	0~30

TOEIC Speaking 기타 사항

- 채점 결과는 응시 후 약 2주 뒤에 홈페이지에서 발표되며, 시험 성적의 유효기간은 2년이다.
- 시험 일정 및 신청 방법 등과 관련한 자세한 사항은 한국토익위원회 홈페이지(www.toeicspekaing.co.kr)를 방문하면 확인할 수 있다.

이 책의 구성 및 특징

TOEIC Speaking

Question 2 of 11

This is Bobby Brigham with this morning's WBC traffic report. With all the downtown construction, cars are moving very slowly throughout most of the city. I recommend that you avoid driving in the downtown area today unless it is absolutely necessary. Fortunately, next week should see less construction and fewer delays. We will update you with another traffic report tomorrow. Stay tuned for a promotional message from Sub's Sandwich Shop.

PREPARATION TIME
45 seconds

RESPONSE TIME
45 seconds

Actual Test 10 세트로 구성되어 있으며, 지시문과 문제를 컴퓨터 화면과 흡사하게 제시하여, 컴퓨터가 없어도 IBT 방식의 시험에 대한 적응 훈련을 효과적으로 할 수 있도록 하였다.

유형별로 답안을 구성하는 기본 format을 제시하여 반복 학습을 통해 실제 응시 현장에서는 format에 맞춰 답안을 구성할 수 있도록 유도하였다.

사람이 있는 문제의 기본 format을 사용하자.

📄 기본 format

STEP 1 사진의 내용을 한 문장으로 집약하라.

STEP 2 주인공의 차림새와 외모에 대해 설명하라. (여러 명일 때에는 위치별 인물 설명)

STEP 3 주인공의 행동을 상세히 묘사하라.

STEP 4 주인공 이외의 것들에 대해 언급하라. (배경 사항)

STEP 5 마무리를 하라. (추측 문장 강추!)

Point Ⓐ 전체 사진 묘사 시 유용한 표현 "This is a picture of ~"를 사용하자. Part 3 사진 묘사에 서 반드시 지켜야 할 것은 잘 모르는 어려운 어휘를 쓰려 하지 말고, 확실히 알고 있는 자신의 어휘로 묘사를 해야 한다는 것이다. 익숙하지 않아서 발음이 힘들거나 정확한 용례를 모르는 어려운 어휘를 고집하려다가 제대로 표현조차 못하게 될 수도 있다.

Point Ⓑ 주인공의 차림새와 외모에 대해 설명을 할 차례인데, 등장인물이 여러 명이므로 위치로 설명을 할 수도 있다. 또한 외모 이외에도 입고 있는 옷이나 장신구 등을 활용하여 문장을 만들 수 있다. 묘사 시에는 현재형이나 현재 진행형 시제를 사용해 현장감을 디하는 것이 좋다.

Point Ⓒ 주인공의 행동을 상세히 묘사한다. 이처럼 인물이 여럿 등장하는 사진에서는 특정 인물을 지목하여 그 인물에 대해 상세한 설명을 이어가는 것도 좋은 방법이다.

Point Ⓓ 배경 사항을 비롯해 주인공 이외, 즉 인물 이외의 것들에 대해 언급하면 된다. 사진을 묘사할 때, 날씨에 대한 부분은 추측성 묘사가 일반적이다.

Point Ⓔ 추측 문장으로 마무리를 하자. 사진에 제시된 정보를 근거하여 주관적인 추측으로 마무리하는 것도 좋은 방법이다.

문제당 두 개의 Sample Response를 제시하고 이를 구성하는 방법을 동일한 색깔과 알파벳 문자로 표시하여 입체적으로 설명하였다.

Sample Response 2

Ⓐ **This is a picture of** some sort of party on a boat. Ⓑ There are a lot of people on the deck, which is very white and has a chrome railing. There are barely any clouds in the sky, and it must be very hot as the people are wearing swimwear. Ⓓ It looks like the picture was taken in the evening as there are many shadows and the sun must be quite low. Ⓔ It looks like the people are dancing and having a lot of fun.

이 | 책의 활용법

Section 1. Pattern Intro & Fundamental Strategies

TOEIC Speaking 시험에 익숙하지 않은 이들을 위한 섹션이다. 각 Part별로 출제 유형과 ETS의 채점 기준을 자세하게 제시하였고, 그에 더하여 평소 학습할 때 주안점을 둬야 할 부분을 안내하는 **Suggestions for Speaking Training**과 시험장에서 200%의 실력을 발휘할 수 있도록 하는 **고득점을 위한 현장 Strategies**를 제공하고 있다. 무턱대고 덤벼들기보다는 각 유형에 대해 충분히 파악한 뒤 다음 섹션으로 넘어가자.

Section 2. Actual Tests

실전에 자주 등장하는 주제를 활용하여 실전과 같은 난이도의 Actual Test 10세트를 제공하였다. 먼저 별도 CD에 담겨 있는 ACTUAL TEST MP3파일을 활용하여 실전에 임하는 자세로 응시하고, 각 세트별로 제공되는 **Sample Responses & Study Strategies**에서 다양한 소재와 유형각각에 맞춤식으로 제공된 모범 답변과 그 구성 방법을 학습한다. 그렇게 10개의 Actual Test를 모두 꼼꼼하게 학습한다면, Section 1에서 느꼈던 TOEIC Speaking에 대한 막연한 느낌을 극복하고 고득점에 도전할 자신감을 얻을 수 있을 것이다.

MP3 CD

MP3 CD에는 실제 시험에 응시하는 것과 흡사하게 시간을 배분한 Actual Test 음성파일뿐만 아니라, 각 문제에 대한 **Sample Responses**의 음성 파일도 수록되어 있다. 원어민의 답변을 섀도우스피킹 하면서 인토네이션과 발음을 업그레이드할 수 있다.

Contents

TOEIC SPEAKING

Section 1

TOEIC SPEAKING

Pattern Intro & Fundamental Strategies

Part 1 "Read a Text Aloud" 지문 낭독하기

◑ Part 1 개요

출제 목적 : 응시자의 발음과 억양/강세를 측정

문 항 수 : 2문제 (questions 1-2)

시험 시간 : 문제당 45초 준비시간, 45초의 응답시간

수험 과제 : 컴퓨터 화면에 제시되는 지문을 크게 읽는다. 크고 또박또박 읽어야 하는 전화메시지, 방송문, 광고문, 안내문,
연설문 등이 일반적으로 출제된다.

TOEIC Speaking

Questions 1-2: Read a Text Aloud

Directions: In this part of the test, you will read aloud the text on the screen. You will have 45 seconds to prepare. Then you will have 45 seconds to read the text aloud.

TOEIC Speaking

Question 1 of 11

Our flight 717 will be arriving at Georgia Atlanta Airport in about 20 minutes. For your safety, we need you to put all your personal belongings and effects in the overhead compartment. If you need any help, please do not hesitate to call for flight attendants using service button.

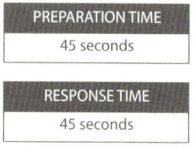

PREPARATION TIME
45 seconds

RESPONSE TIME
45 seconds

◑ ETS 채점 가이드라인

발음

3점 사소한 실수와 다른 언어의 영향이 있을 수 있으나 발음이 매우 명확하다.

2점 일부 실수와 다른 언어의 영향이 있으나 발음이 대체로 명확하다.

1점 발음이 명확한 곳도 일부 있으나 다른 언어의 영향이 적절한 지문 전달에 방해가 될 만큼 크다.

0점 무응답이거나 응답이 지문과 전혀 관련이 없다.

억양/강세

3점 강세, 끊어 읽기, 음의 고저가 적절하다.

2점 강세, 끊어 읽기, 음의 고저가 대체로 적절하지만 일부 실수와 다른 언어의 영향이 나타난다.

1점 강세, 끊어 읽기, 음의 고저가 적절하지 않으며 다른 언어의 영향이 크다.

0점 무응답이거나 응답이 지문과 전혀 관련이 없다.

◑ 고득점을 위한 현장 Strategies

1 답변 전에 주어지는 준비시간을 활용하라. (준비시간에도 무조건 큰소리로 읽어라.)

준비시간에 미리 읽으면서 발음할 때 주의해야 하는 단어, 억양과 강세가 필요한 곳을 미리 생각해둔다. 또한 지문의 내용도 파악해야 한다. 어느 부분을 강조할지 생각해야 하기 때문이다. 반드시 소리 내어 읽어 보며, 지문의 종류와 의도를 파악해야 한다. 익숙하지 않은 단어 및 특수 단어들에 대한 읽기 연습을 집중적으로 하라!

2 문장부호를 정확히 따라야 한다.

지문의 내용을 생각하며 강조할 부분 및 억양처리에 신경 쓴다. 끊어 읽기는 가장 중요한 부분이다.
- 긴 주어, 쉼표, 물음표, 마침표, 느낌표 뒤에서 끊기
- 관계대명사절, 전치사구, 준동사구, 명사절, 부사절 앞에서 끊기

3 속도는 한 템포 느리고 차분하게 읽자. (평소 자신이 읽기 속도보다도 조금 느리게 읽자.)

빨리 읽는 것이 유창한 것이 아니라는 점을 기억하자. 실제로 지문들이 45초 이내에 충분히 읽을 수 있는 분량이기에 너무 빨리 읽으려 서두를 필요가 없다. 빨리 읽는 것에 연연하면 읽는 도중 실수를 할 가능성이 커진다.

4 읽는 도중 틀렸다 해서 처음부터 읽지 말자.

지문을 읽다 틀렸을 때 당황하지 말고 틀린 부분만 다시 고쳐 말하면 된다. 사소한 실수 몇 개 정도는 감점의 요인이 되지 않는다는 것을 기억하자.

◑ 낭독 Sample : 공항 안내방송

〈 **/** : 끊어 읽기   **굵은 글씨** : 강조해서 읽기〉

Ⓐ Our flight 717 will be arriving / at **Georgia Atlanta Air** / in about **20** minutes. Ⓑ For your safety, / we need you to put / all your personal belongings and effects / in the overhead compartment. Ⓒ If you need any help, / **please do not hesitate** / to call for flight attendants using service button.

Point Ⓐ 기내방송은 짧지만 많은 정보를 담고 있다. 청자인 승객들이 이런 정보들을 혼동하거나 듣지 못하는 일이 없도록 또박또박 끊어 읽기에 신경 쓰고, 또한 강조해야 할 정보를 강조하는 것을 잊지 말자. (고유명사, 숫자 등은 특히 강조해서 또박또박 읽기)

Point Ⓑ 비행기 안내 방송에는 이와 같이 이륙 전에 소지품을 머리 위 선반에 두라는 내용이 흔히 나온다. 쉼표가 나오면 정확히 한 박자 쉬어주는 것을 명심하자. 여기서는 put 뒤에 목적어 자리가 너무 길어 한 번에 읽기가 부담이 되므로 동사 put 뒤에서 한번 끊어 읽는 것이 도움이 될 것이다. 전치사가 있는 곳은 적절히 끊어가며 또박또박 읽도록 한다.

Point Ⓒ "도움이 필요하면 승무원을 호출해 주세요."라고 말하는 문장은 기내 안내 방송에서 빠지지 않는 문장이다. 문장을 읽을 때 항상 명심할 사항은 의미 단위로 끊어 읽음으로써 전달하고자 하는 내용이 보다 명확하게 전달되도록 노력해야 한다는 것이다. 이 문장에서 Please / do / not / hesitate 이 부분을 또박또박 발음하는 것이 더 기내 방송답게 들리게 한다. 중요한 부분을 강조하는 것과 동사 부정어는 강세를 둬서 좀 더 강하게 강조하는 것이 바람직하다.

Suggestions for Speaking Training 🖨

1 효과적인 의미 전달을 위해 아래 요소를 고려하라.

- 끊어 읽는 곳이 어디인가?
- 각각의 생각은 어디에서 끝나는가?
- 어느 단어가 중요한가?
- 생각들이 어떻게 연결되어 있는가?

2 크게 소리 내어 읽는 연습을 많이 해라.

영어로 말을 하고 그것이 자연스럽게 들리게 하는 것은 그 자체가 하나의 능력이다. 이를 위해서는 글을 읽으면서 동시에 의미를 이해할 수 있고, 듣는 이들에게도 의미전달을 잘 할 수 있도록 평소에 영어로 된 글을 많이 읽어야 한다.

3 강약 조절이 필수다. (명사와 동사만 강조해도 문장의 억양이 살아난다.)

명사와 동사 같은 문장의 중심단어 또는 more, better, best, highest와 같은 비교급, 최상급을 나타내는 단어를 다른 단어에 비해 강조해서 말한다면 듣는 사람의 주의를 끌 수 있다. 듣는 이의 주의를 끄는 것이 효과적으로 말을 한다는 것을 의미한다.

4 반드시 강조할 부분들과 주의할 것들

지문을 읽다 틀렸을 때 당황하지 말고 틀린 부분만 다시 고쳐 말하면 된다. 사소한 실수 몇 개 정도는 감점의 요인이 되지 않는다는 것을 기억하자.

- 반복되는 키워드 강조
- 인명, 지명, 제품명, 회사명 같은 고유명사들 또박또박 강조
- 숫자, 기호, 약어를 정확히 읽기
- 품사에 따라 발음이 변하는 단어들 주의
- 복합명사는 앞 단어에 대체로 강세를 둔다.
- 대명사와 조동사는 강조해서 절대 좋을 것이 없다. – 단 부정형의 조동사는 강세를 둔다.

◐ 필수단어 및 표현 정리

전화메시지
You have reached 회사이름 (= thank you for calling 회사이름).
If you would like to make a reservation, please leave a message after the tone.
This is (전화 건 사람) **calling from** (부서 또는 회사이름).
I'm calling about 전화 목적.
I've received your message regarding (문제점, 요청사항).
Please give me a call back at (전화번호).
Thank you for calling (회사이름), **located on** (장소 – 도로 또는 도시명).
Please leave a message after the tone and we will return your call as soon as possible.

광고
If you buy our (제품명), **you will also receive** (할인혜택 또는 무료 선물).
This is a limited time offer that will expire on (날짜).
Don't forget that this offer will be valid until the end of next week.

기내방송
Welcome all passengers on board (항공사 이름) **Flight** (비행기번호) **to** (목적지 도시명).
The flight will take about (총 비행 시간).
We'll arrive at (목적지 공항 이름) **at** (시각) **local time.**
Our destination is (도시), (국가) **and we should be there in about** (숫자) **hours.**
Please remember to fasten your seatbelts until the seatbelt sign is turned off.
Feel free to call for a flight attendant using the service button above your seat.
Thank you for flying with Coastal Airlines and enjoy your flight.

라디오 방송, 일기예보, 교통방송
This is (진행자 이름) **with today's weather report.**
We'll be back in 30 minutes with more traffic news.

여행안내, 행사소개
Ladies and gentlemen, good evening and welcome to (행사 이름).
Please turn off any mobile phones or pagers for the duration of the performance.
Thank you in advance for your cooperation.
All proceeds from the raffle will go towards (단체명).
I'm happy to see so many people have come for this event.
As the (직책), **it is my great pleasure to welcome you all to the opening of** (장소).

수상연설
I'd also like to give special thanks to (사람) **for** (이유).

기조연설
I hope you'll all give a big welcome our next speaker, (직책 또는 직업), (이름).
Please give a round of applause for (사람 이름).

Part 2 **"Describe a Picture"** 사진 묘사하기

◑ Part 2 개요

출제 목적 : 영어권 사람들이 이해할 수 있도록 구체적인 설명을 할 수 있는지를 측정한다.

문 항 수 : 1문제 (question 3)

시험 시간 : 30초의 준비시간과 45초의 응답시간

수험 과제 : 화면에 제시된 사진을 묘사한다. 사진에는 주위에서 흔히 볼 수 있는 어떤 행동을 하는 사람들이 주로 등장하며, 그 중에서도 가장 많이 나오는 것은 쇼핑, 식당 및 사무실 상황이다.

TOEIC Speaking

Question 3: Describe a Picture

Directions: In this part of the test, you will describe the picture on your screen in as much detail as you can. You will have 30 seconds to prepare your response. Then you will have 45 seconds to speak about the picture.

TOEIC Speaking

Question 3 of 11

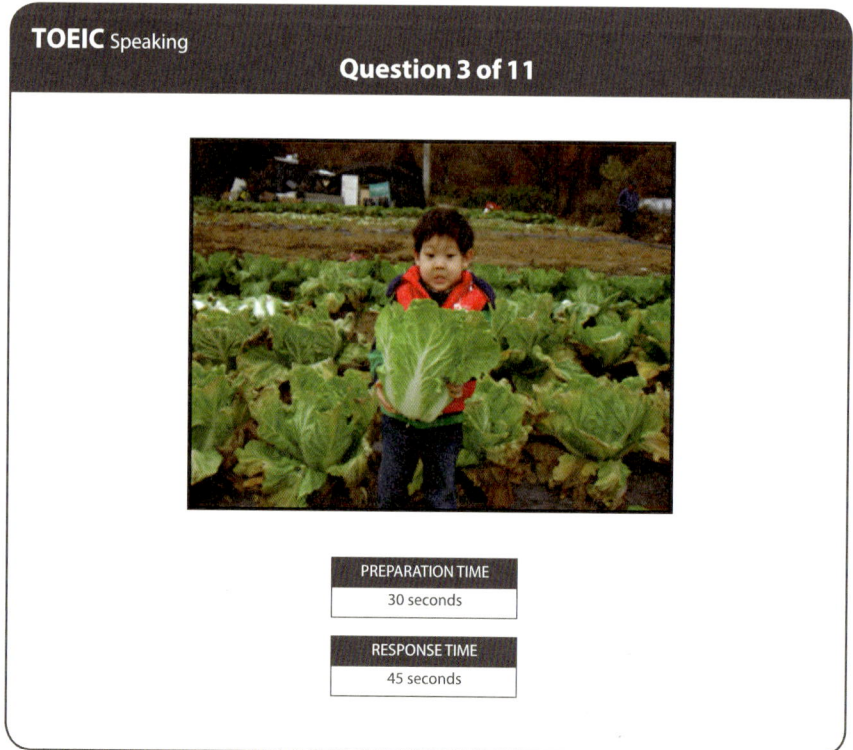

PREPARATION TIME
30 seconds

RESPONSE TIME
45 seconds

◐ ETS 채점 가이드라인

3점 답변이 사진과 관련이 있으며 적절한 세부 사항을 포함한다.
- 말이 거의 항상 매끄럽고 일관되며 채점자가 이해하는 데 어려움이 없다.
- 정확하고 사진과 관련된 어휘를 사용한다.
- 생각을 일관성 있게 표현할 수 있는 구문을 사용한다.

2점 답변이 사진과 관련이 있으나 중요한 내용을 빠뜨리거나 비교적 중요하지 않은 세부 사항을 설명하면서 시간을 보낸다.
- 말이 대체로 매끄럽거나 채점자가 이해하는 데 다소 어려움이 있다.
- 어휘의 사용이 때로 제한적이고 정확하지 않다.
- 구문 사용이 제한적일 수 있으며 전반적인 내용 이해에 지장을 줄 수도 있다.

1점 답변이 사진과 관련이 있을 수도 있으나 내용 전달에 매우 제한적이다.
- 말이 매우 오래 끊기고 자주 머뭇거려서 채점자가 이해하는 데 상당한 어려움이 있다.
- 어휘 선택이 의미 전달에 지장을 줄 수도 있고 같은 어휘를 자주 반복한다.
- 구문 사용이 내용 이해에 상당한 지장을 준다.

0점 무응답이거나 응답이 지문과 전혀 관련이 없다.

◐ 고득점을 위한 현장 Strategies

1 준비시간을 활용하라.

30초의 준비 시간 동안 사진과 관련 있는 단어들을 생각하라. 아는 단어이기는 한데 발음이 힘들거나, 정확한 사용 용례를 모르는 경우 정확히 사용할 수 있는 단어로 대체하라.

2 처음부터 너무 빨리 말하는 것은 좋지 않다.

처음에 너무 속도가 빠르게 말하다 보면 나중에 할말이 없어 머뭇거리게 되고 당황하게 된다.

3 묘사가 완벽하지 않아도 3점을 받을 수 있다.

묘사가 완벽하지 않더라도 3점이 가능하다. 전반적으로 응답이 매끄럽고 정확한 어휘를 사용하며 발음이 분명하다면 그 내용의 일관성에 따라 3점도 가능하다.

4 특정단어를 몰라도 문제가 되지 않으며, 자신이 아는 단어로 묘사한다.

I don't remember the exact name of the umbrella라고 응답하여도 문제가 되지 않는다는 것. 모르면 아는 단어로 풀어서 설명한다.

5 많이 말하고 계속 말해야 한다.

할 말을 생각하기 위해 잠시 멈출 수도 있지만 계속 말하는 것이 좋다. 주거하거나 말을 중단하지 말라. 시간이 다할 때까지 묘사하라. TOEIC 시험 Part 1 부분의 스크립트를 적극 활용하는 것도 좋은 방법이다.

6 실수했다고 생각하면 고쳐 말해도 된다.

실수를 했다고 생각한다면 고쳐서 말하라. 평가자는 시험이라는 특수성을 감안한다.

◑ Sample Respense

This is a picture of a cabbage field. A boy is wearing a pair of jean and a red jacket. He is holding a cabbage with both hands. I think it's winter time because this boy is wearing a heavy jacket. It seems like the cabbage is too heavy for him.

사람이 있는 문제의 기본 format을 사용하자.

📄 기본 format

STEP 1 사진의 내용을 한 문장으로 집약하라.

↓

STEP 2 주인공의 차림새와 외모에 대해 설명하라. (여러 명일 때에는 위치별 인물 설명)

↓

STEP 3 주인공의 행동을 상세히 묘사하라.

↓

STEP 4 주인공 이외의 것들에 대해 언급하라. (배경 사항)

↓

STEP 5 마무리를 하라. (추측 문장 강추!)

정말 단순한 문장들로 묘사를 해봤다. 그런데 문장들을 이렇게 단문들로 나열하면 너무 초딩 같으니, 접속사를 적절히 사용해서 다음과 같이 문장을 합쳐보는 것도 괜찮을 것이다.

A boy (who is) wearing a pair of jean and a red jacket is holding a cabbage with both hands.

만약 관계대명사가 무리라면 단순한 접속사 **and**, **because** 등을 사용해서 문장을 합쳐도 좋다. 단 영어 문장을 확장하는데 가장 필수적인 것은 관계대명사다. 관계대명사 사용법을 충실히 연습해두는 것이 여러모로 도움이 될 것이다.

> ### Suggestions for Speaking Training 🖥
>
> **1 문장구조가 잡혀 있어야 한다.**
> 연습을 할 때는 문장을 엮는 능력을 키우도록 하라. 발음 부분에 노력을 많이 기울이는 것도 자신의 말을 남에게 이해시키는데에 많은 도움을 줄 것이다.
>
> **2 묘사를 할 때는 현재(진행형) 시제를 사용하자.**
> 현재분사 구문을 이용하면 간단하게 한 문장으로 여러 동작을 표현할 수 있다. 현재분사 구문은 동시에 일어나는 여러 동작을 한 문장 안에서 표현할 수 있게 해 주는 장치이다.
>
> **3 사물의 상태를 묘사할 때는 수동태 문장이 적합하다. 그리고 문장 끝에 장소를 나타내는 전치사구를 포함하면 좀 더 구체적이고 세련된 문장이 된다.**
>
> **4 사진 묘사가 힘들면 이야기를 만들어내도 된다.**
> 단순히 사진에 보이는 것을 묘사하려 애쓸 필요는 없다. 사진에서 일어나고 있다고 생각되는 사건을 이야기로 만들어 말하는 것이 보이는 그대로 묘사하는 것보다 쉬울 수 있다. 사진 내용과 관련만 있다면 어떤 식으로 표현하든 상관없다. 즉 객관적인 사실만을 말할 필요는 없다. 주관적인 추측성 표현도 좋다.

● **필수단어 및 표현 정리**

주관적 느낌 묘사

look + 형용사 : ~인 것 같아 보인다

look[seem] like + 명사/절 : ~처럼 보인다

must be + 형용사/명사 : ~임에 틀림없다, ~임이 분명하다

I can tell + **A** (절) + **because** + **B** (절) : B이기 때문에 A인 것을 알 수 있다

배경 묘사용 전치사

사물의 위치 및 위치 관계 표현하기

① ~의 가운데에

   In the middle of the picture, there is (대상, 사물 등).
   사진의 가운데에는 (무엇)이 있습니다.

② ~의 양쪽에

   There are (대상, 사물) **on either side of the street.**
   There are (대상, 사물) **on both sides of the street.**
   거리의 양쪽에는 (대상, 사물)이 있습니다.

③ ~의 왼쪽에

   On the left side of the picture 사진의 왼쪽에는

④ ~의 오른쪽에

   On the right side of the picture 사진의 오른쪽에는

⑤ ~의 전경에

   In the foreground of the picture 사진이 전면에는

⑥ ~의 후경에

   In the background of the picture 사진의 배경에는

필수암기 표현

This is a picture of 사람 **~ing.** 이것은 (사람)이 ~하고 있는 사진이다.

In this picture, I can see + 명사. 나는 이 사진 속에서 ~을 볼 수 있다.

There is/are 사람 **~ing in this picture.** 이 사진에는 ~을 하고 있는 (사람)이 있습니다.

The 사람 (**who** 형용사절) **is/are ~ing.** ~한 (사람)이 ~를 하고 있습니다.

It looks like ~. 마치 ~인 것 같습니다.

look[seem] like + 명사/절 ~처럼 보이다.

must be + 형용사/명시 · 임에 틀림없다, ·~임이 분명하다

Part 3 "Respond to Questions" 질문에 답하기

◑ Part 3 개요

출제 목적 : 친숙한 화제에 관한 특정 정보를 요구하는 질문에 신속하고 정확하게 응답할 수 있는 능력이 있는지를 측정한다.

문 항 수 : 3문제 (questions 4-6)

시험 시간 : 준비시간 없이 4, 5번은 15초, 6번에는 30초의 응답시간이 주어진다.

수험 과제 : 전화 설문조사에 응하는 상황을 가정하고 설문에 답변한다. 설문 조사를 시행하는 마케팅 회사의 국적과 설문 조사의 소재만 바뀌며, 기본 형태는 항상 같다.

TOEIC Speaking

Questions 4-6: Respond to Questions

Directions: In this part of the test, you will answer three questions. For each question, begin responding immediately after you hear a beep. No preparation time is provided. You will have 15 seconds to respond to questions 4 and 5, and 30 seconds to respond to question 6.

TOEIC Speaking

Question 4 of 11

Imagine that a Canadian marketing firm is doing research in your country. You have agreed to participate in a telephone interview about exercise habits.

Q. What kind of music do you like to listen to in the morning?

RESPONSE TIME
15 seconds

◑ ETS 채점 가이드라인

3점 질문에 적절하게 응답한다.
- 말이 거의 항상 매끄럽고 일관되며 채점자가 이해하는 데 어려움이 없다.
- 질문에 적절한 어휘를 사용하며 어휘 선택이 정확하다.
- 문제 유형의 요구 사항에 필요한 구문을 사용한다.

2점 질문과 연관성 있는 응답을 하지만 때때로 의미가 모호하다.
- 채점자가 이해하는 데 다소 어려움이 있지만 대체로 알아들을 수 있다.
- 어휘 사용이 제한적이고 부정확한 경우도 있으나 전체적인 의미는 명확하다.
- 구문 능력이 부족하여 채점자가 의미를 이해하는 데 다소 어려움이 있다.

1점 질문에 적절하게 응답하지 못한다.
- 채점자가 이해하는 데 상당한 어려움이 있다.
- 어휘 사용이 부정확하거나 화면에 나온 단어만을 반복한다.
- 부적절한 구문 사용으로 내용 이해에 지장을 준다.

0점 무응답이거나 응답이 지문과 전혀 관련이 없다.

◑ 고득점을 위한 현장 Strategies

1 전화로 상대방과 이야기를 하는 것처럼 자연스럽고 유창하게 말하는 것이 핵심이다.
- 얼굴을 마주하지 않고 대화하는 상황으로 연습하라.
- 전화통화에서처럼 응답을 빨리 하라.

2 할 말이 많다면 다 해라.

중간에 말이 끊겨도 걱정할 필요가 없다. 질문과 관련된 정확한 내용이며, 감점 요인이 될 만한 부분만 없다면 15초보다 길게 말한다고 벌점을 받지는 않는다.

3 답변 문장 만드는 것이 부담될 때에는 질문을 200% 활용하여라.

4 질문 제시 전 "Imagine that a Canadian marketing firm is doing research in your country. You have agreed to participate in a telephone interview about Music."과 같은 지문이 화면에 등장함과 동시에 음성으로도 나온다. 이때 문장의 끝에 위치한 제시어(Music)만 재빨리 보고, 이 지문을 읽어주는 약 5초 정도의 시간 동안 제시어에 관련된 표현들을 브레인스토밍 한다.

5 지문을 다 읽고 나면 질문이 화면에 나타나므로 굳이 들을 필요가 없다.

질문을 들려주는 시간에도 계속 브레인스토밍을 하라. 답변 시간을 알리는 '삐~'소리 이전까지 약 5초가량이 흐른다. 이때는 실질적인 답과 관련된 브레인스토밍을 하여 총 10초를 활용, 답을 준비한다.

◑ Sample Response

I like to listen to Rock'n Roll while I take shower and have a meal. For me, it is like strong coffee that wakes me up and gets me moving.

화면에 질문이 등장하고 이를 읽어주기 시작하면 빨리 눈으로 파악하고 "삐~"소리가 나기까지 브레인스토밍을 한다. 그리고 "삐"소리와 함께 답을 해야 하는데 15초 동안 목표문장 3개 (6번은 30초 동안 5개)를 말해주면 좋다. 일단 가장 쉽게 문장을 하나 만들어 보자. 주어진 질문을 그대로 재활용 하는 것이다.

What kind of music do you like to listen to in the morning?

1 주어일치: you → I

2 동사일치: like to listen to

3 의문사에 답하기 : Rock'n Roll

4 종합하기: I like to listen to Rock'n Roll + in the morning. (부사구는 그대로)

5 문장 늘리기

훌륭한 문장을 하나 만듦과 동시에 정확히 질문에 답까지 했다. 이제 목표문장(3문장)까지 두 문장을 더하면 된다. 문장을 만들 때에는 접속사를 사용해 복문을 만드는 것이 단문을 나열하는 것보다 효과적이다. 나머지 추가 문장은 "who, when, where, what, why, how"를 생각하면 만들기가 수월해질 것이다. 아침에 Rock'n Roll을 듣는다고 했다면, 이제 "Why"에 답하는 문장을 만들어 보는 것이 좋을 것이다.

because it wakes me up

6 전체문장 종합하기

I like to listen to Rock'n Roll in the morning because it wakes me up.

이를 기반으로 하고 부사구 등을 활용하여 목표 3문장을 구성해보자.

Suggestions for Speaking Training 💬

1 억양과 발음에 신경 써서 자연스럽게 응답하라.
이 질문 유형에서 고득점을 받는 방법은 마치 전화로 실제 누군가와 통화하는 것처럼 자연스럽고 유창하게 들리도록 말하는 것이다. 이런 질문 유형에서는 억양과 발음 모두가 중요하다.

2 문법적으로 말하라.
Respond to questions 유형은 자신의 생각을 말하는 것이므로 Describe a Picture 유형의 그림 설명보다 자유롭게 답할 수 있다. 하지만 회화체의 틀 내에서 문법에 맞게 말해야 한다는 점을 잊어서는 안 된다.

3 의문사는 응답의 열쇠를 제공한다. – 토익 Part 2를 떠올리면 된다.
• 의문사가 있을 때 – 의문사에 대한 정보를 꼭 말해야 한다. Yes, No로 답할 수 없다.
• 의문사가 없을 때 – Yes, No로 답할 수 있다.

4 질문에서 요구하는 사항을 모두 답해야 하며, 질문 하나에 답할 사항이 여럿 있을 때 특히 주의한다.

◑ 필수단어 및 표현 정리

간단히 답할 때

I always / usually / sometimes / rarely + 동사 + 목적어.

I usually + 동사 + 목적어 **once / twice / three times a(=per) week / month.**

My favorite 〈대상〉 **is / are** 〈보어〉.

Because + sentence.

자신의 경험을 말할 때

There are some reasons why I think 〈주장〉.

내가 〈주장〉이라 생각하는 데에는 몇 가지 이유가 있습니다.

One reason is that 〈주장〉**. Another reason is that** 〈주장〉.

한 가지 이유는 〈주장〉 입니다. 또 한 가지 이유는 〈주장〉입니다.

A **is most important thing to consider when ~ing.**

~을 할 때 가장 고려할 사항은 A입니다.

In my opinion, 〈주어〉 **has many advantages.**

First of all, I like 〈목적어〉 **because ~**

In short, I think 〈주장〉.

요약해서 말하면, 나는 〈주장〉이라고 생각 한다.

I think that 〈해결책, 방안〉 **is / are the best way to** 〈결과〉.

나는 〈해결책/방안〉이 〈결과〉를 위한 가장 좋은 방법이라 생각한다.

Part 4 "Respond to Questions Using Information Provided"

주어진 자료를 활용하여 질문에 답하기

◑ Part 4 개요

출제 목적 : 제공된 정보(Table)를 바탕으로 질문에 신속하게 제공 할 수 있는지를 측정한다.

문 항 수 : 3문제 (questions 7-9)

시험 시간 : 30초 동안 정보를 파악한 후. 별도 준비시간 없이 7. 8번은 15초, 9번은 30초 동안 응답한다.

수험 과제 : Part 4에서는 간단한 역할극(role-play)을 하게 된다. 수험자는 행사 진행 주최 측 담당자. 회사 행사의 담당자 등 다양한 역할을 하면서, 주어진 자료를 활용하여 전화 문의 사항에 대해 답변한다.

TOEIC Speaking

Questions 7-9: Respond to Questions Using Information Provided

Directions: In this part of the test, you will answer three questions based on the information provided. You will have 30 seconds to read the information before the questions begin. For each question, begin responding immediately after you hear a beep. No additional preparation time is provided. You will have 15 seconds to respond to questions 7 and 8, and 30 seconds to respond to question 9.

TOEIC Speaking

Questions 7-9 of 11

INVOICE

Joshua's Home Interior.
1514 Central Street
Santa Fe, N.M.

Date: Sept 21
Invoice Number: 123456
Customer: Mr. Kim

1. Removal of shower booth:	$40.00
2. AKA shower booth:	$575.00
3. Installation of new shower booth:	$110.00
TOTAL:	$725.00

Terms: Payable within 30 days of the data above. There is a 5% discount for payment within 7 days. Please make your check payable to: Joshua's Home Interior.

Thank you

PREPARATION TIME
30 seconds

◐ ETS 채점 가이드라인

3점 질문에 적절하게 응답하며 일정표에서 얻은 정보가 정확하다.

- 말이 거의 항상 매끄럽고 일관되며 채점자가 이해하는 데 어려움이 없다.
- 질문에 적절한 어휘를 사용한다.
- 문제 유형에 적절한 구문을 사용한다.

2점 응답이 대체로 적절하지만 일정표에서 얻은 정보가 부분적으로 완전하지 않거나 부정확할 수 있다.

- 채점자가 이해하는 데 다소 어려움이 있을 수 있지만 대체로 알아들을 수 있다.
- 어휘 사용이 제한적이고 부정확한 경우도 있으나 전체적인 의미는 명확하다.
- 구문 능력이 부족하여 채점자가 의미를 이해하는 데 다소 어려움이 있다.

1점 질문에 적절하게 응답하지 못하며 질문에서 묻고자 하는 정보가 무시되거나 부정확하다.

- 채점자가 이해하는 데 상당한 어려움이 있다.
- 어휘 사용이 부정확하거나 화면에 나온 단어만을 반복한다.
- 부적절한 구문 사용으로 내용 이해에 지장을 준다.

0점 무응답이거나 응답이 질문과 전혀 관련이 없다.

◐ 고득점을 위한 현장 Strategies

1 주어진 30초 동안 제공된 정보를 효과적으로 파악해야 한다.

- 최소한 지문의 목적이 무엇인지는 간파해야 한다.
  ① table의 상단 : 제목, 장소, 시간, 보내는 사람, 받는 사람 파악
  ② table의 중간 : 분류기준 파악, 고유명사(상품명, 장소, 인명), 교통편 번호 파악
  ③ table의 하단 : 추가 정보 확인(영업시간, 연락처, 준비물, 입장료, 환불 규정 등)

2 Part 4는 답변 내용을 만들어 낼 필요가 없다.

화면에 제시되는 지문만 잘 활용한다면 충분히 답변을 할 수 있다. 특히 초보자라면 지문 재활용을 반드시 연습하라.

3 답변을 할 때는 단어 하나만 날방 던져주면 안 된다. 완성된 문장으로 말하자.

4 말하다 중간에 생각을 하거나 공백이 생길 때 let me see와 같은 표현들을 쓰자.

5 답변 시간 내에 몇 문장 이상 만들자는 생각은 하지 말자.

질문에서 요구한 것만 정확히 답변할 수 있다면 얼마나 오랫동안 답변할 수 있느냐가 크게 중요하지 않다.

6 일정을 묻는 문제와 달리 예약 및 주문 관련 table을 볼 때에는 가장 저렴하거나 빠른, 특별한 특징을 지닌 상품을 미리 파악해 두면 좋다. 이때 비교급과 최상급을 사용해야 하니 비교급과 최상급 사용에 익숙해야 한다.

What is the most expensive charge on the invoice for?

◑ Sample Response

At $575.00, the most expensive item on the invoice is AKA shower booth.

주어진 정보를 30초 동안 최대한 정확하게 내용을 파악하는 것이 중요하다. 그리고 Part 4에서는 Part 3과 달리 질문이 화면에 나오지 않고 음성으로만 제시된다는 것을 명심하자. 오히려 Part 4가 Part 3보다 부담이 없다. 주어진 정보를 바탕으로 정확히 답변만 하면 된다. 몇 개 이상의 문장을 만들어야 한다는 부담도 적은 파트다. 정보를 꼼꼼히 파악했다면 이제 질문을 듣고 별도의 준비 시간 없이 "삐"소리와 함께 답을 해야 한다. Part 3에서 연습한 방법을 활용하여 가장 쉽게 문장 하나를 만들어보자. 즉 주어지 질문을 그대로 재활용 하는 것이다.

What is the most expensive charge on the invoice for?

1 주어일치: the most expensive charge on the invoice

2 동사일치: like to listen to

3 의문사에 답하기: AKA shower booth

4 종합하기: The most expensive charge on the invoice is AKA shower booth.

5 문장 늘리기: At $ 575.000, the most expensive item on the invoice is AKA shower booth.

훌륭한 문장을 만듦과 동시에 질문에 정확히 답변까지 했다. 같은 취지의 내용이지만 다음과 같이 답변하는 것도 가능할 것이다.

The new shower booth costs more than anything else on the bill.
AKA shower booth costs more than any other item listed on the bill.

Suggestions for Speaking Training 🔊

1 자주 나오는 질문이 정해져 있고, 질문이 음성으로만 제공되므로 미리 익숙하게 연습하면 큰 도움이 된다.
- 유형별 빈출 질문
  ① 정보의 재확인 – 질문자가 올바른 정보를 이미 갖고 있다.
  ② 정보의 수정 – 질문자가 잘못된 정보를 갖고 있다.
  ③ 정보 요청 – 질문자가 아무런 정보를 갖고 있지 않다.
- 내용별 빈출 질문
  ① 시간과 장소와 같은 기본 정보를 묻는 질문이 가장 자주 나온다.
  ② 영업시간, 입장료, 준비물, 연락처, 담당자, 교통편 등 꼭 기억해야 할 사항을 묻는다.
  ③ 이벤트의 진행 순서(일정)와 행사 진행 시간을 자주 묻는다.
  ④ 총 여행 소요시간과 같은 여행 정보배송일 관련 정보 역시 자주 나온다.

2 정보 제공 시 올바른 전치사를 적절히 사용해야 한다.

3 연도, 날짜, 시간 등을 정확히 읽어야 한다.

4 Question 7, 8에서는 간단한 정보를 확인하는 질문이나 지문상의 내용을 재확인하는 질문들이 출제된다.

5 9번 문제는 Could you please tell me about~? 형태의 질문이 자주 나온다는 것을 명심하자.
about 뒤의 내용을 table 속에서 빨리 찾아내어 문장을 만들어야 한다. 그리고 질문에 대한 직접적인 답으로 시작하는 것이 자연스럽게 문장을 만들기에 좋다. 예를 들어 Could you~에 대한 직접적 답은 Sure, Certainly, Of course 등과 같은 표현으로 시작하는 것이 좋다.

◐ 필수단어 및 표현 정리

일정 및 시간표 관련

The 〈이벤트〉 **will be held / will take place at / in** 〈장소〉 **on** 〈날짜〉.

어떤 이벤트가 언제 어디에서 개최될 것입니다.

〈발표자, 연설자, 진행자 이름〉, **who is a/an** 〈직업〉, **will talk about** 〈주제〉.

직업이 무엇이 누가 무엇에 대해 연설을 합니다.

〈진행자〉 **will be leading the** 〈이벤트〉. 진행자가 이 행사를 진행합니다.

From 〈몇 시〉, **we will have** 〈특정 일정〉 **for** 〈기간〉.

몇 시부터, 무슨 일정이 얼마 동안 있을 예정입니다.

I'm afraid you have wrong information. 당신이 잘못된 정보를 가지고 계신 것 같습니다.

After 〈특정 시점=기준점〉, **there will be** 〈몇 개의 일정/행사〉.

특정시점 이후에 몇 개의 행사가 있을 겁니다.

예약 및 주문 관련

〈A 상품〉 **is** 〈비교급〉 **than** 〈B 상품〉. 〈A 상품〉이 〈B 상품〉보다 더 〈비교급〉하다.

I recommend 〈A 상품〉 **because it's the** 〈최상급〉.

〈A 상품〉이 가장 〈최상급〉하기에 추천 합니다.

To 〈동사1〉, **you have to** 〈동사2〉.

〈동사(행동)1〉 하기 위해서, 당신은 〈동사(행동)2〉 해야 합니다.

Don't forget to 〈동사〉. 〈동사〉하는 것을 잊지 마세요.

잘못된 정보를 정정하여 말하기 관련

Q: **I was told** ~잘못된 정보~. **Is this right?** "~라고 들었습니다. 맞나요?"
A: **No, you've got the wrong information.** ~올바른 정보~.

Q: **As far as I remember** ~잘못된 정보~, **right?** "~라고 기억하는데, 맞죠?"
A: **No, I'm afraid not.** ~올바른 정보~.

Part 5 "Propose a Solution" 해결방안 제시하기

◑ Part 5 개요

출제 목적 : 비즈니스 상황에서 일어날 수 있는 문제에 대한 올바른 해결책을 제시 할 수 있는지 테스트하며, 발음, 억양 및 강세, 문법, 어휘, 내용의 일관성과 완성도를 측정한다.

문 항 수 : 1문제 (question 10)

시험 시간 : 녹음을 듣고 답변을 준비할 시간 30초, 그리고 응답시간으로 60초가 주어진다.

수험 과제 : 자동응답기로 녹음된 50~60초 정도의 상대방 메시지를 듣고, 30초의 준비시간 동안에 상대방이 문의하는 문제사항에 대한 해결책을 준비하여 1분 동안 답변의 메시지를 남겨야 한다.

TOEIC Speaking

Question 10: Propose a Solution

Directions: In this part of the test, you will be presented with a problem and asked to propose a solution. You will have 30 seconds to prepare. Then you will have 60 seconds to speak.

In your response, be sure to
· show that you recognize the problem, and
· propose a way of dealing with the problem.

TOEIC Speaking

Question 10 of 11

Narration: (Recorded Voice)

In your response, be sure to
· show that you recognize the problem, and
· propose a way of dealing with the problem.

PREPARATION TIME
30 seconds

RESPONSE TIME
60 seconds

◑ ETS 채점 가이드라인

5점 응답이 이해하기 쉽고 지속적이고 일관성이 있다.

- 응답의 생각 전개가 명확하고 문제의 질문과 관련된 정보를 전달한다. 사소한 정보 누락이 있을 수 있으나 적절한 세부 내용을 포함한다.
- 말하기 속도가 대체로 적절하고 유창한 표현력을 구사한다. 사소한 실수나 발음 혹은 억양 패턴에 약간의 문제가 있지만 전체적인 이해에 영향을 주지 않는다.
- 기본 구문과 복합 구문을 자유자재로 적절하게 사용한다. 사소한 실수가 보일 수 있으나 의미 전달에는 문제가 없다.
- 적절하고 정확한 어휘를 사용한다.

4점 대체로 이해하기 쉽고 일관성이 있다. 어느 정도 유창한 표현을 구사하지만 생각을 표현하는 데 두드러진 실수가 일부 있다.

- 응답은 지속적이고 문제의 질문과 관련된 정보를 전달한다. 그러나 일부 불완전하고 부정확하거나 상세하지 않은 정보를 포함한다.
- 어느 정도 유창한 표현력을 구사하며 말이 대체로 명료하지만 발음, 억양, 속도에 약간의 문제가 있을 수 있다. 채점자가 전체적으로 이해하기는 어렵지 않다.
- 문법을 상당히 자유자재로 효과적으로 사용하지만 구문 사용은 다소 제한적이다. 그래서 전체적인 유창성에 영향을 줄 수는 있으나 의미 전달을 크게 방해하지 않는다.
- 어휘를 상당히 효과적으로 사용하지만 일부는 부정확하거나 모호할 수 있다.

3점 질문 내용에 적절하게 응답하려 하지만 질문에서 요구하는 정보가 일부 누락된 곳이 있다. 말은 이해하기 쉬우나 전달력과 일관성을 유지하는 능력에 문제가 있으며 의미가 모호한 부분도 있다. 문제 유형과 관련된 정보를 일부 전달하지만 확연히 불완전하고 부정확하다.

- 말은 기본적으로 이해할 수 있으나 불분명한 발음, 어색한 억양, 고르지 못한 리듬 때문에 채점자의 노력이 필요하다. 의미 전달이 불분명한 곳이 일부 있다.
- 문법 실력이 부족해 종종 생각을 완전하게 표현하지 못한다. 대부분의 경우 기본 구문만을 성공적으로 사용하고 유창하게 말한다. 구문에는 주로 단순하고 일반적인 진술만을 나타내고 정보 나열, 접속사 사용, 병렬 형식도 단순하거나 불분명하다.
- 어휘의 사용이 제한적이다.

2점 응답의 내용이 매우 제한적이고 연관성이 부족해 말을 이해하기 어렵다.

- 관련 내용이 부족하고, 부정확하고, 모호하고, 반복적일 수 있다. 상대방을 거의 또는 전혀 인식하지 못한다.
- 문장 수준의 말하기를 시도하지만 지속적인 발음, 강세, 억양의 문제 때문에 이해하기 어렵다. 말이 단편적이고 전보처럼 간결하다. 즉 끊김이 길고 머뭇거림이 잦다.
- 문장 수준의 문법 활용이 약간 있으나 생각을 표현하고 연결하는 능력이 크게 부족하다. 응답은 기계적으로 연습되고 정형화된 표현에 과도하게 의존할 수 있다.
- 어휘력이 심하게 부족하다.

1점 질문 내용에 최소 수준으로 응답하거나 질문 내용을 이해하지 못한다.

- 응답을 전혀 이해할 수 없을 수 있다.
- 응답이 산발적인 단어나 구, 혹은 모국어와 영어가 섞인 형태로 구성될 수 있다.
- 질문에서 요구하는 내용을 전혀 모를 수도 있다.

0점 무응답이거나 응답이 지문과 전혀 관련이 없다.

◑ 고득점을 위한 현장 Strategies

1 전화 메시지 (약 50 ~ 60초 분량) 도중 꼭 들어야 할 핵심 내용을 기억하자. (메모 불가)
- 메시지 시작부분 – 화자가 누구인지 파악
- 메시지 중간부분 – 문제점이 무엇인지, 발생 시기 및 장소 파악
  ① 상품 및 서비스 관련 – 주로 구입한 물건에 문제가 있거나 배송되지 않은 상황 출제
  ② 인사 및 일정 관련 – 직무 배치나 업무 환경, 회의 일정 또는 비행기 예약 상황 출제
- 메시지 끝부분 – 요청, 요구 사항 파악
  ③ 상품 및 서비스 관련 – 환불, 교환, 빠른 배송을 요구 할 때가 많음
  ④ 인사 및 일정 관련 – 다양한 요구 상황이 등장

2 Direction에서 요구한 두 가지 상황을 꼭 답변에 포함해야 한다.

정말 무슨 상황인지 모르겠거나 해결책이 떠오르지 않을 경우, 침묵하지 말고 최소한 기억나는 전화 상황을 다시 한번 정리만이라도 하자.

3 부정적인 답변을 피하는 것이 좋다. 해결책을 제시하는데 더 어려워질 경우가 많다.

4 해결책을 너무 고민 하지 말고, 최대한 간단하고 당연한 해결책을 제시하라.

배송인 안됐다면 '배송해주겠습니다.' 뜨거운 물이 안 나온다면 '나오게 해주겠습니다.'정도로 하면 된다. 그리고 항상 답변은 긍정적으로 한다. 그래야 답할 때도 수월하다. 30초 준비시간 안에 해결책을 생각하고 정리해야 한다.

◖◗ Question Script

Hello. My name is Joshua Paek. Earlier today, I rented a lawnmower from your store on Central Ave. I was asked to leave my ID as security because I did not have a valid credit card with me at that moment. I think it was at about noon. I tried to drop off the lawnmower at around 7 p.m but found that your shop was already closed. On my way home I was pulled by a cop and, I could not show him my license. He told me I have to go to a police station before midnight tonight and produce my ID. If not, I would be fined. So, now I have your lawnmower and you have my ID.

◑ Sample Response

① Hello, Mr. Paek. This is Carl Sarah from Home Depot on Central Ave. ② I'm returning your call regarding your ID. I am so sorry about the inconvenience. It seems that our clerk suddenly became ill and had to close the shop a little early today. ③ If you could call me back now we could arrange for me to come by your house and give you your ID and pick up the lawnmower or we could meet at the police station. Please let me know which you prefer. ④ You can reach me at 555-6666. Again, I'm very sorry for the problem.

Suggestions for Speaking Training 🎧

1 답변을 할 때 기본 format을 따르자. (2, 3번은 필수)

   ① 상대방 이름, 자기소개

   ② 전화를 건 목적 – 상대방이 말했던 문제점을 요약해서 언급하고 문제가 발생하게 된 상황 설명(원인 또는 변명)

   ③ 해결책 제시 (문제점에 대한 긍정적 해결 방안을 제시한다) – 답변 시간 60초의 대부분이 해결책 제시에 할당된다.

   ④ 끝 인사

2 문법적으로 완전한 문장을 만들어라.

3 전화 상황에서 자주 쓰이는 관용적인 표현들도 많이 알고 있으면 도움이 된다.

4 전화 메시지의 기본 흐름을 항상 머리 속에 기억하자.

◑ 필수단어 및 표현 정리

전화응답기 녹음 상의 필수표현

There are a couple of reasons why I think 〈질문의 내용 재사용〉.

Hello, 〈상대방 이름〉. This is 〈자기 이름〉 from 〈회사이름/ 부서명〉.

I'm returning your call regarding/ about 〈상대방이 언급한 문제점〉.

I'm sorry for the inconvenience.

As you mentioned, we are/ have 〈문제점〉.

I have found that 〈문제점에 내한 원인, 변명〉.

I think there must have been 〈문제가 생긴 원인〉.

We will make sure that 〈해결책〉.

Please call us back if you have any more questions.

Should you have any question, please feel free to give us call.

Should you have any further questions, please do not hesitate to contact us.

배달 및 배송 관련 표현

It hasn't been delivered yet. 물건이 아직 배달되지 않았어요.

It didn't arrive yet. 물건이 아직 도착 안 했어요.

It is not what I ordered. 제가 주문한 물건이 아닙니다.

물건 관련 (색상, 수량, 제품모델) 표현

It is not the one/color/size/model that I ordered. 제가 주문한 것/색상/사이즈/모델이 아니에요.

It does not fit me. 사이즈가 안 맞아요.

It is not the correct amount. 물량이 틀렸습니다.

It is more/less than what I ordered. 주문한 양보다 많습니다/적습니다.

Part 6 "Express an Opinion" 의견 제시하기

◑ Part 6 개요

출제 목적 : 양자택일 할 수 있는 상황을 주고 한 쪽을 선택하여 그쪽을 선택한 이유와 의견을 설명하도록 한다. 이 부분은 진정한 1분 스피치라고 할 수 있다. 발음, 억양 및 강세, 문법, 어휘, 내용의 일관성 및 완성도를 측정한다.

문 항 수 : 1문제 (question 11)

시험 시간 : 답변을 준비할 시간이 15초 제공되며, 60초 동안 답변한다.

수험 과제 : 일상생활, 회사에서의 업무, 또는 일반적 이슈가 되는 사회 현상과 관련있는 찬성, 반대 문제, 또는 양자택일 문제가 제시되며, 정확히 한 가지의 입장을 선택해서 그 입장을 선택하거나 지지하는 이유를 논리적으로 설명해야 한다.

TOEIC Speaking

Question 11: Express an Opinion

Directions: In this part of the test, you will give your opinion about a specific topic. Be sure to say as much as you can in the time allowed. You will have 15 seconds to prepare. Then you will have 60 seconds to speak.

TOEIC Speaking

Question 11 of 11

Some high school teachers simply provide their students with the information they need and leave it up to them to decide how hard they wish to work at learning it. Others think they must encourage and help each student individually. Which do you think is the better approach and why?

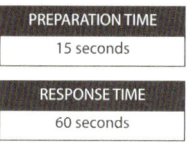

PREPARATION TIME
15 seconds

RESPONSE TIME
60 seconds

◑ ETS 채점 가이드라인

5점 의사 전달이 효과적이다. 이야기를 이해하기가 매우 쉽고 지속적이고 일관성이 있다. 다음 특징을 모두 갖추고 있다.
- 응답의 내용이 일관성이 있고 문제의 질문에 충분한 답을 제시한다. 생각들의 관계가 명확하여 내용이 잘 전개되며 일관성이 있다.
- 말하기 속도가 대체로 적절하고 말이 유창하고 명료하다. 사소한 실수나 발음 혹은 억양 패턴에 약간의 문제가 있지만 전체적인 이해에 영향을 주지 않는다.
- 기본 구문과 복합 구문을 적절하게 사용한다. 사소한 실수가 보일 수 있으나 의미 전달에는 문제가 없다.
- 적절하고 정확한 어휘를 사용한다.

4점 문제의 질문에 적절하게 응답하지만 생각의 전개가 완전하지 않을 수 있다. 대체로 이해하기 쉽고 일관성이 있으며, 어느 정도 유창한 표현을 구사한다.
- 응답은 화자의 선택이나 의견이 명확히 나타나고 한 개 또는 한 개 이상의 이유와 상세한 설명으로 화자의 선택이나 의견을 뒷받침한다.
- 발음, 속도, 억양에 약간의 문제가 있어 때로 채점자가 내용을 이해하는 데 노력이 필요한 경우도 있으나 전체적으로 이해하기는 어렵지 않다.
- 문법을 상당히 자유자재로 효과적으로 사용하지만 구문 사용은 다소 제한적이다.
- 어휘를 상당히 효과적으로 사용하지만 일부는 부정확하거나 모호할 수 있다.

3점 문제의 질문에 적절하게 응답하지만 주제의 전개가 제한적이다. 말을 이해할 수는 있지만 전달력과 전반적인 일관성의 문제가 있을 수 있으며 의미가 모호한 부분이 곳곳에서 발견된다.
- 응답은 선택, 선호, 의견을 나타내고 적어도 한 개의 이유로 선택, 선호, 의견을 뒷받침한다. 그러나 이유에 대한 설명이 거의 없고 새로운 정보 없이 주장을 반복하고 모호하거나 불명확하다.
- 말은 기본적으로는 이해할 수 있으나 불분명한 발음, 어색한 억양, 고르지 못한 리듬 때문에 채점자의 노력이 필요하다. 의미 전달이 곳곳에서 불분명할 수 있다.
- 문법 실력이 부족해 종종 생각을 완전하게 표현하지 못한다. 대부분의 경우 기본 구문만을 성공적으로 사용한다.
- 어휘의 사용이 제한적이다.

2점 응답의 내용이 매우 제한적이고 문제 유형과 관련성이 매우 부족하거나 말을 이해하기 매우 어렵다.
- 제한적으로 관련된 내용이 표현된다. 응답은 하나의 선택, 선호, 의견을 제시하지만 선택, 선호, 의견에 대한 이유를 성공적으로 제시하지 못한다.
- 지속적인 발음, 강세, 억양의 문제 때문에 이해하기 어렵다. 말이 단편적이고 전보처럼 간결하다. 즉, 끊김이 길고 머뭇거림이 잦다.
- 문법 실력이 크게 부족해 생각을 잘 표현하지 못하고 생각들의 관계가 명확하지 않다.
- 어휘력이 심하게 부족하거나 반복이 심하다.

1점 답이 문제 유형을 적절히 다루지 않는다.
- 응답이 문제에서 요구하는 선택, 선호, 의견을 제시하지 못한다.
- 응답을 이해할 수 없다. 응답이 산발적인 단어나 구로 구성되거나 문제에 제시된 내용을 그대로 가져다 사용하기도 한다.

0점 무응답이거나 응답이 지문과 전혀 관련이 없다.

◑ 고득점을 위한 현장 Strategies

1 문제를 읽어줄 때 화면에 제공된 문제를 눈으로 빨리 파악하고 어떤 입장을 취할지 결정한다.

15초의 준비시간은 턱없이 부족 할 때가 많다. 문제 읽어주는 것을 다 듣고 있을 필요가 없다. 15초의 준비시간엔 최대한 빨리 brainstorming을 통해 할 말들을 생각해 둔다.

2 출제 문제 유형을 정확히 이해한다.

① 찬성 또는 반대 – 한 가지 입장만 취해야 한다. 중립적 입장은 좋지 않다.
  • Do you agree with the following statement? Why or why not?
  • Some people think ~. Do you agree or disagree?

② 양자택일 – 둘 중 한 가지만 선택한다. 중간적인 입장은 좋지 않다.
  • Some people prefer A, while other people prefer B. Which do you prefer?
  • Some people think A and other people think B. What is your opinion?

3 답변은 언제나 두괄식!

시간이 부족할 경우가 많다. 미괄식은 위험하다.

◑ Sample Response

Ⓐ I think providing their students with the information they need and leave it up to them to decide how hard they wish to work at learning it is the better approach. Ⓑ The reason I think this is that classes are just too large for teachers to be able to spend a lot of time with individual students. So, while a teacher spends too much time with one student, other students are not going to get the attention they also deserve. Ⓒ That's why I think the former is better approach. Students must be responsible for their study.

질문의 내용을 파악하고 문제를 읽어주는 동안 이미 브레인스토밍을 통해 답변 format에 들어갈 내용을 생각하기 시작해야 한다. 그리고 준비시간 15초도 최대한 활용한다. 가만히 기다리다 준비시간 시작하는 신호가 울린 후 15초 동안 답변을 생각하기에는 시간이 부족한 경우가 많다. 그러므로 평소에 기본 format을 잡아 놓고 여기에 익숙해지도록 연습하는 것이 시간을 절약하고 완성된 답변을 할 수 있는 지름길이다.

📋 **기본 format**

① **서론:** 화면에 제시된 질문을 그대로 재활용하여 본인의 입장을 밝힌다. 여기서 찬반을 묻는 질문이라면 중립적인 입장보다는 명확히 한 입장을 취하는 것이 좋다. 중요한 한 가지! 두괄식 답변을 하도록 한다.

↓

② **본론:** 두 가지 정도의 근거를 들거나 본인이 경험, 사례를 하나 정도 드는 것이 좋다. 이야기를 만들어 낼 수 있는 순발력도 필요하다.

↓

③ **결론:** 서론의 문장을 재탕! 그대로 말하기 보다는 paraphrasing으로 약간의 변화를 주는 것이 더 좋다.

Point Ⓐ 서론에 필요한 자신의 입장을 밝혔다 사실 문장이 조금 어색한 면이 있지만 문법적으로 오류가 없고 일단 우리의 목표인 최소한 한 문장이라도 말해보자는 취지에 딱 맞는 문장이다. 질문에서 제공된 문장을 하나도 낭비하지 않고 완벽하게 재활용 했기 때문이다. 초보자의 경우 본인 스스로 생각하는 것보다 질문을 재활용하는 것이 수월하다.

Point ⑧ 근거를 말할 때 흔히 쓰는 문장인 "The reason I think this is that (근거문장)"을 사용해 봤다. 꼭 필요한 필수 표현들을 외워 두면 부드럽게 말을 하는데 큰 도움이 된다는 것 잊지 말자. 10세트의 actual test와 함께 제공되는 Sample Response를 꼼꼼히 공부하면서 그 표현과 문장을 자신의 것으로 만든다면 본론 부분을 구성하는 연습을 이미 충분하게 한 것이 될 것이다.

Point ⓒ 서론의 문장을 다시 재탕한다. 약간의 변화를 준다면 더 좋을 것이다.

Suggestions for Speaking Training 🖥

1 **논리적인 연결이 중요하다.**
   근거 없는 주장은 설득력이 없다는 것을 기억하자.

2 **문법적으로 완전한 문장을 만들어라.**

3 **부족한 어휘는 풀어서 설명하자.**

4 **모호한 답변 또는 중립적 답변은 금물이다.**

5 **모든 주장에는 그 주장을 support할 근거 문장이 필요함을 기억하자.**

◑ 필수단어 및 표현 정리

필수단어 및 표현 정리

I agree/disagree that 〈질문의 내용 재사용〉.
나는 〈질문의 내용〉에 찬성/ 반대한다.

There are a couple of reasons why I think 〈질문의 내용 재사용〉.
왜 내가 〈질문의 내용〉이라고 생각하는 데는 몇 가지 이유가 있다.

First, 〈이유1〉. **Second,** 〈이유2〉.

I believe that 〈부연 설명〉.

Given the choice between 〈대안1〉 **and** 대안2〉 **I would choose** 〈대안 중 하나〉.

In my opinion, 〈대안1〉 **is** 〈비교급〉 **than** 〈대안2〉 **because** 〈주장〉.

As a result, 〈주장〉.

First of all(=most of all), ~ 의견~.

The first reason is that ~ ~의견~.

Also(=In addition), ~추가 의견~.

Another point is that ~추가 의견~.

끝맺음 표현 (자신의 의견 강조하기)

That is why I prefer (I think~) ~선택 의견~.

2 Section

TOEIC SPEAKING

Actual Tests 1-10
& Study Strategies

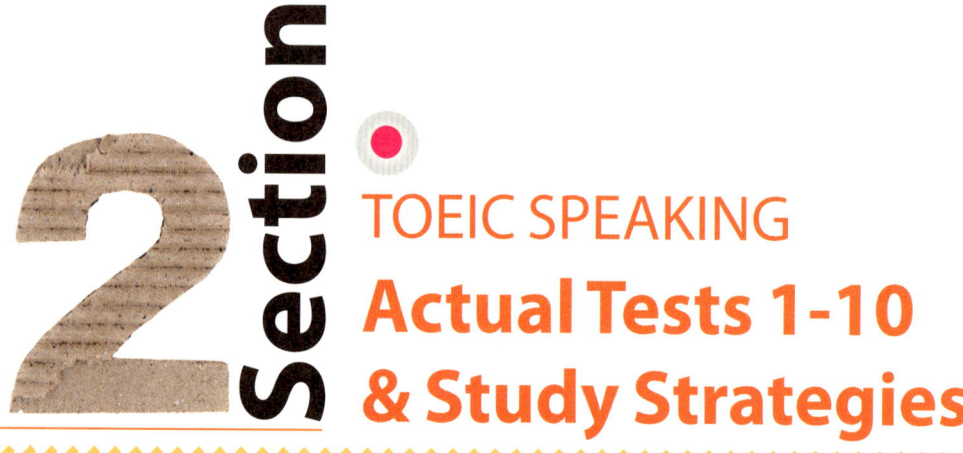

Actual Test 1
& Study Strategies

ACTUAL_TEST_01.mp3

※ **mp3** 파일을 활용하여 실전 모의고사 1회분을 풀어보고 뒤의 전략 파트를 학습하세요.

Questions 1-2: Read a Text Aloud

Directions: In this part of the test, you will read aloud the text on the screen. You will have 45 seconds to prepare. Then you will have 45 seconds to read the text aloud.

If you need quality home furnishings, "Mackie Interiors" offers the best selection of goods in the city. Our items range from chairs and dining tables to beds and even artwork. Also, to assist our customers, we have created a new website. Just register on our site, and then any orders you make online are guaranteed to be delivered the very next day. Visit www.mackieinteriors.com to find our complete list of products. All new customers will receive a free lamp if they spend over $100.

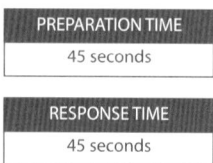

PREPARATION TIME
45 seconds

RESPONSE TIME
45 seconds

This is Bobby Brigham with this morning's WBC traffic report. With all the downtown construction, cars are moving very slowly throughout most of the city. I recommend that you avoid driving in the downtown area today unless it is absolutely necessary. Fortunately, next week should see less construction and fewer delays. We will update you with another traffic report tomorrow. Stay tuned for a promotional message from Sub's Sandwich Shop.

PREPARATION TIME
45 seconds

RESPONSE TIME
45 seconds

Actual Test 1

TOEIC Speaking

Question 3: Describe a Picture

Directions: In this part of the test, you will describe the picture on your screen in as much detail as you can. You will have 30 seconds to prepare your response. Then you will have 45 seconds to speak about the picture.

PREPARATION TIME
30 seconds

RESPONSE TIME
45 seconds

TOEIC Speaking

Questions 4-6: Respond to Questions

Directions: In this part of the test, you will answer three questions. For each question, begin responding immediately after you hear a beep. No preparation time is provided. You will have 15 seconds to respond to Questions 4 and 5, and 30 seconds to respond to Question 6.

TOEIC Speaking

Question 4 of 11

Imagine that a Canadian marketing firm is doing research in your country. You have agreed to participate in a telephone interview about music.

Q. When you wake up in the morning, what kind of music do you like to listen to?

RESPONSE TIME
15 seconds

Imagine that a Canadian marketing firm is doing research in your country. You have agreed to participate in a telephone interview about music.

Q. Do you sometimes listen to music at your workplace?

RESPONSE TIME

15 seconds

Imagine that a Canadian marketing firm is doing research in your country. You have agreed to participate in a telephone interview about music.

Q. If you were offered free tickets to see any concert, which band or singer would you most like to see?

RESPONSE TIME

30 seconds

Questions 7-9: Respond to Questions Using Information Provided

Directions: In this part of the test, you will answer three questions based on the information provided. You will have 30 seconds to read the information before the questions begin. For each question, begin responding immediately after you hear a beep. No additional preparation time is provided. You will have 15 seconds to respond to Questions 7 and 8, and 30 seconds to respond to Question 9.

INVOICE

Arnold's Home Furnishing
453 Danforth Street
Colbyville
555-7798

Date: March 12
Invoice Number: 87485
Customer: Steve Schillinger

1. Removal of old kitchen worktop:	$40.00
2. Royal Marble Deluxe worktop:	$575.00
3. Installation of new worktop:	$150.00
4. Replacement of kitchen wall tiles:	$65.00
TOTAL: $830.00	

Terms: Payment is due within one month of the date stated above. A 5% discount is applicable to payments made within 10 days. If paying by check, please make it payable to Arnold's Home Furnishing Inc.

We appreciate your patronage.

PREPARATION TIME
30 seconds

Q7.

RESPONSE TIME
15 seconds

Q8.

RESPONSE TIME
15 seconds

Q9.

RESPONSE TIME
30 seconds

Question 10: Propose a Solution

Directions: In this part of the test, you will be presented with a problem and asked to propose a solution. You will have 30 seconds to prepare. Then you will have 60 seconds to speak.

In your response, be sure to
· show that you recognize the problem, and
· propose a way of dealing with the problem.

Narration: (Recorded Voice)

In your response, be sure to
· show that you recognize the problem, and
· propose a way of dealing with the problem.

PREPARATION TIME
30 seconds

RESPONSE TIME
60 seconds

TOEIC Speaking

Question 11: Express an Opinion

Directions: In this part of the test, you will give your opinion about a specific topic. Be sure to say as much as you can in the time allowed. You will have 15 seconds to prepare. Then you will have 60 seconds to speak.

TOEIC Speaking

Question 11 of 11

Some high school teachers simply provide their students with the information they need and leave it up to the student to decide how hard they wish to work at learning it. Others think they must encourage and help each student individually. Which do you think is the better approach and why?

PREPARATION TIME
15 seconds

RESPONSE TIME
60 seconds

Part 1 "Read a Text Aloud" 지문 낭독하기

Questions 1-2 🕐 각 문제 준비시간 45초 · 답변시간 45초 〈 / : 끊어 읽기 **굵은 글씨** : 강조해서 읽기〉

01 광고문

Ⓐ If you need quality **home furnishings,** / **"Mackie Interiors"** offers the best selection of goods in the city. Ⓑ Our items range / from **chairs and dining tables** / to **beds and even artwork.** Also, to assist our customers, we have created a new website. Just register on our site, and then any orders you make online are guaranteed to be delivered the very next day. Ⓒ Visit **www.mackieinteriors.com** to find our complete list of products. All new customers will receive / **a free lamp** / if they spend **over $100**.

voca **quality** 품질, 우수성 ǀ **goods** 상품, 물품 ǀ **range from A to B** (범위가) A에서부터 B까지 이르다, 미치다 ǀ **artwork** 예술품, 공예품 ǀ **register** 등록하다 ǀ **make an order** 주문하다 ǀ **guarantee** ~를 보증(보장)하다

STRATEGY POINT 🎙

Point Ⓐ 광고문에는 회사명을 비롯하여 광고하는 제품의 특정 명칭이나 그 회사가 다루고 있는 다양한 제품들을 열거하며 기능을 소개하는 것이 일반적이다. 청자인 소비자가 이런 정보를 듣지 못하거나 이해하지 못하는 일이 없도록 또박또박 끊어 읽기에 신경을 쓰고, 강약을 조절하여 강조해야 할 정보를 강조하는 것을 잊지 말자.

Point Ⓑ 광고문에서는 이와 같이 이 회사(업체)가 다루고 있는 다양한 제품들을 소개하는 내용이 흔히 나온다. 이 문장에서 정확히 전달해야 할 것은 판매하는 제품인 chairs and dining tables와 beds and even artwork 부분이다. 접속사나 관사와 같은 것들을 상대적으로 약하게 읽는 것이 이어지는 어휘에 대한 강조를 극대화 시킬 수 있는 방법 중 하나이다. 또한, 전치사가 있는 곳은 적절히 끊어가며 또박또박 읽도록 한다.

Point Ⓒ 명령문으로 제시된 이 부분은 부탁/요청과 제공사항에 관련된 부분이다. "www.mackieinteriors. com에 방문하셔서 완벽한 제품 목록을 확인하세요."와 같이 해당 웹사이트에 방문하라는 문장은 광고문의 요청사항 부분에 흔히 등장한다. 이 때 제공되는 중요한 정보인 웹사이트나 연락처 등을 명확히 전달하도록 노력해야 한다. 이어지는 문장에서는 사은품인 "무료 램프"와 이것을 받기 위한 조건인 "100달러 이상의 구매"를 강조한다.

해석 📎

Q1 만약 여러분이 고급 가구를 원하신다면, "맥키 인테리어즈"가 이 도시에서 최고의 제품들을 제공합니다. 저희 제품들은 의자와 식탁에서부터 침대와 심지어 예술품에 이르기까지 다양합니다. 또한, 고객들에게 도움이 되고자 새로운 웹사이트를 만들었습니다. 저희 사이트에 등록만 하세요. 그러면 여러분이 온라인으로 주문하신 모든 제품들이 그 다음날에 확실히 배달 될 것입니다. www.mackieinteriors.com에 방문하셔서 완벽한 제품 목록을 확인하세요. 100달러 이상 구매하신 모든 신규 고객님들께서는 무료 전기 스탠드를 받으실 수 있습니다.

02 교통 방송

Ⓐ This is **Bobby Brigham** / with this morning's **WBC traffic report**. With all the downtown construction, cars are moving very slowly throughout most of the city. Ⓑ I recommend / that you **avoid driving** in the **downtown area today** / unless it is absolutely necessary. Fortunately, next week should see less construction and fewer delays. We will update you with another traffic report tomorrow. Ⓒ **Stay tuned** / for a promotional message / from **Sub's Sandwich Shop**.

voca **traffic report** 교통 정보 | **construction** 보수공사 | **throughout** 도처에 | **recommend** 추천하다, 권고하다 | **avoid -ing** ~하는 것을 피하다 | **absolutely** 전적으로, 틀림없이 | **delay** 지체, 지연 | **update** 가장 최근의 정보를 알려주다(덧붙이다) | **stay tuned** (라디오 · TV의 주파수에) 동조시키다, 고정시키다 | **promotional** 홍보(판촉)의

STRATEGY POINT 🎙️

Point Ⓐ 교통 방송은 짧지만 많은 정보를 담고 있다. 청자인 청취자들이 정보를 혼동하거나 듣지 못하는 일이 없도록 끊어 읽기에 신경 쓰고 강조 부분을 명확히 강조하도록 하자.

Point Ⓑ "반드시 필요한 것이 아니라면, 오늘 시내 지역에서의 운행은 피하실 것을 당부 드립니다." 라고 말하는 문장은 교통 방송에서 빠지지 않는 문장이다. 여기에서 recommend 뒤의 목적어 자리가 너무 길어 한 번에 읽기가 부담이 되므로 동사 recommend 뒤에서 한번 끊어 읽는 것이 도움이 될 것이다. 전치사가 있는 곳은 적절히 끊어가며 또박또박 읽도록 한다.

Point Ⓒ "채널 고정하세요." 류의 문장은 교통방송의 마지막 부분에 흔히 등장하는 문장이다. 강조할 부분인 "채널 고정"과 이어지는 방송이나 광고사의 이름(고유명사)에 강조점을 두어 읽도록 한다. 고유명사는 한 단어씩 또박또박 짚어서 읽어주는 것이 강조하여 읽기의 방법이다.

해석 ✎

Q 2 WBC 아침 교통 방송의 바비 브라이앰입니다. 시내의 모든 공사로 인해 도시 대부분의 지역에서 차량이 매우 느리게 이동하고 있습니다. 꼭 필요한 일이 아니라면 오늘 시내 지역에서는 운행을 피하실 것을 당부 드립니다. 다행히도, 다음 주에는 공사가 줄고 따라서 차량지체도 덜 할 것입니다. 저희는 내일 여러분께 또 다른 교통 정보를 전해드리겠습니다. 계속해서 서브스 샌드위치 숍의 광고가 이어지겠습니다.

Part 2 **"Describe a Picture"** 사진 묘사하기

Question 3 준비시간 30초 / 답변시간 45초

Sample Response 1

Ⓐ **This is a picture of** several people on a boat. It is a clear day and it looks like the weather is very hot. Ⓑ The people are wearing clothes suitable for sunny weather. The men are wearing shorts and are not wearing tops. The women are wearing bikinis. One man has a dark-colored baseball cap on. Ⓒ They seem to be enjoying themselves. Ⓓ The boat is white and has a shiny railing running along its edge.

Sample Response 2

Ⓐ **This is a picture of** some sort of party on a boat. Ⓑ There are a lot of people on the deck, which is very white and has a chrome railing. There are barely any clouds in the sky, and it must be very hot as the people are wearing swimwear. Ⓓ It looks like the picture was taken in the evening as there are many shadows and the sun must be quite low. Ⓔ It looks like the people are dancing and having a lot of fun.

voca **a clear day** 맑은(쾌청한) 날 | **suitable** 적합한, 적절한, 알맞은 | **enjoy oneself** 즐기다, 즐겁게 보내다 **along** ~를 따라서 | **edge** 가장자리, 모서리 | **deck** (배의) 갑판 | **barely** 거의 ~아니게, ~없이 | **shadow** 그림자 **have fun** 재미있게 놀다, 흥겨워하다

STRATEGY POINT 🎙

사람이 있는 문제의 기본 format을 사용하자.

📄 **기본 format**

STEP 1 **사진의 내용을 한 문장으로 집약**
↓
STEP 2 **주인공의 차림새와 외모에 대해 설명** (여러 명일 때에는 위치별 인물 설명)
↓
STEP 3 **주인공의 행동을 상세히 묘사**
↓
STEP 4 **주인공 이외의 것들에 대해 언급**(배경 사항)
↓
STEP 5 **마무리**(추측 문장 강추!)

Point Ⓐ 전체 사진 묘사 시 유용한 표현 This is a picture of ~를 사용하자. Part 3 사진 묘사에서 반드시 지켜야 할 것은 잘 모르는 어려운 어휘를 쓰려 하지 말고, 확실히 알고 있는 자신의 어휘로 묘사를 해야 한다는 것이다. 익숙하지 않아서 발음이 힘들거나 정확한 용례를 모르는 어려운 어휘를 고집하려다가 제대로 표현조차 못하게 될 수도 있다.

Point Ⓑ 주인공의 차림새와 외모에 대해 설명을 할 차례인데, 등장인물이 여러 명이므로 위치로 설명을 할 수도 있다. 또한 외모 이외에도 입고 있는 옷이나 장신구 등을 활용하여 문장을 만들 수 있다. 묘사 시에는 현재형이나 현재 진행형 시제를 사용해 현장감을 더하는 것이 좋다.

Point Ⓒ 주인공의 행동을 상세히 묘사한다. 이처럼 인물이 여럿 등장하는 사진에서는 특정 인물을 지목하여 그 인물에 대해 상세한 설명을 이어가는 것도 좋은 방법이다.

Point Ⓓ 배경 사항을 비롯해 주인공 이외, 즉 인물 이외의 것들에 대해 언급하면 된다. 사진을 묘사할 때, 날씨에 대한 부분은 추측성 묘사가 일반적이다.

Point Ⓔ 추측 문장으로 마무리를 하자. 사진에 지시된 정보를 근거하여 주관적인 추측으로 마무리하는 것도 좋은 방법이다.

해석 ✎

S1 이것은 배 위에 있는 여러 사람들의 사진입니다. 화창한 날이고 날씨가 매우 더워 보입니다. 사람들이 맑은 날씨에 적합한 옷을 입고 있습니다. 남자들은 반바지를 입고 있고, 상의를 입지 않았습니다. 여자들은 비키니를 입고 있습니다. 한 남자는 짙은 색의 야구 모자를 쓰고 있습니다. 그들은 즐거워 보입니다. 배는 흰 색이고 빛나는 난간이 배의 가장자리를 따라 있습니다.

S2 일종의 선상 파티 사진입니다. 갑판에 많은 사람들이 있는데, 갑판은 매우 하얗고 크롬 난간이 있습니다. 하늘에는 구름이 거의 보이지 않습니다. 사람들이 수영복을 입고 있는 것으로 보아 굉장히 더운 날씨임이 분명합니다. 이 사진은 저녁에 찍은 것으로 보이는데, 왜냐하면 그림자가 많고 태양이 꽤 낮게 있기 때문입니다. 사람들이 춤을 추며 즐기고 있는 것 같습니다.

Part 3 "Respond to Questions" 질문에 답하기

Questions 4-6 각 문제 준비시간 없음 / 답변시간 4 · 5번 15초, 6번 30초

Situation

Imagine that a Canadian marketing firm is doing research in your country. You have agreed to participate in a telephone interview about music.

캐나다의 한 마케팅 회사가 당신의 나라에서 설문조사를 한다고 가정해 봅시다. 당신은 음악에 관한 전화 인터뷰에 응하기로 동의했습니다.

04 When you wake up in the morning, what kind of music do you like to listen to?

아침에 일어날 때, 어떤 종류의 음악을 듣는 것을 좋아하십니까?

Sample Response 1

Well, while I shower and get dressed, I usually listen to some of my favorite CDs or the local radio station. It really helps me to wake up and it fills me with energy before I go to work.

Sample Response 2

I find that music annoys me when I've just woken up. I prefer to listen to the news and find out what's been going on in the world. However, I like to listen to some music in my car on the way to work.

voca **do research** 연구하다 │ **participate in** ~에 참여하다, 참가하다 │ **wake up** 잠에서 깨다, 정신을 차리다 **prefer to** ~을 더 좋아하다, 선호하다 │ **find out** ~을 알아내다

> **STRATEGY POINT** 🎙
>
> 15초 동안 최소 3개의 문장을 말해 주면 좋다. 일단 질문을 그대로 재활용하여 가장 쉽게 문장을 하나 만들어 보자.
> ① 주어 일치: you → I
> ② 동사 일치: (like to) listen to
> ③ 의문사에 답하기: some of my favorite CDs or the local radio station
> ④ 종합하기: I listen to some of my favorite CDs or the local radio station.
>
> 훌륭한 문장을 하나 만듦과 동시에 정확히 질문에 답까지 했다. 이제 두 개의 문장을 더 만들면 되는데, 문장을 만들 때는 접속사를 사용하는 것이 단문을 사용하는 것보다 효과적이다. 추가 문장은 의문사로 시작하는 질문들을 생각하여 답하면 보다 수월할 것이다.
> ⑤ 문장 늘리기: 아침이라는 시간을 구체화하여 while I shower and get dressed를 덧붙일 수 있다.
> ⑥ 전체 문장 종합하기: While I shower and get dressed, I usually listen to some of my favorite CDs or the local radio station.

05   Do you sometimes listen to music at your workplace?

당신은 때때로 직장에서 음악을 듣습니까?

Sample Response 1

Actually, at the restaurant where I work, there is music playing continuously. I'm usually so busy working that I don't even notice it, but if one of my favorite songs comes on, it makes me happy.

Sample Response 2

I work in an office and listening to music is strictly forbidden. I often wish that I could listen to music, but my supervisor thinks that it would cause too much of a distraction and disrupt everyone's work.

voca **workplace** 근무처, 직장 ‖ **continuously** 계속해서, 연속적으로 ‖ **be busy -ing** ~하느라 바쁘다
even 심지어 ~조차도 ‖ **notice** 알아차리다 ‖ **strictly** 엄격하게 ‖ **forbidden** 금지된 ‖ **cause** 유발하다, 야기하다
distraction 방해가 되는 것 ‖ **disrupt** 방해하다, 지장을 주다

> ### STRATEGY POINT 🎤
>
> 역시 15초 동안 최소 3개 이상의 문장을 말해 주는 것이 좋다. 질문을 그대로 재활용 하여 가장 쉽게 문장을 하나 만들어 보자.
> ① 일반 의문문은 먼저 Yes / No를 결정한다. Yes 답변이 답하기 좋을 때가 많으나 그렇지 않은 경우에 대한 답변도 만들어 보도록 하자.
> ② 주어 일치: you → I
> ③ 동사 일치: can't(don't) listen to music at my workplace
> ④ 종합하기: No, I can't listen to music at my workplace.
>
> 이제 두 문장을 추가 할 수 있다면 완벽하다. 음악을 듣지 못한다고 답하였으므로 왜 그런지 이유에 대해서 덧붙이거나, 만약 들을 수 있다고 한다면 어떤 음악을 듣고 싶은지 가정하는 내용의 문장을 덧붙여도 좋겠다.
> ⑤ 문장 늘리기: 듣지 못하는 이유 말하기 because my supervisor thinks that it would cause too much distraction
> ⑥ 전체 문장 종합하기: No, I can't listen to music at my workplace because my supervisor thinks that it would cause too much distraction.
>
> 이제 나머지 추가 문장들을 위의 모범 답변들을 활용하여 만들어 보자.

06 If you were offered free tickets to see any concert, which band or singer would you most like to see?

만일 당신이 어떤 콘서트의 무료 티켓을 받게 된다면, 어떤 밴드나 가수를 가장 보고 싶으신가요?

Sample Response 1

I'd really love to see Arcade Fire. They've been my favorite band for about 5 years and I own all of their CDs, but unfortunately they've never played a concert in my country. If they did, I would pay any amount of money to get a ticket. If I could see them play live, I think it would be the happiest moment of my life so far.

Sample Response 2

I don't really like bands or that type of live music like that. I would much prefer to get tickets to see my favorite DJ. I'd really love to see DJ Shazzam, as I love going to clubs and dancing all night. However, I have to admit that I've never really been to a live concert, so maybe if I actually went to one, I would enjoy it more than I expected.

voca **offer** 제공하다 | **free** 무료의, 공짜의 | **own** 소유하다 | **pay** ~을 더 좋아하다, 선호하다 | **so far** 이제껏, 지금까지 **prefer to** ~을 더 좋아하다, 선호하다 | **admit** 시인하다, 인정하다

STRATEGY POINT

30초의 주어진 시간 동안 5개 이상의 문장을 말해 주면 좋다. 우리는 초보자 입장에서 일단 가장 기본이 되는 필수 문장을 만드는 연습을 할 것이다. 질문을 그대로 활용하여 만들면 된다.

① 주어 일치: you → I

② 동사 일치: would like to see

③ 의문사에 답하기 : Arcade Fire

④ 종합하기: If I (부사구의 주어도 일치) were offered free tickets to see any concert, I'd like to see Arcade Fire.

자, 이렇게 또 멋진 문장이 완성되었다. 이 정도만 해도 Level 6는 따 놓은 당상! 한 문장만 더 추가 하면 Level 7도 될 수 있다. 우리의 목표 5문장은 Level 8을 위해 노력해 보아야 할 것이다. 위의 문장에 한 문장을 더 추가 한다면 이유를 추가하는 것이 자연스럽다.

⑤ 문장 늘리기 : Because they've been my favorite band for about 5 years and I own all of their CDs (but unfortunately they've never played a concert in my country)

⑥ 전체 문장 종합하기 : If I were offered free tickets to see any concert, I'd like to see Arcade Fire because they've been my favorite band for about 5 years and I own all of their CDs (but unfortunately they've never played a concert in my country).

더 높은 Level을 위해 위의 모범 답안을 보면서 추가할 문장들을 생각해보자.

해석

Q4
S1 글쎄요, 저는 샤워를 하고 옷을 입을 때 대개 가장 좋아하는 CD나 지방 라디오 방송을 듣습니다. 그것은 제가 정신이 들게 해주고, 출근 전에 에너지로 충만해지게 합니다.

S2 잠에서 막 깼을 때 음악은 저를 성가시게 한다고 생각합니다. 저는 뉴스를 듣고 세상에서 무슨 일이 일어나고 있는지를 알게 되는 것을 더 좋아합니다. 하지만, 출근길에 차 안에서 음악을 듣는 것은 좋아합니다.

Q5
S1 사실, 제가 일하는 식당에서는 음악이 끊임없이 흘러나옵니다. 저는 대개 매우 바쁘게 일을 하느라 그것을 알아차리지도 못하곤 하지만, 제가 가장 좋아하는 노래들 중 하나가 나오면 기분이 좋아집니다.

S2 사무실에서 근무하고 있어서 음악을 듣는 것은 엄격히 금지됩니다. 저는 종종 음악을 듣고 싶어 하지만, 제 상사는 그것이 너무 많은 방해가 되고 모든 사람들의 업무에 지장을 준다고 생각합니다.

Q6
S1 저는 아케이드 파이어를 정말 보고 싶습니다. 그들은 약5년 동안 제가 가장 좋아하는 밴드였고 그들의 모든 CD를 갖고 있습니다. 하지만, 그들은 우리 나라에서 콘서트를 하지 않았어요. 만일 그들이 한다면, 저는 얼마만큼의 돈을 지불하더라도 그 티켓을 살 거예요. 그들이 직접 연주하는 것을 볼 수 있다면, 그 순간이 지금까지 제 인생에서 가장 행복한 순간이 될 것 같아요.

S2 저는 밴드나 라이브 음악 같은 것은 좋아하지 않습니다. 제가 가장 좋아하는 DJ를 보러 갈 티켓을 얻는 것이 더 좋습니다. 저는 DJ Shazzam을 정말 보고 싶은데, 왜냐하면 저는 클럽에 가서 밤새 춤추는 것을 좋아하기 때문입니다. 라이브 콘서트 장에 가 본 적은 없지만, 아마 만약 제가 가게 된다면, 기대했던 것 보다 더 즐거울 것 같습니다.

Part 4 "Respond to Questions Using the Information Provided" 주어진 자료를 활용하여 질문에 답하기

Questions 7-9 준비시간 30초 / 답변시간 7 · 8번 15초, 9번 30초

INVOICE 송장

Arnold's Home Furnishing 아놀드 가정용 가구

453 Danforth Street 댄포드가 453번지

Colbyville 콜비빌

555-7798

Date: March 12 날짜: 3월 12일

Invoice Number: 87485 송장 번호: 87485

Customer: Steve Schillinger 고객명: Steve Schillinger

1. Removal of old kitchen worktop 오래된 주방 조리대 제거	$40.00
2. Royal Marble Deluxe worktop 로얄 마블 디럭스 조리대	$575.00
3. Installation of new worktop 새 조리대 설치	$150.00
4. Replacement of kitchen wall tiles 주방 벽 타일 작업	$65.00

TOTAL: 총계	$830.00

Terms: Payment is due within one month of the date stated above. A 5% discount is applicable to payments made within 10 days. If paying by check, please make it payable to Arnold's Home Furnishing Inc.

We appreciate your patronage.

약관: 납부는 상기 기록된 날짜로부터 1달 이내에 이루어져야 합니다. 10일 이내에 납부가 이루어지면 5퍼센트의 할인이 적용됩니다. 수표로 지불하시려면, 아놀드 가정용 가구 회사 발로 해주셔야 합니다. 고객님의 성원에 감사드립니다

 **Narration**

Hello, Mr. Lopez. This is Steve. I heard you've just received the invoice from Arnold's Home Furnishing. I want you to check some of the information for me.

안녕하세요. 로페즈 씨. 전 스티브인데요. 당신이 "아놀드 가구점"에서 보내온 송장을 받았다고 들었어요. 몇 가지 정보를 확인해 주세요.

07 According to the invoice, which item or service was the most expensive?

청구서에 의하면, 어떤 물품이나 서비스가 가장 비쌀까요?

Sample Response 1

At $575.00, the most costly item on the invoice is the new marble worktop.

Sample Response 2

The invoice shows that the deluxe worktop is the most expensive item or service to be paid for.

voca **invoice** 청구서 | **expensive** 값 비싼 | **costly** 많은 돈(비용)이 드는 | **marble** 대리석의 | **worktop** 조리대
much (비교급 수식) 훨씬 | **bill** 계산서, 청구서

STRATEGY POINT 🎤

주어진 정보를 30초 동안 최대한 정확하게 파악하는 것이 중요하다. 그리고 Part 4는 질문이 음성으로만 나온다는 것을 명심하자. 주어진 정보를 바탕으로 정확히 답만 해주면 되기 때문에 오히려 Part 4가 Part 3보다 부담이 없다. 정보를 정확히 파악했다면, 이제 질문을 듣고 15초 동안 질문에서 요구한 정확한 답만 말해 주면 된다. 가장 쉽게 문장을 하나 만들어 보자. Part 4에서도 Part 3에서 연습한 방법을 활용한다. 단, 들려주는 질문을 잘 기억해야 한다.
① 주어 일치: the most expensive
② 동사 일치: 질문은 과거 was이지만, 지금 말하는 입장에선 현재 시제가 좋다 → is
③ 의문사에 답하기: the new marble worktop
④ 종합하기: The most expensive item (or service) on the invoice is the new marble worktop.

 08 What kind of physical work did Arnold's do?

아놀드 사는 어떤 종류의 물리적인 일을 했나요?

Sample Response 1

They took out an old kitchen worktop, put in a new one, and replaced some kitchen tiles.

Sample Response 2

They replaced an old worktop with a brand new one, and they put up some new wall tiles in the kitchen.

voca **physical** 육체적인, 물리적인 | **take out** 꺼내다, 가지고 가다 | **put in** (장비, 가구를) 들여놓다(설치하다) | **replace** 교체하다 | **replace A with B** A를 B로 교체하다 | **brand new** 완전 새 것의

STRATEGY POINT 🎙️

답변시간 15초가 지나면 또 다음 문제가 음성으로 나오게 된다. 집중하여 질문의 의도를 파악해야 한다. 이 문제는 invoice 상의 작업 내역을 열거하라는 것이다. 지금까지 연습한 단문 만들기가 아닌 조금 난이도가 있는 질문이다. 표에 제공된 작업 내역을 빨리 보면서 대답할 준비를 한다. 질문을 최대한 재활용하는 것이 방법이다.

① 주어 일치: Arnold's → 회사 이름이므로 **they**라고 언급하자.

② 동사 일치: 동사가 과거 **did**이다. 따라서 답변은 과거 시제로 위 작업 내역을 설명하면 된다.

③ 의문사에 답하기: 위의 동사 부분과 합쳐서 답변하자. **What kind of physical labor**에 해당하는 내역을 과거 시제로 설명하자.
  - Removal of old kitchen worktop → removed an old kitchen worktop
  - Royal Marble Deluxe worktop → 작업 내역(동작)이 없다
  - Installation of new worktop → installed a new worktop
  - Replacement of kitchen wall tiles → replaced kitchen wall tiles

위 작업 내역들을 적절하게 접속사를 사용해 연결해야 함을 기억하자.

④ 종합하기: 작업의 순서가 있으니 순서를 나타내는 말을 적절히 첨가 하면 더 좋을 듯 하다. (First, next, then 등)

09 Can you tell me about Arnold's payment's policies?

아놀드 사의 지불 방침에 대해 말씀해 주시겠어요?

Sample Response 1

The customer should make the payment within a month of the invoice date. Also, to receive a 5% discount the customer should pay the full amount within 10 days of billing. If a customer wishes to pay by check, then they must make the check payable to Arnold's Home Furnishings Inc.

Sample Response 2

Arnold's requires that customers settle their bill within one month of the date on the invoice. The customer can save 5% off the bill if they pay it in 10 days or less, rather than paying in a month's time. Customers who prefer to pay by check should make it out to Arnold's Home Furnishings Inc.

voca **payment policy** 지불 정책 | **make a payment** 지불하다, 납부하다 | **discount** 할인 | **billing** 청구서 발부
payable 지불 가능한 | **settle** (주어야 할 돈을) 지불(계산)하다, 정산하다 | **make ou** (문서 등을) 작성하다

STRATEGY POINT 🎤

질문을 듣자마자 주어진 table에서 payment policy가 어디에 나타나는지 찾아야 한다.

Terms: Payment is due within one month of the date stated above. A 5% discount is applicable to payments made within 10 days. If paying by check, please make it payable to: Arnold's Home Furnishing Inc.. We appreciate your patronage.

표의 가장 후반부에 나와 있는 정보를 찾았다면, 이제 이를 활용하여 답을 어떻게 할 지 생각해보자. 찾아낸 정보를 최대한 활용하는 연습을 하자. 조금은 어려울 수 있다. 주어진 질문과 찾아낸 정보 속의 단어들을 최대한 활용한 단순한 답변이다. 9번 문제는 Can[Could] you please tell me about ~? 형태의 질문이 자주 나온다는 것을 명심하자. About 뒤에 이어지는 내용을 빨리 table 속에서 찾아내어 문장을 만들어야 한다.

해석 ✎

Q7
S1 청구서 상에서 가장 값이 비싼 물품은 575달러로, 새 대리석 조리대입니다.
S2 청구서 상에서, 지불하기에 가장 비싼 물품이나 서비스가 디럭스 조리대임을 알 수 있습니다.

Q8
S1 낡은 부엌 조리대를 꺼내고 새 것을 넣었습니다. 그리고 부엌 타일 일부를 교체했습니다.
S2 그들은 낡은 조리대를 새 것으로 교체하고, 부엌에 새 벽 타일들을 붙였습니다.

Q9
S1 고객님께서는 청구일로부터 한 달 이내에 지불을 하셔야 합니다. 또한, 5퍼센트의 할인을 받기 위해 고객님께서는 청구서 발부로부터 10일 이내에 전액을 납부하셔야 합니다. 고객님께서 수표로 지불하고자 하실 때에는, 아놀드 가정용 가구 회사 불 수표로 하셔야 합니다.
S2 아놀드 사는 고객님들께서 청구일로부터 한 달 이내에 청구액을 지불할 것을 당부드립니다. 한 달 이내에 지불하는 대신에 10일 이내에 지불이 이루어지면, 고객님께서는 5 퍼센트의 할인을 받으실 수 있습니다. 수표 지불을 선호하시는 고객님들께서는 아놀드 가정용 가구 회사로 수표를 작성해 주셔야 합니다.

Part 5 "Propose a Solution" 해결방안 제시하기

Question 10 준비시간 30초 / 답변시간 60초

In your response, be sure to 대답할 때에는 다음 사항을 반드시 숙지하십시오.
· show that you recognize the problem, and 주어진 과제가 무엇인지 인지하였음을 보여주십시오.
· propose a way of dealing with the problem. 그 과제를 어떻게 다뤄야 하는지 방법을 제시하십시오.

 **Question Script**

Good morning. My name is Edward Young. At around 11 a.m. yesterday, I rented a wallpaper steamer from your store on Lawrence Avenue. Because I forgot to bring my credit card with me, the clerk asked me to leave my driver's license as identification for my rental. At 2 p.m., I came back to the store to try to return the wallpaper steamer, but was surprised to find that it was closed. Unfortunately, on my way home a police officer stopped me as part of a standard check, and I was unable to show him my license. Now I need to take my license down to Court Street police station by 3 p.m. this afternoon or I will be fined for driving without my license. So, as you can imagine, I'd like to exchange the wallpaper steamer for my license as soon as possible. Please call me back as soon as you can.

좋은 아침입니다. 제 이름은 에드워드 영입니다. 어제 오전 11시경, 로렌스 가에 있는 당신의 상점에서 벽지용 스티머를 대여했습니다. 제가 신용카드를 가져가는 것을 잊어서, 직원이 저에게 대여를 위한 신분증명으로 운전면허증을 놓고 갈 것을 요구했습니다. 오후 2시에, 제가 스티머를 반납하려고 상점에 다시 갔지만, 이미 문이 닫혀있어서 깜짝 놀랐습니다. 유감스럽게도, 집으로 돌아오는 길에 경찰관이 검문을 위해 저를 세웠을 때, 제 면허증을 보여줄 수가 없었습니다. 저는 이제 면허증을 커트 스트리트 경찰서에 오후 3시까지 제출해야 합니다. 그렇지 않으면 면허증 없이 운전한 사유로 벌금을 물게 됩니다. 아시겠지만, 저는 이 스티머와 제 면허증을 가능한 빨리 교환하고 싶습니다. 가능한 빨리 전화 주세요.

voca rent 빌리다, 대여하다 | **forget to inf.** (앞으로) ~할 것을 잊다 | **driver's license** 운전면허증 | **identification** 신분 확인, 신분 | **rental** 대여 | **fine** 벌금을 물리다(부과하다) | **exchange A for B** A를 B와 교환하다, 바꾸다

Sample Response 1

Ⓐ Hello, this is Jay Hernandez from Jay's Tool Hire. Ⓑ I am very sorry about the inconvenience with your driver's license yesterday. It appears that our clerk, who was working on his own yesterday, had a serious family emergency and had to suddenly close the store at 1 p.m. I spoke to him this morning and retrieved your license. Ⓒ Please call me when you get this message and we can arrange for me to drop the license off at your house and pick up the wallpaper steamer. Or, if it would be more convenient, we could meet at the police station at 2 o'clock today. Please let me know what suits you best. Ⓓ Once again, I'd like to express my apologies for the problem and I can assure you that we will refund the fee you paid for the rental.

Sample Response 2

This is Bill Flanders from Jay's Tool Hire calling back about the wallpaper steamer problem. I'm afraid I haven't been able to contact the clerk you dealt with, so I'm not exactly sure why the store was closed yesterday. However, I'm at the store right now and I've found your license. The best thing would probably be for you to come back to the shop as soon as you can so that I can give you your license and get the wallpaper steamer back from you. Unfortunately, I'm working alone right now. Otherwise, I would have offered to personally come to your house to return your license. Please accept my apologies. Hopefully you get this message soon and call me back.

voca **inconvenience** 불편 | **on one's own** 홀로, 혼자서 | **emergency** 비상, 위급상황 | **retrieve** 다시 찾아오다, 회수하다 | **apology** 사과, 양해를 구하는 말 | **assure** 장담하다, 확언하다 | **refund** 환불하다 | **deal with** ~을 다루다, 처리하다 | **get back** (물건, 사람을) 돌려주다(보내다) | **otherwise** (만약) 그렇지 않다면(않았다면) | **personally** (다른 사람을 통하거나 하지 않고) 직접, 개인적으로 | **accept** 받아들이다, 수락하다

STRATEGY POINT ✏️

답을 할 때에는 항상 정해진 틀에 따라 답하려 노력을 하자. 그리고 중요한 두 가지는, 상대방의 문제를 인식했음을 정확히 말하는 것과 해결책을 필히 제시해야 한다는 점이다!

📋 **기본 format** (STEP 2, 3 필수!)

STEP 1 상대방의 이름, 자기 소개
↓
STEP 2 전화를 건 목적 −상대방이 말했던 문제점을 요약해서 언급함
−문제가 생기게 된 상황 설명(원인 또는 변명)
↓
STEP 3 해결책 제시(문제점에 대한 긍정적 해결 방안을 제시한다) − 답변시간 60초의 대부분이 해결책 제시에 할당된다.
↓
STEP 4 끝인사

Point Ⓐ 상대방의 이름과 자기 소개: 상대방의 이름을 불러주는 것이 더 좋지만, 명확하게 듣지 못했다면 주저하거나 당황하지 말고 자신의 이름을 소개하면 된다. 상대방의 이름을 잘 기억하기 위해서는, 듣고 난 뒤 두 세 번 소리내어 반복해 주는 것도 좋은 방법이다.

Point Ⓑ 전화를 건 목적 말하기: 상대방이 말했던 문제점을 요약해서 언급하고 문제가 생기게 된 상황을 설명한다.

Point Ⓒ 해결책 제시: 문제점에 대해 긍정적 해결 방안을 제시하는데, 이는 많은 연습이 동반되지 않으면 실현될 수 없는 부분이다. 다양한 문제 상황에 대해, 다양한 해결 방책에 대해 반복해서 연습해보는 것이 가장 좋은 방법이다.

Point Ⓓ 끝인사: 문제 상황에 대한 답변이라면 다시 한 번 정중하게 사과하며 마치는 것이 가장 적합하다.

필수단어 및 표현정리 부분을 암기하여 적용하는 것을 반복 연습하자. 또한, 상황에 대해 명확히 파악하고 각 상황에 적절한 어조를 유지하는 것도 좋은 점수를 얻는 방법이 된다. 문제 상황에 대한 해결책을 제시하는 상황에서는 사과문에 적합한 정중한 어조로 말할 수 있도록 한다.

📎 **해석**

S1 안녕하세요. 저는 제이 툴 하이어 사의 제이 에르난데스입니다. 어제 고객님의 면허증과 관련해 불편을 끼쳐 드려 정말 죄송합니다. 어제 혼자 일을 하던 저희 직원이 심각한 집안 일이 생겨 오후 1시에 상점을 닫았던 것 같습니다. 오늘 아침 그와 이야기를 했고, 고객님의 면허증을 다시 찾아왔습니다. 이 메시지를 받으시면 저에게 전화 주세요. 그러면 제가 면허증을 고객님의 댁에 전해 드리고 벽지용 스티머를 받아 오겠습니다. 혹은, 고객님께서 더 편하시다면, 오늘 오후 2시에 경찰서에서 만나도 좋습니다. 어떻게 하는 편이 고객님께 더 나은지 알려주세요. 다시 한 번, 진심으로 사과 드립니다. 고객님께서 지불하신 대여료를 환불해 드리도록 하겠습니다.

S2 제이 툴 하이어 사의 빌 플랜더스입니다. 벽지용 스티머 문제에 대한 고객님의 전화에 회신 드립니다. 죄송하지만, 고객님께서 만나셨던 직원과 아직 연락이 되질 않아서 상점이 어제 왜 문을 닫았는지 알 수가 없습니다. 하지만, 제가 지금 상점에 있고 고객님의 면허증을 찾았습니다. 가능한 빨리 상점으로 오셔서 제가 고객님의 면허증을 드리고 스티머를 고객님으로부터 받는 것이 최선인 것 같습니다. 유감스럽게도, 저는 지금 혼자서 근무 중입니다. 그렇지 않으면, 제가 개인적으로 고객님 댁에 방문해서 면허증을 돌려 드릴 텐데요. 양해 부탁 드립니다. 메시지 들으시면 다시 전화 주십시오.

Part 6 "Express an Opinion" 의견 제시하기

Question 11   준비시간 15초 / 답변시간 60초

Some high school teachers simply provide their students with the information they need and leave it up to the student to decide how hard they wish to work at learning it. Others think they must encourage and help each student individually. Which do you think is the better approach and why?

일부 고등학교 교사들은 단순히 학생들에게 그들이 필요로 하는 정보만을 제공해주고서는, 그것을 배우는데 얼마나 열심히 노력하기를 원하는지를 결정하는 것은 학생들의 몫으로 남겨둡니다. 다른 교사들은 그들이 각 학생을 개별적으로 독려하고 도와주어야 한다고 생각합니다. 어떤 것이 더 나은 접근이라고 생각하나요? 그 이유는 무엇입니까?

voca   **provide A with B** A에게 B를 제공하다 | **be up to somebody** ~가 할(결정할) 일이다

Sample Response 1

Ⓐ In my opinion, I think that a student can only do well if the teacher explains the topic comprehensively and clearly. But, Ⓐ I think that every student should still work hard to learn everything. Many classes have too many pupils, and it's often quite hard for teachers to take the time to help each student individually. If a teacher spends too much time helping one student, he or she may not spend enough time explaining things to the whole class, and the work of other students may suffer because of this. Students should really be responsible for their own work.

Sample Response 2

Ⓐ A good teacher should do all he or she can to assist the students. Ⓑ Even though some students have no difficulty with their work, others may need extra guidance. Without the help of the teacher, a student can become disheartened and begin to lack confidence. I believe that it is the teacher's job to raise the confidence in these students. I think that if all a teacher does is discuss facts, then students will lose the ability to find the facts for themselves. Ⓒ Every student can read a book to learn facts. The role of a teacher is to encourage the student to consider these points and to form their own opinions.

voca **in my opinion** 내 생각에는, 내가 보기에는 | **comprehensively** 완전히, 철저히 | **clearly** 또렷하게, 분명히 | **pupil** 학생 | **individually** 개인적으로, 개별적으로 | **suffer** (질병, 고통, 슬픔, 결핍 등에)시달리다, 고통 받다 | **be responsible for** ~에 책임이 있다 | **assist** 돕다, 도움이 되다 | **extra** 가외의, 추가의 | **guidance** 안내, 지시 | **dishearten** 낙심(낙담)하게 하다 | **lack** 부족, 결핍 | **confidence** 자신감 | **discuss** ~에 관해 토론하다 | **lose** 잃다, 잃어버리다 | **ability to inf.** ~하는 능력 | **for oneself** 혼자서, 혼자 힘으로 | **role** 역할

STRATEGY POINT 🎤

질문의 내용을 파악하고 문제를 읽어주는 동안 이미 brainstorming을 통해 답변 format에 들어갈 내용을 생각하기 시작해야 한다. 준비시간 15초도 현명하게 활용하여 최대한 정돈된 답변을 할 수 있도록 연습하자. Part 6의 관건은 유창성에 더하여 논리성이다!

📄 기본 format

① **서론**: 화면에 제시된 질문을 그대로 재활용하여 본인의 입장을 밝힌다. 여기서 찬반을 묻는 질문이라면 중립적인 입장보다는 명확히 한 입장을 취하는 것이 좋다. 중요한 한 가지! 두괄식 답변을 하도록 한다.

↓

② **본론**: 두 가지 정도의 근거를 들거나 본인이 경험, 사례를 하나 정도 드는 것이 좋다. 이야기를 만들어 낼 수 있는 순발력도 필요하다.

↓

③ **결론**: 서론의 문장을 재탕! 그대로 말하기 보다는 paraphrasing으로 약간의 변화를 주는 것이 더 좋다

Point Ⓐ 서론에 필요한 자신의 입장을 밝혔다.

Point Ⓑ 근거를 말할 때 흔히 쓰는 표현인 "The reason I think in this way is that ~"을 사용하는 것도 좋은 방법이다. 꼭 필요한 필수 표현들을 외워 두면 부드럽게 말을 하는데 큰 도움이 된다는 것을 기억하자! 제공된 모범답안을 꼼꼼히 공부하여 다양한 표현과 문장을 자신의 것으로 만든다면 Part 6도 결코 넘지 못할 산은 아니다.

Point Ⓒ 서론의 문장을 반복하거나 약간의 변화를 주어 새로이 표현한다면 더 좋다.

Part 6에서는 논리적인 연결이 중요하다. 서론에서 주장하는 바와 결론의 내용이 뒤집혀 버리면 아무리 멋진 어휘로 표현을 했더라도 좋은 점수를 받을 수 없다. 또한, 어휘력이 부족하다면 자신이 알고 있는 어휘를 최대한 활용하여 풀어서 설명할 수 있는 것도 능력이다. 다양한 모범답안들을 공부하여 유용한 표현과 문장을 익히도록 하자.

해석 🖇

S1 제 의견으로는, 학생은 교사가 주제에 대해 완전하고 명확하게 설명을 해 주어야만 잘 할 수 있다고 생각합니다. 하지만, 모든 학생들이 모든 것을 배우고자 열심히 공부해야 합니다. 많은 학급에 너무도 많은 학생들이 있기 때문에 종종 교사들이 각 학생들을 개별적으로 도와주기 위해 시간을 할애하는 것이 꽤 어렵습니다. 만약 한 교사가 한 학생을 돕느라 너무 많은 시간을 보내게 되면, 그(녀)는 전체 학급에 내용을 설명하는 데에는 충분한 시간을 쓸 수가 없게 되고, 그것으로 인해 다른 학생들의 학업에 지장이 생기게 됩니다. 학생들은 그들 각자의 학업에 책임을 져야 합니다.

S2 훌륭한 교사는 학생들을 돕기 위해 할 수 있는 일은 무슨 일이든 해야 합니다. 비록 일부 학생들은 그들의 학업에 어려움을 겪지 않지만, 다른 학생들은 더 많은 안내를 필요로 합니다. 교사의 도움 없이는, 학생은 낙심하게 되고 자신감을 잃을 수 있습니다. 이러한 학생들의 자신감을 키워주는 것이 교사의 할 일이라고 생각합니다. 만약 교사가 하는 일이 사실에 대해 논하는 것이라면, 학생들은 그들 스스로 사실을 찾아내는 능력을 잃게 될 것입니다. 모든 학생들은 사실을 습득하기 위해 책을 읽을 수 있습니다. 교사의 역할은 학생들이 이러한 점들을 생각하고 그들만의 의견을 형성할 수 있게끔 권해주는 것입니다.

Actual Test 2
& Study Strategies

ACTUAL_TEST_02.mp3

※ **mp3** 파일을 활용하여 실전 모의고사 1회분을 풀어보고 뒤의 전략 파트를 학습하세요.

Questions 1-2: Read a Text Aloud

Directions: In this part of the test, you will read aloud the text on the screen. You will have 45 seconds to prepare. Then you will have 45 seconds to read the text aloud.

Next we have some local news. Richard Burton, principal of Grove High School has announced that the school will merge with Morgan Academy. The merger will occur at the beginning of September. In a statement to a local newspaper, Mr. Burton said that the merger will result in the new school becoming one of the most academically effective educational institutions in Britain. The merged high school, likely to be called Morgan Grove High School, will have the largest number of students of any school in Western Europe.

PREPARATION TIME
45 seconds

RESPONSE TIME
45 seconds

This is Mark Gardner from Wallacetown WBS. On Thursday, Wallacetown council members announced plans to build a brand new library. The library will hold about 7,500 books covering a range of topics. Grant Wood, mayor of Wallacetown, said that the new library is required due to the rapidly increasing number of books in the current library. The total cost of the project will be approximately $2 million dollars. Also, about 20 new library staff will be hired. And now it's time for an update on today's traffic report.

PREPARATION TIME
45 seconds

RESPONSE TIME
45 seconds

Actual Test 2

Question 3: Describe a Picture

Directions: In this part of the test, you will describe the picture on your screen in as much detail as you can. You will have 30 seconds to prepare your response. Then you will have 45 seconds to speak about the picture.

PREPARATION TIME
30 seconds

RESPONSE TIME
45 seconds

TOEIC Speaking

Actual Test 2

Questions 4-6: Respond to Questions

Directions: In this part of the test, you will answer three questions. For each question, begin responding immediately after you hear a beep. No preparation time is provided. You will have 15 seconds to respond to Questions 4 and 5, and 30 seconds to respond to Question 6.

TOEIC Speaking

Imagine that a Canadian marketing firm is doing research in your country. You have agreed to participate in a telephone interview about reading habits.

Q. Do you read books or magazines regularly and, if so, what kinds?

RESPONSE TIME
15 seconds

Imagine that a Canadian marketing firm is doing research in your country. You have agreed to participate in a telephone interview about reading habits.

Q. How often would you say you read?

RESPONSE TIME
15 seconds

Imagine that a Canadian marketing firm is doing research in your country. You have agreed to participate in a telephone interview about reading habits.

Q. Do you think reading makes you more intelligent?

RESPONSE TIME
30 seconds

Questions 7-9: Respond to Questions Using Information Provided

Directions: In this part of the test, you will answer three questions based on the information provided. You will have 30 seconds to read the information before the questions begin. For each question, begin responding immediately after you hear a beep. No additional preparation time is provided. You will have 15 seconds to respond to Questions 7 and 8, and 30 seconds to respond to Question 9.

Jade Garden Hotel

Our special room rates for the coming year for Eastern Dream Travel Agency

In appreciation of our continuing business relationship, we are delighted to once again offer you these special rates for the coming year.

	7 nights	10 nights
Beijing, China	$700	$880
Guangzhou, China	$620	$810
Shanghai, China	$650	$840
Shenzen, China	$590	$750

* All rates include buffet breakfast and guests are provided with full access to the hotel's swimming pool and fitness facilities.
* Please remember that even though the bookings will be made through your agency, your guests must apply for a hotel membership card to receive the special rates.
* Applications for membership must be submitted at least one week prior to the guest's scheduled check-in date.

PREPARATION TIME
30 seconds

Q7.

RESPONSE TIME
15 seconds

Q8.

RESPONSE TIME
15 seconds

Q9.

RESPONSE TIME
30 seconds

Question 10: Propose a Solution

Directions: In this part of the test, you will be presented with a problem and asked to propose a solution. You will have 30 seconds to prepare. Then you will have 60 seconds to speak.

In your response, be sure to
· show that you recognize the problem, and
· propose a way of dealing with the problem.

Narration: (Recorded Voice)

In your response, be sure to
· show that you recognize the problem, and
· propose a way of dealing with the problem.

PREPARATION TIME
30 seconds

RESPONSE TIME
60 seconds

TOEIC Speaking

Question 11: Express an Opinion

Directions: In this part of the test, you will give your opinion about a specific topic. Be sure to say as much as you can in the time allowed. You will have 15 seconds to prepare. Then you will have 60 seconds to speak.

TOEIC Speaking

Question 11 of 11

If you were a recruitment manager for a large firm, would you focus more on a candidate's relevant work experience or their educational background and qualifications?

PREPARATION TIME
15 seconds

RESPONSE TIME
60 seconds

Part 1 "Read a Text Aloud" 지문 낭독하기

Questions 1-2 각 문제 준비시간 45초 / 답변시간 45초 〈 **/** : 끊어 읽기   **굵은 글씨** : 강조해서 읽기〉

01   라디오 뉴스

Ⓐ Next / we have some local news. **Richard Burton,** / **principal** of **Grove High School** has announced that / **the school** will **merge** with **Morgan Academy.** Ⓑ **The merger** will occur / at the **beginning** of **September.** In a statement to a local newspaper, Ⓒ **Mr. Burton** said that / the **merger** will result in the new school / becoming one of the **most academically** effective educational **institutions** in **Britain.** The merged high school, likely to be called Morgan Grove High School, will have the largest number of students of any school in Western Europe.

voca **announce** 발표하다, 알리다 | **merge** 합병(병합)하다, 합치다 | **merger** (조직체, 사업체의) 합병 | **statement** 진술, 서술 | **result in** (결과적으로) ~을 낳다, 야기하다 | **academically** 학문적[학술적]으로 | **effective** 효율적인

STRATEGY POINT 🎙️

Point Ⓐ 뉴스 보도이다. 뉴스 보도는 정보전달이 가장 큰 목적이므로 전달하고자 하는 바를 또박또박 명확하게 읽어 청취자들이 이를 혼동하지 않도록 한다. 뉴스 보도의 특징은 "6하 원칙"에 따른 정보의 전달이므로 "누가, 언제, 어디서, 무엇을, 어떻게, 왜"에 대한 정보가 나올 때 마다 이를 강조하여 읽는 것이 중요하다. 고유명사인 사람의 이름과 학교의 명칭을 또박또박 읽도록 하고, 쉼표가 있는 곳에서는 한 박자 쉬어주는 것을 명심한다. 동사 announce 뒤의 목적어가 that절로 너무 길기 때문에 announced 뒤에서 한 번 끊어 읽는 것이 도움이 될 것이다.

Point Ⓑ 뉴스 보도의 소재인 학교 합병에 관해 그 일시를 전달하고 있으므로 날짜를 강조하여 읽으면 되겠다. 전치사나 관사는 특정한 경우를 제외하고는 강조하지 않는 것이 적합하고, 전치사가 있는 곳은 적절히 끊어가며 또박또박 읽도록 한다.

Point Ⓒ 뉴스 보도의 후반에 흔히 등장하는 인용구이다. "6하 원칙"에 기인하여 이 정보들을 강조하며 읽도록 한다. 목적어인 명사절 앞에서 끊어 읽고, 최상급 표현인 the most는 다른 단어에 비해 강조해서 읽어 청자의 주의를 끄는 효과적인 읽기가 되도록 한다.

해석 🖊️

Q 1 다음으로 지역 소식을 알려드리겠습니다. 그루브 고등학교의 교장인 리차드 버튼 씨가 모건 아카데미와 합병할 것이라고 발표했습니다. 이 합병은 9월 초에 이루어질 것입니다. 지역 신문에 발표한 기사에서 버튼 씨는 이 합병으로 새 학교는 영국에서 학술적으로 가장 효율적인 교육 기관 중에 하나가 될 것이라고 말했습니다. 모건 그루브 고등학교라고 불려질 통합 고등학교는 서부 유럽의 어느 학교보다 더 많은 학생들을 유치하게 될 것입니다.

02 라디오 뉴스

Ⓐ This is **Mark Gardner** from **Wallacetown WBS**. On **Thursday**, / **Wallacetown** council members announced / **plans** to build a **brand new library**. The library will hold about 7,500 books covering a range of topics. Grant Wood, mayor of Wallacetown, said that the new library is required due to the rapidly increasing number of books in the current library. Ⓑ The **total cost** of the project / will be approximately $2 **million dollars**. / Also, / about 20 new **library staff** will be hired. Ⓒ And now / it's **time** for an **update** on today's **traffic** report.

voca **council** 의회, 협의회 | **announce** 발표하다, 알리다 | **brand new** 완전 새 것인 | **cover** 다루다, 포함시키다 **a range of** 다양한 | **due to** ~ 때문에 | **rapidly** 빨리, 급속히, 신속히 | **approximately** 약, 대략 | **hire** 고용하다

STRATEGY POINT 🎤

Point Ⓐ 라디오 뉴스 보도에 해당하는 지문이다. 뉴스 보도는 정보/소식의 전달이 그 목적이므로 "6하 원칙"에 근거하여 해당 정보를 명확하게 전달하도록 한다. 인명이나 지명, 회사명 같은 고유명사를 또박또박 강조하여 읽는 것이 중요하다.

Point Ⓑ 뉴스 보도는 정보의 전달이 그 목적이라 하였다. 제시되는 다양한 정보들을 명확히 읽도록 하는데, 숫자 표현이 자주 등장하게 되면 발음이 익숙하지 않아 실수를 하기가 쉬우므로, 주어진 준비 시간에 숫자를 여러 번 연습하여 읽도록 하고, 응답 중에는 숫자를 강조하여 읽도록 한다.

Point Ⓒ 라디오 방송에서 종종 등장하는 다음 순서에 대한 광고이다. 이어지는 방송의 명칭이나 종류에 강조를 두어 전달하도록 한다. "교통 방송"이 이어진다는 내용이므로 "traffic"이라는 특정 어휘를 강하게 읽어주는 것이 좋겠다.

해석 ✏

Q 2 월러스타운 WBS의 마크 가드너입니다. 목요일에, 월러스타운의 의원들은 새로운 도서관을 세울 계획을 발표했습니다. 이 도서관은 광범위한 주제에 걸쳐 약 7,500권의 책을 소장하게 될 것입니다. 기존 도서관의 양서 수가 급속히 증가하는 관계로 새 도서관이 필요하다고 월러스타운의 시장, 그랜트 우드 씨가 말했습니다. 이 프로젝트는 총 2백만 달러 정도가 소요될 예정입니다. 또한, 약 20명의 새로운 도서관 직원이 고용될 것입니다. 이제 오늘의 최신 교통 정보를 전해드릴 시간입니다.

Part 2 "Describe a Picture" 사진 묘사하기

Question 3 준비시간 30초 / 답변시간 45초

Sample Response 1

Ⓐ This is a picture of a row of buildings, with a telephone pole in front of them. Ⓑ Their style and appearance implies that they are probably apartment buildings rather than offices. Two of the buildings appear to be yellow, while the nearest building has been painted white or grey. The telephone pole has many wires coming out of it in different directions. Ⓒ There are many clouds in the sky and Ⓓ it looks like a very cold, overcast day.

Sample Response 2

Ⓐ In this picture we can see three apartment buildings made of wood. Ⓑ The picture was taken from ground-level looking upwards. In front of the buildings is a telephone pole with lots of telephone wires attached to it. All of the windows are rectangular, and it's impossible to see through them because all of the curtains seem to be closed. Ⓒ The sky is quite dark and purple.

voca **a row of** 한 줄의, 일렬로 늘어선 | **telephone pole** 전신주 | **in front of** ~의 앞쪽에 | **imply** 암시하다 **A rather than B** A라기보다는 B | **in different directions** 각기(서로) 다른 방향으로 | **overcast** 흐린, 구름이 뒤 덮힌 | **be made of** ~으로 만들어지다 | **upwards** 위쪽으로 | **attached to** ~에 붙은 | **rectangular** 직사각형의 **impossible** 불가능한 | **see through** 간파하다, 속을 들여다보다

사람이 없는 문제의 기본 format을 사용하자.

📋 기본 format

STEP 1 이 곳이 어디인지 한 문장으로 말하라.

STEP 2 위치 별 주요 사물들의 상태를 말하라.

STEP 3 기타 주변 상황을 덧붙여 말하라.

STEP 4 개인적인 느낌으로 마무리하라.

Point Ⓐ 사진에 제시된 장소가 어디인지 간략하게 한 문장으로 말해보자. 이러한 문장이 너무 짧을 경우, 전치사구를 이용하여 사물의 상태를 좀 더 상세히 묘사해 볼 수 있다. 'with+명사+형용사류'의 표현을 쓰면 "명사가 형용사 한 채로"라는 뜻의 부대상황을 나타낼 수 있다. 사진 묘사 파트뿐만 아니라 이후에 나올 다양한 파트에 무난하게 답변하기 위해서는 문장구조를 확실히 파악하여 문장을 엮어낼 수 있어야 한다. 연습 시 이런 능력을 키우도록 하자.

Point Ⓑ 다음으로 위치 별 주요 사물들의 상태를 묘사할 차례이다. 사물들의 위치와 외형, 특징에 대해 묘사하면 된다. 쉽게는 사물의 모양과 색깔, 수량, 위치 관계 등을 묘사할 수 있다. 특정 사물을 설명할 때 단어를 모르는 경우에는 쉬운 단어, 아는 단어로 풀어서 설명하면 된다.

Point Ⓒ 필요하다면 기타 주변 상황을 덧붙여 말할 수도 있다. 여기서도 날씨나 배경에 대한 묘사가 유용하게 쓰인다.

Point Ⓓ 개인적인 느낌으로 마무리하기! 추측성 표현도 좋다. '～처럼 보인다, ～인 것 같다'라는 표현을 사용하는 것노 추천한나.

해석 ✏

S1 이것은 한 줄로 늘이선 건물들의 사진으로, 건물들 앞으로는 진신주가 있습니다. 건물의 스타일이나 외형으로 보건네, 사무실이라기 보다는 아마도 아파트 건물들인 것 같습니다. 건물 두 채는 노란색이고, 가장 가까이 보이는 건물은 흰색이나 회색으로 칠해져 있습니다. 전신주에서는 각기 다른 방향으로 뻗어나가는 많은 전선들이 있습니다. 하늘에는 구름이 많이 있는데, 매우 춥고 구름이 뒤덮힌 날처럼 보입니다.

S2 이 사진에서 우리는 나무로 지어진 세 채의 아파트 건물을 볼 수 있습니다. 이 사진은 지상 높이에서 위쪽으로 올려다보며 찍은 사진입니다. 건물의 앞쪽으로는 많은 전화선이 붙어있는 전신주가 있습니다. 모든 창들은 직사각형 모양이고, 커튼이 전부 닫혀 있어 창문 안쪽을 들여다보는 것은 불가능합니다. 하늘은 매우 어둡고 보랏빛입니다.

Part 3 "Respond to Questions" 질문에 답하기

Questions 4-6 각 문제 준비시간 없음 / 답변시간 4·5번 15초, 6번 30초

Situation

Imagine that a Canadian marketing firm is doing research in your country. You have agreed to participate in a telephone interview about reading habits.

캐나다의 한 마케팅 회사가 당신의 나라에서 설문조사를 한다고 가정해 봅시다. 당신은 독서 습관에 관한 전화 인터뷰에 응하기로 동의했습니다.

04 Do you read books or magazines regularly and, if so, what kinds?

당신은 책이나 잡지를 정기적으로 읽습니까? 만약 그렇다면 어떤 종류의 책을 읽나요?

Sample Response 1

Yes, I read science fiction novels quite regularly and I sometimes buy movie magazines. I've never read a romance novel in my life.

Sample Response 2

Yes, I only read horror books. I used to read all kinds of different books but I get bored of them quickly. Horror stories are always exciting.

voca **do research** 연구하다 | **participate in** ~에 참여하다, 참가하다 | **regularly** 정기적으로, 규칙적으로
science fiction novel 공상 과학 소설 | **horror** 공포 | **used to inf.** (과거에) ~하곤 했다 | **get bored** 지루해지다,
질리다

STRATEGY POINT 🎙

15초 동안 최소 3개 이상의 문장을 말해 주면 좋다. 위의 질문을 그대로 재활용하여 쉽게 문장 하나를 만들어 보자.
① 일반 의문문은 먼저 Yes / No를 결정해야 한다. Yes 답변이 답하기 좋을 때가 많다. 주의할 것은 이 문제와 같이
   질문 사항이 두 가지인 경우가 있는데, 두 질문에 모두 답을 해야 한다.
② 주어 일치: you → I
③ 동사 일치: read science fiction novels regularly
④ 종합하기: Yes I read science fiction novels quite regularly.

훌륭한 문장을 만들어냄과 동시에 두 질문 모두에 답하였다. 두 개의 문장을 더 추가한다면 완벽해지는데, 이유를
비롯하여 다양한 부분에 대해 이야기할 수 있다.
⑤ 문장 늘리기: I sometimes buy movie magazines.
⑥ 전체 문장 종합하기: Yes, I read science fiction novels quite regularly and sometimes buy movie magazines.

나머지 추가 문장은 위의 모범 답을 참고하자.

---

05   How often would you say you read?

얼마나 자주 책을 읽으시나요?

Sample Response 1

I usually read one or two books a month. If I have time off work, then I tend to read even more than usual. Also, if I go on vacation I make sure to buy at least two new books at the airport.

Sample Response 2

I always read a book during my subway commute to and from work. It really helps to pass the time. I'd say I normally finish books within a week of starting them.

voca   **tend to inf.** ~하는 경향이 있다, ~하기 쉽다 | **usual** 평상시의, 보통의 | **go on vacation** 휴가를 가다 | **at least** 적어도, 최소한 | **commute** 통근(거리) | **normally** 보통, 일반적으로 | **within** (기간) 이내에

STRATEGY POINT

15초 동안 목표문장 3개를 말해 주면 좋다. 질문을 활용하여 문장 하나를 간단히 만들 수 있다.
① 주어 일치: you → I
② 동사 일치: would say I read
③ 의문사에 답하기: one or two books a month
④ 종합하기: I (would say) read one or two books a month.

두 개 문장을 더 만들면 되는데, 의문사로 시작하는 질문을 생각해보면 수월하게 만들 수 있다. 한 달에 한두 권정도 읽는다고 했으므로, 왜 읽는지, 하루 중 언제 읽는지, 어떤 종류의 책을 읽는지 덧붙여 말할 수 있다.
⑤ 문장 늘리기: during my subway commute to and from work (출퇴근 지하철에서)
⑥ 전체 문장 종합하기: I read one or two books a month during my subway commute to and from work.

완벽한 문장이 완성되었다! 나머지 추가 문장은 위의 모범답안을 참고하여 연구해보도록 하자.

06 Do you think reading makes you more intelligent?
독서를 함으로써 당신이 더 똑똑해진다고 생각하나요?

Sample Response 1

I think reading makes me more relaxed, but I'm not sure if it makes me any cleverer. I tend to read books that use relatively simple writing styles, so I never feel like I've expanded my vocabulary or improved my comprehension. However, I do think reading is beneficial to children, so they should try to start early.

Sample Response 2

I believe that by reading regularly I'm improving my writing ability. I enjoy writing short stories, and the more books I read, the better I become at writing. When I was younger I rarely read any books, and I often struggled with assignments at school such as essay writing. These days, I don't encounter any problems at all.

voca **relatively** 비교적으로, 상대적으로 │ **feel like** ~할 것 같다 │ **expand** 확장하다 │ **comprehension** 이해력 **beneficial** 유익한, 이로운 │ **the**+비교급 **(S+V)**, **the**+비교급 **(S+V)** ~하면할수록 더 ~하다 │ **rarely** 거의 ~않다 **struggle with** ~와 싸우다, 악전고투하다 │ **assignment** 과제 │ **encounter** (특히 반갑지 않은 일에) 맞닥뜨리다 (부딪히다)

STRATEGY POINT 🎙

30초 동안 목표문장 5개를 말해주는 것이 좋다. 일단, 가장 기본이 되는 필수 문장을 만드는 연습을 하자.
① 일반 의문문의 경우 Yes / No로 먼저 답한다.
② 주어 일치: you → I
③ 동사 일치: (don't) think reading makes me more intelligent
④ 종합하기: I don't think reading makes me more intelligent.

완벽한 하나의 문장을 완성함과 동시에 질문에 훌륭한 답변을 했고, 두 개의 문장을 더 채우면 perfect! 독서가 더 똑똑하게 해주지 않는다고 생각한다는 내용의 문장이므로 그 이유에 대해 덧붙이는 것이 자연스럽겠다.
⑤ 문장 늘리기: I think reading just makes me more relaxed.
⑥ 전체 문장 종합하기: I think reading makes me more relaxed, but I'm not sure if it makes me any cleverer.

이제 위의 모범답안을 참고하여 몇 가지 문장을 더 추가해보도록 하자.

해석

Q4

S1 저는 공상 과학 소설들을 꽤 정기적으로 읽습니다. 그리고 때때로 영화 잡지를 사기도 합니다. 제 평생 로맨스 소설은 읽어본 적이 없습니다.

S2 저는 공포물만 읽습니다. 예전에는 모든 종류의 책들을 읽곤 했지만, 그것들에는 쉽게 질립니다. 공포 이야기들은 항상 흥미롭습니다.

Q5

S1 저는 보통 한 달에 한 권이나 두 권을 읽습니다. 휴가를 얻게 되면, 저는 평소보다 더 많이 읽는 경향이 있습니다. 또, 휴가를 가면 공항에서 최소한 두 권의 새 책을 삽니다.

S2 저는 지하철 출퇴근 시간 동안에 항상 책을 읽습니다. 시간을 보내는데 정말 도움이 됩니다. 보통은 책을 읽기 시작한 지 일주일 이내에 다 읽습니다.

Q6

S1 독서는 저를 더 편안하게 해줍니다. 하지만 책을 읽는 것이 저를 더 똑똑하게 하는지는 확신할 수 없습니다. 저는 비교적 단순하게 쓰여진 책들을 읽는 것을 좋아합니다. 그래서 저는 제 어휘력이 확장됐다거나 이해력이 향상되었다고 생각하진 않습니다. 하지만, 독서가 아이들에게는 분명히 도움이 된다고 생각합니다. 그렇기 때문에, 아이들은 일찍 책을 읽기 시작해야 합니다.

S2 규칙적으로 책을 읽는 것이 제 작문 실력을 향상시킨다고 생각합니다. 저는 단편을 쓰는 것을 좋아하는데, 더 많은 책을 읽을수록 글을 더 잘 쓰게 됩니다. 제가 어렸을 적에는 책을 거의 읽지 않았는데, 작문과 같은 학교 과제를 하느라 종종 고생했습니다. 요즘에는, 전혀 문제가 없습니다.

Part 4 "Respond to Questions Using the Information Provided" 주어진 자료를 활용하여 질문에 답하기

Questions 7-9 ⏰ 준비시간 30초 / 답변시간 7 · 8번 15초, 9번 30초

-Jade Garden Hotel- 제이드 가든 호텔

Our special room rates for the coming year for Eastern Dream Travel Agency
다음 해 Eastern Dream 여행사를 위한 객실 특별 요금

In appreciation of our continuing business relationship, we are delighted to once again offer you these special rates for the coming year.
우리의 계속되는 사업상의 관계에 감사하기 위해, 다시 한 번 다가오는 해에 고객님에게 이 특별 요금을 제공하게 되어 기쁩니다.

	7 nights 7박	**10 nights** 10박
Beijing, China 베이징, 중국	$700	$880
Guangzhou, China 광저우, 중국	$620	$810
Shanghai, China 상하이, 중국	$650	$840
Shenzen, China 셴젠, 중국	$590	$750

∗ All rates include buffet breakfast and guests are provided with full access to the hotel's swimming pool and fitness facilities.
모든 가격은 조식 뷔페를 포함하고, 투숙객들은 호텔의 수영장과 헬스 시설을 모두 이용하실 수 있습니다.

∗ Please remember that even though the bookings will be made through your agency, your guests must apply for a hotel membership card to receive the special rates.
예약은 귀하의 여행사를 통해 이루어지더라도, 귀하의 고객들이 특별비용의 혜택을 받기 위해서는 호텔의 회원권을 신청하셔야 합니다.

∗ Applications for membership must be submitted at least one week prior to the guest's scheduled check-in date.
회원권 신청은 투숙객들의 예정된 체크인 날짜보다 최소 일주일 이전에는 제출되어야 합니다.

Narration

Hi, My name is Dustin Cooper. I'd like to apply for a hotel membership card and now I have a few questions I would like to ask.
안녕하세요, 저는 더스틴 쿠퍼입니다. 호텔 멤버십 카드를 신청하고 싶고, 몇 가지 묻고 싶은 질문이 있습니다.

07 Which of your hotel locations has the lowest rates?

어떤 지역의 호텔 요금이 가장 싼가요?

Sample Response 1

Our Shenzen location is the most affordable. At our other locations, the rate for 7 nights is over 600 dollars, but in Shenzen it's only 590 dollars.

Sample Response 2

If a person is traveling on a smaller budget, our Shenzen hotel would be their best option. Rates run at only 590 dollars for 7 nights and 750 dollars for 10 nights.

voca **rate** 요금, 비용 | **affordable** 지불 가능한, 적당한 | **budget** 예산 | **option** 선택(권)

STRATEGY POINT 🎤

주어진 정보를 30초 동안 최대한 정확히 파악하는 것이 중요하다. Part 4는 Part 3과 달리 질문이 화면에 제시되지 않고 음성으로만 들려준다는 것을 명심하자. 정보를 꼼꼼히 파악했다면 이제 질문을 듣고 15초 동안 질문에서 요구한 정확한 답만 말해 주면 된다. Part 3에서 연습한대로 질문을 그대로 활용하여 답을 만들어 보자. 답을 할 때에는 이 업체의 직원 입장에서 답하는 것임을 잊지 말자.

① 주어 일치: Our ~ location
② 동사 일치: has the lowest rates
③ 의문사에 답하기: 여기에서는 의문사에 대한 답변이 곧 문장의 주어가 되므로 이를 잘 연결하여 답을 하도록 한다.
   Our Shenzen location
④ 종합하기: Our Shenzen location has the lowest rates.

훌륭한 답변을 만들어냈다. 위의 모범답안을 참조하여 다른 형태의 답변들도 생각해보자.

 08 Are any meals included in the rates?

요금에 식사가 포함되어 있나요?

Sample Response 1

Yes, all guests paying these special rates are entitled to a free buffet breakfast every morning. They can also use the hotel gym and swimming pool for no additional charge.

Sample Response 2

Yes, a buffet style breakfast is included in the rates. Another service that the rates include is complimentary access to the hotel's exercise room and swimming pool.

voca **meal** 식사 │ **include** 포함하다[시키다] │ **pay** 지불하다 │ **be entitled to** ~을 받을 자격이 있다 │ **additional** 부가적인, 추가의 │ **charge** 요금 │ **book** 예약하다 │ **through** ~을 통하여 │ **boast** 뽐내다, 자랑하다 │ **top-of-the-range** 최고급의 │ **facility** 시설(물) │ **for free** 무료로 │ **complimentary** 무료의 │ **access** 이용[접근]권한

STRATEGY POINT

답변시간 15초가 지나면 또 다음 문제가 음성으로 나오게 된다. 집중하여 질문의 의도를 파악해야 한다. 이 문제는 위의 table에서, 특별 요금에 포함된 식사 서비스의 내용을 열거하라는 것이다. 이제까지 연습한 단문 만들기가 아닌 조금은 난이도가 있는 질문이지만, 정답은 역시 표 안에서 찾으면 된다. 질문을 최대한 재활용 하는 것이 하나의 방법이다.

① Be동사 의문문으로 Yes / No 답변이 가능하다. 표에 제시된 내용에 따라 답한다.

② 주어 일치: 이 문제에서는 주어에 해당하는 **any meals**에 대한 정보가 곧 질문의 답변이 되므로 표에서 해당 정보를 찾는다. → A free buffet breakfast

③ 동사 일치: is

④ 종합하기: Yes, a free buffet breakfast is included in the rates.

완전한 문장을 만듦과 동시에 질문에 정확히 답했다. 위의 모범답안을 참조하여 다른 형태의 다양한 답변들도 만들어보자.

 09 When is the deadline for submitting the hotel membership application form?

호텔 회원권 신청서 제출 마감기한이 언제인가요?

Sample Response 1

The form must be submitted at least one week prior to the guest's scheduled check-in day. For example, guests that wish to check in on the 20th of the month must submit the form by the 13th at the latest. Please ensure that your customers send this application promptly so they don't miss out on the discounted rates.

Sample Response 2

All guests must send in the application form at least seven days before they check in. So, they are advised to begin this process as soon as possible. Guests that fail to do so will have to pay the regular rates even though they booked through your agency. Only hotel members are entitled to the discounted rates.

voca **deadline** 마감 시한 | **submit** 제출하다 | **application form** 신청(지원)서 | **at least** 적어도, 최소한 | **at the latest** 늦어도 | **ensure** 반드시 ~하게 하다, 보장하다 | **promptly** 즉시, 지체 없이 | **miss out on something** (참석하지 않음으로써 유익하거나 즐거운 것을) 놓치다 | **discounted** 할인된 | **be advised to inf.** ~을 권고받다 | **as soon as possible** 가능한 빨리 | **be entitled to** ~을 받을 자격이 있다

STRATEGY POINT 🎙

질문을 듣자마자 빨리 주어진 table에서 membership application form이 어디에 나타나는지 찾아야 한다.

※Applications for membership must be submitted at least one week prior to the guest's scheduled check-in date.

표의 가장 후반부에 제시된 위 정보를 찾았다면 이제 정보를 최대한 활용하여 답을 만들어 본다.

The form must be submitted at least one week prior to the guest's scheduled check-in day.

표에 제시된 문장을 그대로 읽어 줄 수 있다. 덧붙여 For example, guests that wish to check in on the 20th of the month must submit the form by the 13th at the latest와 같은 구체적인 예문을 만들 수 있다면 더 높은 Level을 기대해 볼 수도 있겠다. 좀 더 고급스러운 답변을 위해 제공되어 있는 모범답안의 활용도 연습해보도록 하자.

해석

Q7
S1 저희 센젠 지점이 요금이 가장 저렴합니다. 다른 지역의 호텔에서는, 7박의 요금이 600달러를 넘지만, 센젠에서는 590달러입니다.
S2 적은 예산으로 여행하시는 고객이라면, 저희 센젠 호텔이 최상의 선택이 될 것입니다. 590달러로 7일 밤을 묵으실 수 있고, 10박의 요금은 750달러입니다.

Q8
S1 네, 이 특별 요금을 지불하시는 모든 고객님들은 매일 아침 무료 뷔페식 조식 서비스를 이용하실 수 있습니다. 또한, 호텔의 헬스장과 수영장을 추가 비용 없이 이용하실 수 있습니다.
S2 물론입니다. 뷔페식의 조식이 요금에 포함되어 있습니다. 요금에 포함된 또 다른 서비스는 호텔 운동시설과 수영장에 대한 무료 이용권입니다.

Q9
S1 서류는 고객님의 예정된 호텔 체크인 일자로부터 최소 1주일 이전에는 제출 되어야 합니다. 예를 들어, 20일에 체크인 하시고자 하는 고객님들께서는 늦어도 13일까지는 서류를 제출하셔야 합니다. 당신의 고객들이 이 할인된 요금을 놓치지 않게, 즉시 신청서를 보낼 것을 확인해주세요.
S2 모든 고객은 그들이 체크인 하기 최소 1주일 전에는 신청서를 제출하셔야 합니다. 가능한 빨리 이 절차를 시작하시기를 권고합니다. 이렇게 하지 못하신 고객님들은 당신의 대행사를 통해 예약을 하셨더라도 정상 요금을 지불하셔야 합니다. 호텔 회원들만이 이 할인된 요금으로 이용하실 수 있습니다.

Part 5 "Propose a Solution" 해결방안 제시하기

Question 10 준비시간 30초 / 답변시간 60초

In your response, be sure to 대답할 때에는 다음 사항을 반드시 숙지하십시오.

· show that you recognize the problem, and 주어진 과제가 무엇인지 인지하였음을 보여주십시오.

· propose a way of dealing with the problem. 그 과제를 어떻게 다뤄야 하는지 방법을 제시하십시오.

Question Script

Hi, Simon. This is Aaron. I'm currently stuck on the Wellington Bridge about 4 miles from Ralston Airport. My car has engine trouble. At this time of day, it's going to be really difficult to find a taxi, so I'm really worried that I'm going to miss my flight, which is in an hour. And what would I do about my car? I'm going to be overseas all week so I can't just abandon it at the side of the road here. The police would surely tow it away, and I'd probably have to pay a hefty fine. Have you got any suggestions?

안녕하세요, 사이먼 씨. 저는 아론입니다. 저는 지금 롤스톤 공항으로부터 4마일 가량 떨어진 지점의 웰링턴 브리지에서 꼼짝 못하고 있습니다. 차의 엔진에 문제가 생겼습니다. 이 시간에는 택시를 잡기가 매우 어렵기 때문에, 한 시간 후에 있을 제 비행기를 놓치게 될까 매우 걱정입니다. 그리고 제 차를 어떻게 해야 할까요? 저는 한주 내내 외국에 가 있을 예정인데, 차를 여기 길가에 버려둘 수 없습니다. 경찰이 견인을 해 갈 것이고, 엄청난 벌금을 물게 될 것입니다. 어떻게 해야 할까요?

voca currently 현재 | **stuck** (…에 빠져) 움직일 수 없는[꼼짝 못하는] | **abandon** 버리다[떠나다/유기하다]
get towed 견인되다 | **hefty** 엄청난, (돈의 액수가) 많은, 두둑한 | **fine** 벌금 | **suggestion** 제안사항

Sample Response 1

Right, I think your best option is to stay with your car rather than jumping in a taxi. I will call Cooper's Auto Repairs straight away and get them to send out a tow truck to pick it up. When the truck arrives, just ask the driver to drop you off at the airport first. It's not too far and I'm sure he'd be happy to do it if you offer him some cash. Anyway, I'll call them without any further delay.

Sample Response 2

Ⓑ Oh, sorry to hear about your predicament! I think getting a taxi would be a bad idea. Ⓒ Here's my suggestion; I will call a local mechanic and have him come out to you on the bridge. Then I'll get in my car and pick up Steve on my way out to meet you. Then, Steve can take your keys and stay with your car until the mechanic gets there. Meanwhile, I will take you to the airport so that you don't miss your flight.

voca **option** 선택[권] | **stay with** ~와 함께 머무르다 | **straight away** 즉시 | **drop somebody off** ~를 내려주다
delay 지체, 지연 | **predicament** 곤란, 곤경, 궁지 | **so that S + V** ~하도록

Sample Responses & Study Strategies for **ACTUAL TEST 2**

🔴

답을 할 때에는 항상 정해진 틀에 따라 답하도록 노력하자. 그리고 중요한 두 가지는, 상대방의 문제를 인식했음을 명확히 말하는 것과 해결책을 필히 제시 해야 한다는 것이다.

📋 **기본 format** (STEP 2, 3 필수)

STEP 1 상대방의 이름, 자기 소개
↓
STEP 2 전화를 건 목적 − 상대방이 말했던 문제점을 요약해서 언급함
↓   − 문제가 생기게 된 상황 설명(원인 또는 변명)
STEP 3 해결책 제시(문제점에 대한 긍정적 해결 방안을 제시한다) − 답변시간 60초의 대부분이 해결책
↓   제시에 할당된다.
STEP 4 끝인사

Point Ⓐ 상대방의 이름과 자기소개: Hi, Aaron. This is Simon. 이 문제의 경우 제공된 녹음 메시지를 들었을 때, 이미 서로 아는 사이임을 알 수 있다. 그러므로, 첫 번째 단계가 생략될 수도 있다.

Point Ⓑ 전화를 건 목적 말하기: Oh, sorry to hear about your predicament! 잘 듣지 못했을 때, 상세히 표현하지 못할 때에는 이렇게 간단하게라도 문제 상황에 대한 인식을 전달해야 한다.

Point Ⓒ 해결책 제시: I think getting a taxi would be a bad idea. Here's my suggestion: I will call a local mechanic and have him come out to you on the bridge. Then I'll get in my car and pick up Steve on my way out to meet you. Then, Steve can take your keys and stay with your car until the mechanic gets there. Meanwhile, I will take you to the airport so that you don't miss your flight. 이러한 답변을 금방 떠올려내고 막힘 없이 말하기란 쉽지 않다. 다양한 경우에 대한 반복적인 연습을 통해 매끄럽게 표현할 수 있도록 노력하자.

Point Ⓓ 끝인사: 문제 상황을 유발한 경우라면 사과의 말로, 단순한 조언자의 입장이라면 유감의 표현으로 마무리하는 것이 좋은 방법이다.

✏️ **해석**

S1 네, 택시를 타시는 것보다 차량 근처에 계시는 것이 최선책이라고 생각합니다. 제가 쿠퍼 자동차 수리점에 즉시 전화를 하여 고객님의 차량을 가져올 견인차를 보내도록 하겠습니다. 트럭이 도착하면 기사에게 고객님을 먼저 공항에 내려달라고 부탁하세요. 그리 멀지 않기 때문에, 고객님께서 얼마를 지불하시면 기사가 기꺼이 그렇게 해드릴 것입니다. 더 이상의 지체 없이 제가 그들에게 전화를 하겠습니다.

S2 곤란한 상황에 처하게 되어 유감입니다. 택시를 타시는 것은 좋지 않습니다. 제안을 드리자면, 제가 지역의 수리공에게 전화를 해서 고객님께서 계신 다리로 그를 보내도록 하겠습니다. 그리고 제가 제 차로 고객님을 만나러 나가는 길에 스티브를 태워 가겠습니다. 그러면 스티브가 고객님의 차량 열쇠를 받아 수리공이 거기에 도착할 때 까지 고객님의 차량을 보관할 것입니다. 그러는 동안에, 비행기를 놓치시지 않도록 제가 고객님을 공항까지 모셔다 드리겠습니다.

Part 6 "Express an Opinion" 의견 제시하기

Question 11 ⏱ 준비시간 15초 / 답변시간 60초

If you were a recruitment manager for a large firm, would you focus more on a candidate's relevant work experience or their educational background and qualifications?

만약 당신이 대기업의 고용 책임자라면, 지원자의 관련 업무 경력에 중점을 두시겠습니까, 아니면 그들의 학력이나 자격요건에 중점을 두시겠습니까?

voca recruitment 고용 | focus on ~에 집중하다, 중점을 두다 | candidate 후보자, 지원자 | relevant 관련 있는 educational background 학력

Sample Response 1

Ⓐ Well, it would very much depend upon the type of job they were applying for. Ⓑ If it were something that was not particularly technical, I would definitely place more emphasis on their work experience. In addition to the number of years of experience they have, I would also be interested In how recently they had worked in the field. Quite often some of the most reliable and diligent workers have relatively poor academic qualifications, so that shouldn't really be a factor when considering someone for a non-technical job.

Sample Response 2

In most cases, I think I would choose a highly educated person with a fair amount of experience over a poorly educated but experienced person. A person's educational qualifications tell you that they are good at following guidelines and managing their workload in order to meet deadlines. People that are lacking in academic qualifications are quite often unable to keep up with the workload in a large company. However, if they had a lot of experience and fantastic references, I would be foolish not to offer them an interview.

voca depend on ~에 의존하다, ~에 달려있다 | apply for ~에 지원하다 | particularly 특히 | technical 기술적인 definitely 분명히, 명백히 | place emphasis on ~에 중점을 두다 | in addition to ~에 더하여 | reliable 믿을 만한 | diligent 근면 성실한 | relatively 비교적으로 | poor 형편없는, 좋지 않은 | highly educated 고등교육을 받은 | be good at ~을 잘하다 | workload 표준작업량 | meet deadlines 마감시한을 맞추다 | keep up with 뒤지지 않고 따라가다

STRATEGY POINT 🎤

질문의 내용을 파악하고 문제를 읽어주는 동안 이미 brainstorming을 통해 답변 format에 들어갈 내용을 생각하기 시작해야 한다. 준비시간 15초도 현명하게 활용하여 최대한 정돈된 답변을 할 수 있도록 연습하자. Part 6의 관건은 유창성에 더하여 논리성이다.

📋 **기본 format**

① **서론:** 화면에 제시된 질문을 그대로 재활용하여 본인의 입장을 밝힌다. 여기서 찬반을 묻는 질문이라면 중립적인 입장보다는 명확히 한 입장을 취하는 것이 좋다. 중요한 한 가지! 두괄식 답변을 하도록 한다.

↓

② **본론:** 두 가지 정도의 근거를 들거나 본인이 경험, 사례를 하나 정도 드는 것이 좋다. 이야기를 만들어 낼 수 있는 순발력도 필요하다.

↓

③ **결론:** 서론의 문장을 재탕! 그대로 말하기 보다는 paraphrasing으로 약간의 변화를 주는 것이 더 좋다.

Point Ⓐ 선택에 대한 문제에 대해서도 중립적인 답변은 피하는 것이 좋으나, 다양한 결과가 있을 수 있는 상황이라면 두 경우를 모두 생각해 보는 것도 나쁘지 않다.

Point Ⓑ 서론에 제시한 주장인 "직종에 따라 다르다"를 뒷받침 할 수 있는 경우에 대해 논리적으로 답변한다. 시간이 허락된다면 근거 문장에 더하여 구체적인 사례를 드는 것도 좋은 방법이다.

Point Ⓒ 서론 부분에 제시한 문장을 재사용하거나 부분적으로 paraphrasing 하여 약간 변화를 준다면 perfect!

다양한 모범답안들을 공부하여 본인만의 완벽한 답변을 만들어보는 연습을 하는 것이 중요하다. Part 6의 관건인 논리적 연결성을 고려하여 답을 하도록 하고, 어려운 어휘를 고집하기보다는 자신이 표현할 수 있는 어휘로 설명하는 것이 바람직하다. 15초의 준비 시간 동안 빠르고 정확하게 기본 format에 따라 내용을 구성하는 것은 쉽게 완성되지 않는다. 많은 연습을 통해 논리적인 답변을 만들어 낼 수 있도록 노력하자.

해석 ✎

S1 그들이 지원하는 직업의 형태에 따라 매우 달라질 수 있습니다. 만약 그 일이 특별히 기술적인 것이 아니라면, 저는 그들의 업무 경력에 더 많은 중점을 둘 것입니다. 그들이 가지고 있는 업무 기간 뿐 아니라, 그들이 얼마나 최근에 그 분야에서 일을 했는지에도 또한 관심을 갖을 것입니다. 꽤 자주있는 일인데, 믿을만하고 성실한 근로자들 가운데 일부가 학벌이 좋지 못한 경우가 있습니다. 즉, 비기술직에 대한 지원자를 고려할 시에는 그것이 큰 문제가 되지 않습니다.

S2 대부분의 경우에, 저는 경험은 많지만 교육을 받지 못한 사람보다는 적절한 경험을 가진, 고등 교육을 받은 사람을 선택할 것입니다. 개인의 교육적인 배경을 통해 당신은 그들이 지침을 잘 따르며 작업량을 마감기한까지 잘 맞출 수 있음을 알 수 있습니다. 교육적인 배경을 통해 사람들은 종종 대기업의 작업량을 따라가지 못합니다. 하지만, 만약 그들이 많은 경력과 훌륭한 추천서들을 가지고 있다면, 그들에게 면접을 행하지 않는 것은 어리석은 일일 것입니다.

Actual Test 3
& Study Strategies

ACTUAL_TEST_03.mp3

※ **mp3** 파일을 활용하여 실전 모의고사 1회분을 풀어보고 뒤의 전략 파트를 학습하세요.

Questions 1-2: Read a Text Aloud

Directions: In this part of the test, you will read aloud the text on the screen. You will have 45 seconds to prepare. Then you will have 45 seconds to read the text aloud.

This is an announcement for all travelers waiting for the Intercity Rail Service to Detroit. Unfortunately, the train has been delayed in Chicago due to technical problems. However, it is expected to arrive here in two hours, making your new departure time 6 p.m. Please be ready to board the train at 6 p.m. Intercity Rail wishes to express its sincerest apologies for this unfortunate delay.

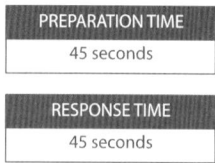

PREPARATION TIME
45 seconds

RESPONSE TIME
45 seconds

You're listening to radio station WBRB. If you're planning on heading into town tonight, remember to avoid the Madison Bridge since it will be closed from 11:30 p.m. tonight for construction. If you're going in that direction, look for an alternative route that avoids the Madison Bridge. If you're already headed that way, look out for the yellow detour signs that are posted before the bridge.

PREPARATION TIME
45 seconds

RESPONSE TIME
45 seconds

Actual Test 3

Question 3: Describe a Picture

Directions: In this part of the test, you will describe the picture on your screen in as much detail as you can. You will have 30 seconds to prepare your response. Then you will have 45 seconds to speak about the picture.

PREPARATION TIME
30 seconds

RESPONSE TIME
45 seconds

Questions 4-6: Respond to Questions

Directions: In this part of the test, you will answer three questions. For each question, begin responding immediately after you hear a beep. No preparation time is provided. You will have 15 seconds to respond to Questions 4 and 5, and 30 seconds to respond to Question 6.

Question 4 of 11

Imagine that an American marketing firm is doing research in your country. You have agreed to participate in a telephone interview about music.

Q. On average, how often do you buy a music CD?

RESPONSE TIME
15 seconds

TOEIC Speaking

Imagine that an American marketing firm is doing research in your country. You have agreed to participate in a telephone interview about music.

Q. Which style of music do you most frequently listen to?

RESPONSE TIME

15 seconds

TOEIC Speaking

Imagine that an American marketing firm is doing research in your country. You have agreed to participate in a telephone interview about music.

Q. Do you believe people should pay to download music?

RESPONSE TIME

30 seconds

Questions 7-9: Respond to Questions Using Information Provided

Directions: In this part of the test, you will answer three questions based on the information provided. You will have 30 seconds to read the information before the questions begin. For each question, begin responding immediately after you hear a beep. No additional preparation time is provided. You will have 15 seconds to respond to Questions 7 and 8, and 30 seconds to respond to Question 9.

COMPUTER FOR SALE

I am looking to sell the following computer. It is only a year old and my asking price is $1200.

Memory: 10 gigabytes hard drive plus 4GB memory stick

Processor: Latest Speedy 400 processor installed

Includes: A 21 inch Easysee monitor, SuperPlus operating system (version 6), Word processing software installed

Payment plan:
  $400 initial down payment
  8 monthly payments of $100 on the remaining balance
  5% discount for full payment within 3 months

PREPARATION TIME
30 seconds

Q7.

RESPONSE TIME
15 seconds

Q8.

RESPONSE TIME
15 seconds

Q9.

RESPONSE TIME
30 seconds

Question 10: Propose a Solution

Directions: In this part of the test, you will be presented with a problem and asked to propose a solution. You will have 30 seconds to prepare. Then you will have 60 seconds to speak.

In your response, be sure to
· show that you recognize the problem, and
· propose a way of dealing with the problem.

Narration: (Recorded Voice)

In your response, be sure to
· show that you recognize the problem, and
· propose a way of dealing with the problem.

PREPARATION TIME
30 seconds

RESPONSE TIME
60 seconds

Question 11: Express an Opinion

Directions: In this part of the test, you will give your opinion about a specific topic. Be sure to say as much as you can in the time allowed. You will have 15 seconds to prepare. Then you will have 60 seconds to speak.

Do you think that a young person should pursue the career that their parents want them to do or should they be allowed to follow their own path?

PREPARATION TIME
15 seconds

RESPONSE TIME
60 seconds

Part 1 "Read a Text Aloud" 지문 낭독하기

Questions 1-2 ⏰ 각 문제 준비시간 45초 / 답변시간 45초 〈 **/** : 끊어 읽기   **굵은 글씨** : 강조해서 읽기〉

01 철도 역사 안내방송

Ⓐ This is an announcement for **all travelers** / waiting for the **Intercity Rail Service** / to **Detroit.** Ⓑ Unfortunately, / the **train** has been **delayed** in **Chicago** / due to **technical** problems. **However,** / it is expected to arrive here in **two hours,** / making your new departure time **6 p.m.** Ⓒ Please be ready to **board** the train at **6 p.m.** Intercity Rail wishes to express its sincerest apologies for this unfortunate delay.

voca **announcement** 발표, 소식 | **due to** ~ 때문에 | **departure** 출발 | **board** 승선(탑승)하다 | **sincere** 진실된, 진심

STRATEGY POINT 🎙

Point Ⓐ 철도 역사 내 안내 방송이다. 준비 시간에 지문을 읽으며 내용을 파악하고, 내용상 강조해야 할 중요 어휘를 명확하게 또박또박 전달하도록 한다. 공지를 들을 대상인 승객들(**all travelers**)과 해당 서비스 업체(**Intercity Rail Service**), 행선지 정보(**Detroit**) 등을 강조하는 것이 바람직하다.

Point Ⓑ 역사 내 안내 방송 중에서도 열차의 지연을 알린다는 문제 상황에 대한 안내이므로 어조(**tone**)를 주의하는 것이 좋다. 일반적인 안내 방송이나 광고문이라면 명랑하고 밝은 어조로 읽는 것이 좋겠지만, 유감스러움을 표해야 하는 이와 같은 안내문에서는 정중한 태도의 어조로 전달하는 것이 바람직하다. 쉼표 앞에서는 끊어 읽도록 하고, "지연되었다"는 내용과 장소, 문제의 원인 등을 강조하여 읽도록 한다. 전치사 앞에서는 적당히 끊어 읽는 것이 좋다. 지문 중에 **however**나 **but**과 같은 역접의 연결사들이 있다면, 앞 뒤로 적절히 한 박자 정도 쉬고, 해당 연결사를 최대한 또박또박 명확하게 읽어 확실히 강조하도록 한다. 시간을 비롯한 숫자 표현은 항상 중요한 정보가 되므로 명확히 전달해야 한다.

Point Ⓒ 뉴스 지문의 후반부에 부탁/요청 사항이 제시되는 문장이다. 무조건 "빠르게" 읽는 것이 좋은 방법이 아니라, 전달해야 할 내용을 명확하게 강약을 조절하여 읽는 것이 관건임을 잊지 말자.

해석 🖊

Q 1 디트로이트행 인터시티 레일 서비스를 기다리고 계신 모든 승객분들께 안내 말씀 드립니다. 유감스럽게도, 기계적인 문제로 열차가 시카고에서 지연되었습니다. 그러나, 두 시간 후면 열차가 이곳에 도착 할 것이고, 여러분의 새 출발 시간은 오후 6시가 될 것입니다. 오후 6시에 열차에 승차하실 수 있도록 준비해 주십시오. 인터시티 레일은 이 유감스러운 지연에 대해 진심 어린 사과를 표하고자 합니다.

02 교통 방송

Ⓐ You're listening to radio station WBRB. Ⓑ If you're planning on / heading into town tonight, / **remember** to **avoid** the **Madison Bridge** / since it will be **closed** / from **11:30 p.m.** tonight for construction. If you're going in that direction, look for an alternative route that avoids the Madison Bridge. Ⓒ If you're **already** headed that way, / **look out** for the **yellow detour signs** / that are posted **before** the **bridge**.

voca **head (in)to** ~로 향하다 | **avoid** ~을 피하다 | **construction** 보수공사 | **look for** ~을 찾다 | **alternative** 대체의 **look out** 주의하다 | **detour** 우회

STRATEGY POINT 🎙

Point Ⓐ 라디오 교통 방송은 짧지만 많은 정보를 담고 있다. 청자인 청취자들이 이러한 정보들을 혼동하거나 듣지 못하는 일이 없도록 또박또박 끊어 읽기에 신경 쓰고 또한 강조해야 할 정보를 강조 하는 것을 잊지 말자.

Point Ⓑ 교통 방송에는 도로의 폐쇄나 공사 등을 이유로 특정 도로의 이용을 피하라는 내용이 빈번히 등장한다. 한 문장이 이와 같이 긴 경우에는 준비 시간을 잘 활용하여 내용에 따라 문장을 적절히 끊어 읽는 연습을 해야 한다. 각 부사절 접속사 앞에서는 한 박자씩 쉬어 읽도록 하고, 전치사 앞에서도 적절히 쉬어 읽는 것이 바람직하다. 고유 명사인 도로의 이름이나 시간 표현은 특히 강조해야 할 부분이므로 명확히 전달하도록 노력해야 하며, 발음하기 어려운 낯선 표현은 준비 시간에 충분히 반복 연습하는 것이 효과적이다.

Point Ⓒ "~하다면, ~하세요"라고 말하는 요청 및 권유문은 교통 방송의 후반부에 흔히 등장하는 문장이다. 문장을 읽을 때 항상 명심할 것은 의미 단위로 끊어 읽어 전달하고자 하는 내용이 명확하게 전달되도록 노력해야 한다는 것이다. 쉼표 앞에서는 한 박자 쉬어 읽도록 하고, 내용 상 중요한 핵심어들은 강조하여 읽고 그 외의 관사를 비롯한 기능어들은 상대적으로 약하게 읽어 강조하는 바를 극대화하는 것이 효율적이다. 관계사절 that 앞에서도 한 번 끊어 읽는 것이 바람직하다.

해석 ✎

Q 2 청취자 여러분께서는 **WBRB**의 라디오 방송을 듣고 계십니다. 오늘 밤 시내로 향하실 계획이시라면, 매디슨 브릿지는 피하셔야 한다는 것을 기억하세요. 오늘 밤 11시 30분부터 공사로 폐쇄되기 때문입니다. 그 방향으로 가신다면, 매디슨 브릿지를 피하는 대체 도로를 찾아보세요. 그 방향으로 이미 향하고 계시다면, 다리 못미처 설치된 노란색 우회 표지판을 주의하세요.

Part 2 "Describe a Picture" 사진 묘사하기

Question 3 준비시간 30초 / 답변시간 45초

Sample Response 1

Ⓐ The picture shows a bowling alley. Ⓑ Only one man seems to be bowling. He is wearing a red shirt. Ⓓ Above the bowling lanes are TV screens. Most of the screens above the lanes are switched on, so they are probably in use. However, not many people appear to be at the alley at this time. The floor looks smooth and polished. There are tables and chairs but no one is seated at them. The chairs are gray and the tables have a yellow trim. This color scheme is continued throughout the building.

Sample Response 2

Ⓐ The picture shows a bowling alley. It appears to be at an unpopular time, such as a weekday afternoon, as there are not many customers. Ⓑ A man in a green shirt is preparing to bowl with three children. A woman in a gray shirt is wearing a special glove. Ⓓ The decorations of the bowling alley make it look very bright and clean. The far wall of the building is blue and the area above the bowling pins is bright yellow. There are many lights in the ceiling, all of which are switched on.

voca **bowling alley** 볼링장 | **lane** 길, 레인 | **be in use** 사용 중인 | **smooth** 매끄러운 | **polished** 윤이 나는 | **trim** 테두리 | **color scheme** 색체 배합 | **such as** ~와 같은 | **prepare** 준비하다 | **decoration** 장식(물)

STRATEGY POINT 🎤

사람이 있는 문제의 기본 format을 사용하자.

📋 **기본 format**

STEP 1 사진의 내용을 한 문장으로 집약
↓
STEP 2 주인공의 차림새와 외모에 대해 설명 (여러 명일 때에는 위치별 인물 설명)
↓
STEP 3 주인공의 행동을 상세히 묘사
↓
STEP 4 주인공 이외의 것들에 대해 언급 (배경 사항)
↓
STEP 5 마무리 (추측 문장 강추!)

Point Ⓐ 이 곳이 어디인가? 볼링장이다. The picture shows a bowling alley. 라고 말하면 시작 문장으로 충분하다. 다양한 묘사를 하고 싶다면, 평소에 어휘력을 키우도록 하자. 시험장에서 가장 많이 드는 생각은, 하고 싶은 말은 많은데 영어로 단어가 떠오르지 않는다는 것이다! 위의 문장이 짧게 느껴진다면 주변 상황에 대해 다음과 같이 덧붙여 말할 수 있다. It appears to be at an unpopular time, such as a weekday afternoon, as there are not many customers. Part 3의 좋은 점 중 하나는 추측성 표현이 허용된다는 것이다. 그만큼 다양한 문장을 만들어 낼 수 있다는 것이므로, 평소에 많이 연습을 해두도록 하자.

Point Ⓑ 사진에 등장한 인물에 대해 묘사해보자. 인물의 묘사라고 한다면, 일단 주인공이나 특정 인물을 지정하여 그 인물의 외모, 복장, 동작, 위치 등에 대해서 언급하면 된다.

Point Ⓒ 인물의 행동에 대해 자세히 묘사할 차례이지만, 특별히 자세히 묘사할만한 특정 행동을 하는 인물이 사진에 없다면, 특정 인물을 찾아내려 애쓰며 시간을 버리지 말고 다음 단계인 배경 묘사로 넘어가면 된다.

Point Ⓓ 인물 이외의 것들에 대해 언급한다. 사진에 보이는 TV screen이나 decorations등의 색깔과 모양에 대해 언급할 수 있다.

Point Ⓔ 마무리! 추측성 문장을 쓰는 것도 좋지만, 특별히 만들어 넣을 만한 문장이 없다면, 배경에 대한 묘사를 계속해도 좋다. Part 3에서는 말을 많이 하고 계속 해야 한다. 주저하거나 중단하지 말고 시간이 다할 때까지 묘사하도록 한다.

🖊 **해석**

S1 이 사진은 볼링장을 보여줍니다. 남자 한 명만 볼링을 치고 있는 것으로 보이는데, 빨간 셔츠를 입고 있습니다. 볼링 레인들 위로는 TV 스크린이 있습니다. 레인들 위의 스크린 대부분이 스위치가 켜져 있으므로, 아마도 사용 중인 것 같습니다. 하지만, 지금 이 시간에는 많은 사람들이 볼링장에 보이지 않습니다. 바닥은 매끄럽고 윤이 나 보입니다. 테이블과 의자들이 있지만, 아무도 앉아 있지 않습니다. 의자는 파란색이고 테이블의 가장자리는 노란색입니다. 볼링장 전체의 색체 배합이 이를 따르고 있습니다.

S2 이 사진은 볼링장을 보여줍니다. 많은 손님들이 없는 것으로 보아 주중 오후와 같은 인기 없는 시간대인 것 같습니다. 녹색 셔츠를 입은 남자가 세 아이들과 함께 볼링을 칠 준비를 하고 있습니다. 회색 셔츠를 입은 여자는 특수 장갑을 끼고 있습니다. 볼링장의 장식은 볼링장을 매우 밝고 깨끗해 보이게 합니다. 멀리에 있는 볼링장의 벽은 파란색이고 볼링 핀들의 위쪽은 밝은 노란색입니다. 천장에는 많은 등이 있는데 모두 켜져 있습니다.

Part 3 "Respond to Questions" 질문에 답하기

Questions 4-6 🕐 각 문제 준비시간 없음 / 답변시간 4 · 5번 15초, 6번 30초

Situation

Imagine that an American marketing firm is doing research in your country. You have agreed to participate in a telephone interview about music.

미국의 한 마케팅 회사가 당신의 나라에서 설문조사를 한다고 가정해 봅시다. 당신은 음악에 관한 전화 인터뷰에 응하기로 동의 했습니다.

04 On average, how often do you buy a music CD?

평균적으로, 얼마나 자주 음악 CD를 구매하시나요?

Sample Response 1

I am a big music fan and always try and have the latest releases. I often purchase a new music album twice a week.

Sample Response 2

Not very often, perhaps one CD every couple of months. I enjoy music, but I think that CDs are too expensive now. If they were cheaper, I'd definitely buy more.

voca **do research** 연구하다 | **participate in** ~에 참여하다, 참가하다 | **on average** 평균적으로 | **release** 출시(작) | **purchase** 구매하다 | **twice a week** 일주일에 두 번

STRATEGY POINT 🎙

15초 동안 목표문장 3개를 말해 주면 좋다. 위의 질문을 활용하여 쉽게 문장 하나를 만들어 보자.
① 주어 일치: you → I
② 동사 일치: buy a music CD
③ 의문사에 답하기: twice a week
④ 종합하기: I purchase a new music album twice a week.

질문의 답변에 해당하는 하나의 문장이 완성되었다. 주로 구매하는 앨범의 종류나 이유에 대해 덧붙여주면 금상첨화!
⑤ 문장 늘리기: because I am a big music fan
⑥ 전체 문장 종합하기: I am a big music fan so I purchase a new music album twice a week.

멋진 문장이 완성되었다. 이것만으로도 Level 6는 껌! 몇 개의 문장을 추가하여 Level 8도 노력해보자.

---

05 Which style of music do you most frequently listen to?

어떤 스타일의 음악을 당신은 가장 자주 듣나요?

Sample Response 1

I mostly listen to hip-hop. I find it very easy to dance to this style. I also think that hip-hop artists are very talented.

Sample Response 2

I don't really like to listen to modern music. I prefer classical because it helps me to relax. My favorite artists are Beethoven and Bach.

voca **frequently** 자주, 빈번히 | **talented** 재능이 있는 | **modern** 현대의, 근대의 | **prefer** 더 좋아하다, 선호하다
relax 휴식을 취하다, 긴장을 풀다 | **favorite** 가장 좋아하는

STRATEGY POINT 🎤

15초 동안 목표문장 3개를 말해 주면 좋다. 질문을 그대로 활용하여 기본적인 답변 문장을 하나 만들어 보자.
① 주어 일치: you → I
② 동사 일치: most frequently listen to
③ 의문사에 답하기: hip-hop
④ 종합하기: I mostly listen to hip-hop.

힙합 음악을 주로 듣는다고 답했으니 그 이유에 대해 덧붙여 말하는 것이 자연스럽다.
⑤ 문장 늘리기: as I find it very easy to dance to this style (이 음악에 맞춰 춤추기가 쉽기 때문에)
⑥ 전체 문장 종합하기: I mostly listen to hip-hop as I find it very easy to dance to this style.

훌륭한 답변이 만들어졌다. 여기에 몇 가지 문장을 더하면 Level 7 이상도 가능! 위의 모범답안을 참고하여 연구해보자.

---

06 Do you believe people should pay to download music?

당신은 사람들이 음악을 내려 받는 것에 대해 돈을 지불해야 한다고 생각하나요?

Sample Response 1

Yes, people should definitely pay. Singers and bands work hard to produce songs and should be paid for their work. If they are not paid for their work, they may have to do a different job and there would be less music artists for us to enjoy. I think that if people download music without paying, it is the same as stealing.

Sample Response 2

No, I don't think people should have to pay to download music. Record companies make too much money already. They are greedy and things like CDs are too expensive. Children do not have much money. They couldn't afford to pay, so less people would listen to the music. Artists should make music for people to enjoy, not for money.

voca **download** (데이터를) 다운로드하다[내려 받다] | **produce** 생산하다, 제작하다 | **stealing** 훔침, 절도 | **greedy** 욕심이 많은, 탐욕스러운 | **afford** 여유[형편]가 되다

STRATEGY POINT 🎙

30초 동안 목표문장 5개! 초보자 입장에서 우리는 기본이 되는 필수 문장을 만드는 연습을 해 보도록 하자.

① 일반 의문문의 경우 Yes / No로 먼저 답한다. Yes 답변이 답하기 좋을 때가 많다.
② 주어 일치: you → I
③ 동사 일치: believe people should pay (to download music)
④ 종합하기: Yes, (I believe) people should definitely pay.

하나의 완벽한 문장이 완성되었다. 여기에 한 문장을 더 추가하자면, 왜 그렇게 생각하는지 그 이유를 말하는 것이 자연스러울 것이다.

⑤ 문장 늘리기: Because singers and bands work hard to produce songs and should be paid for their work.
⑥ 전체 문장 종합하기: Yes, I believe people should definitely pay beause singers and bands work hard to produce songs and should be paid for their work.

더 높은 Level을 위해 위의 모범답안을 보면서 어떤 문장을 추가하면 좋을지 스스로 생각해보자.

해석

Q4
S1 저는 음악을 매우 좋아해서 최근 출시된 것들을 항상 들어보거나 삽니다. 일주일에 두 번 새로운 앨범을 구매하곤 합니다.
S2 자주 하지 않습니다. 두 달에 한 번 정도 삽니다. 음악을 좋아하기는 하지만, 요즘 CD는 너무 비싸다고 생각합니다. 좀 더 싸다면 당연히 더 많이 사겠지요.

Q5
S1 저는 대개 힙합을 들어요. 이 스타일에 춤을 추는 것이 매우 쉽기 때문이죠. 그리고 제 생각에 힙합 음악가들은 정말 재능이 있는 것 같아요.
S2 저는 현대 음악을 듣는 것을 싫어합니다. 고전 음악을 더 좋아하는데, 왜냐하면 그것은 저를 편안하게 해 주기 때문입니다. 제가 가장 좋아하는 음악가는 베토벤과 바흐입니다.

Q6
S1 네, 사람들은 반드시 지불해야 합니다. 가수와 밴드는 음악을 제작하기 위해 열심히 일을 하기 때문에 그들이 작업에 대해 지불 받아야 합니다. 만약 그들이 작업에 대해 지불받지 않는다면, 그들은 아마도 다른 일을 해야만 할 것이고, 우리가 즐길 수 있는 음악가들이 줄어들 것입니다. 지불하지 않고서 음악을 다운로드 받는 것은, 훔치는 것과도 같다고 생각합니다.
S2 아니오, 저는 사람들이 음악을 다운로드 받는데 돈을 지불할 필요가 없다고 생각합니다. 음반사들은 이미 너무 많은 돈을 벌었어요. 그들은 탐욕스럽고 CD와 같은 것들은 너무 비싸지요. 아이들은 돈이 많지 않습니다. 그들은 지불할 능력이 되지 않기 때문에, 음악을 듣는 사람들이 더 적어질 것입니다. 음악가들은 돈을 위한 것이 아니라 대중이 즐기기 위한 음악을 만들어야 합니다.

Part 4 "Respond to Questions Using the Information Provided" 주어진 자료를 활용하여 질문에 답하기

Questions 7-9 준비시간 30초 / 답변시간 7 · 8번 15초, 9번 30초

COMPUTER FOR SALE 컴퓨터 판매

I am looking to sell the following computer. It is only a year old and my asking price is $1200.

저는 컴퓨터를 팔려고 합니다. 1년밖에 안되었고 제가 원하는 가격은 1200달러입니다.

Memory: 10 gigabytes hard drive plus 4GB memory stick
메모리: 10기가의 하드 드라이브, 4기가의 메모리 스틱

Processor: Latest Speedy 400 processor installed
프로세서: 최신형 스피디 400 프로세서가 설치됨

Inclueds: A 21 inch Easysee monitor, SuperPlus operating system (version 6),
Word processing software installed
포함사항: 21인치 Easysee 모니터, SuperPlus 작동 시스템 (버전6), 워드 프로세싱 소프트웨어가 설치됨

Payment plan:

$400 initial down payment,

8 monthly payments of $100 on the remaining balance

5% discount for full payment within 3 months.

입금 형태:

400달러의 계약금

나머지 잔액은 100달러씩 8개월간 납부

3개월 이내에 전액 납부하시면 5퍼센트 할인해 드립니다.

 **Narration**

Hey, Susan. This is Mario. Do me a favor. I need you to find some information from the classified ad I left on my desk.

안녕 수잔. 마리오예요. 부탁 좀 들어줘요. 책상 위에 두고 온 박스광고에서 정보 좀 찾아주세요.

07 Susan, in the part called "Includes" do you see some Docuplus word-processing software?

수잔, "포함된 것"이라는 부분에 다큐플러스 워드 프로세싱 소프트웨어가 있나요?

Sample Response 1

I don't see that particular brand name. The advert does say that the computer comes with word processing software, though. "Docuplus" must be the name of this software.

Sample Response 2

No, the advert tells of some word processing software but doesn't provide any further information.

voca **particular** 특정한 | **brand name** 상품명 | **advert** 광고 | **install** 설치하다

STRATEGY POINT

주어진 정보를 30초 동안 최대한 정확히 파악하는 것이 중요하다. 질문이 화면에 나오지 않고 음성으로만 들려준다는 것을 명심하자. 정보를 꼼꼼히 파악했다면 이제 질문을 들어야 한다. 이 질문에서는 응답자인 내가 곧 Susan이 된다. 15초 동안 질문에서 요구한 정확한 답만 말해 주면 된다. 질문을 그대로 활용하여 답변 문장을 만들어 본다.
① 일반 의문문이므로 Yes / No 답변이 가능하다. 제공된 table에서 해당 정보를 찾아 답하면 된다.
② 주어 일치: you → I
③ 동사 일치: (can't) see any Docuplus word-processing software
④ 종합하기 : No, I can't(don't) see the Docuplus word-processing software in the part called "Includes".

이제 훌륭한 문장을 하나 만듦과 동시에 정확히 질문에 답까지 했다. 위의 모범답안을 참조하여 다른 형태의 다양한 답변들도 만드는 연습을 해보자.

Susan, please give me all the details about the memory and the processor.

수잔, 메모리와 프로세서에 대한 세부사항 전부를 저에게 알려주세요

Sample Response 1

The advert says that there is a 10-gigabyte hard drive with a 4-gigabyte memory stick. The processor is the latest and is a "Speedy 400" model.

Sample Response 2

The advert informs us that the computer has a 10–gigabyte hard drive and 4-gigabyte memory stick. The processor is a Speedy 400 model.

voca **details** 세부사항 | **in total** 전체로, 통틀어 | **divide** 나누다 | **device** 장치 | **store** 저장하다

STRATEGY POINT 🎤

답변시간 15초가 지나면 다음 문제가 음성으로 나오게 된다. 집중하여 질문의 의도를 파악해야 한다. 이 문제는 위의 table에서 memory와 processor에 해당되는 정보를 알려달라는 정보요청 문제이므로 표에 제공된 내용을 빨리 보면서 대답 준비를 한다.

① 주어 일치: The memory (the processor)
② 동사 일치: includes
③ 명령문에 답하기: 모든 세부사항들을 알려달라고 하고 있으므로 a 10-gigabyte hard drive with a 4-gigabyte memory stick / a Speedy 400 model
④ 종합하기: There is a 10- gigabyte hard drive with a 4-gigabyte memory stick. The processor is the latest and is a "Speedy 400" model.

훌륭한 답변이 만들어졌다. 위의 모범답안을 참조하여 다른 형태의 답변들도 연습해보자.

 What can you tell me about the payment plan?

입금 형태에 대해 말씀해 주시겠어요?

Sample Response 1

The price of the computer is $1200. The owner is asking for $400 straight away and states that monthly payments can be made to cover the rest of the cost. The advert also informs that a discount will be offered for full payment within three months.

Sample Response 2

Upon purchasing the computer, the customer will have to pay $400 immediately to the owner. The remaining $800 dollars can be paid in installments of $100 a month. The total price of the computer is therefore $1200, though the price will be reduced if the buyer pays all of the money sooner.

voca **payment plan** 입금 형태 | **ask for** ~을 요청하다 | **straight away** 즉시 | (up)on -ing ~하자마자 | **purchase** 구매하다 | **immediately** 즉시 | **installment** 분할 불입 | **reduce** 줄이다, 삭감하다

STRATEGY POINT 🎤

질문을 듣자마자 빨리 주어진 정보에서 **payment plan**이 어디에 있는지 찾아야 한다.

Payment plan:
$400 initial down payment.
8 monthly payments of $100 on the remaining balance
5% discount for full payment within 3 months.

표의 가장 후반부에 나와 있는 정보를 찾았다면, 찾아낸 정보를 최대한 활용하여 답을 만들어 보자.
Upon purchasing the computer, the customer will have to pay $400 immediately to the owner.

조금은 어려울 수 있다. 주어진 질문과 찾아낸 정보 속의 단어들을 최대한 활용한 단순한 답변이다. 9번 문제에는 이와 같이 **Can you tell me about ~?** 형태의 정보 요청 질문이 자주 출제되므로 **about** 뒤의 내용을 **table** 속에서 빨리 찾아내어 문장을 만드는 연습을 많이 해야 한다.

해석 ✏

Q7
S1 그런 특정 상품명은 보이지 않습니다. 광고에는 이 컴퓨터가 워드 프로세싱 소프트웨어와 함께 나온다고 하네요. "다큐플러스"가 이 소프트웨어의 명칭인 것 같습니다.
S2 아니오, 광고에는 워드 프로세싱 소프트웨어에 대해 나와 있기는 하지만, 더 이상의 정보는 언급되어 있지 않습니다.

Q8
S1 광고에는 10기가바이트의 하드 드라이브와 4기가바이트의 메모리 스틱이 있다고 나옵니다. 프로세서는 최신의 것이고 "스피디 400" 모델입니다.
S2 광고에 의하면 컴퓨터에는 10기가바이트의 하드 드라이브와 4기가바이트의 메모리 스틱이 있다고 합니다. 프로세서는 스피디 400 모델입니다.

Q9
S1 컴퓨터의 가격은 1200달러입니다. 소유주는 400달러는 즉시 요청을 하고 있고, 나머지 비용은 할부로 지불할 수 있다고 하네요. 광고에는 또한 3달 이내에 전액을 납부하시면 할인이 될 것이라고 합니다.
S2 컴퓨터를 구매하자마자, 고객님께서는 400달러를 즉시 주인에게 지불하셔야 합니다. 남아 있는 800달러는 한 달에 100달러씩 분할 납부가 가능합니다. 즉, 컴퓨터의 총액은 1200달러입니다. 구매자가 전액을 곧 납부하게 되면 금액이 할인될 것입니다.

Part 5 "Propose a Solution" 해결방안 제시하기

Question 10  준비시간 30초 / 답변시간 60초

In your response, be sure to 대답할 때에는 다음 사항을 반드시 숙지하십시오.
· show that you recognize the problem, and 주어진 과제가 무엇인지 인지하였음을 보여주십시오.
· propose a way of dealing with the problem. 그 과제를 어떻게 다뤄야 하는지 방법을 제시하십시오.

Question Script

Hello, Susan? I have arrived at the university to give my lecture, but I've realized that I have forgotten the folder containing my presentation handouts. I think I left them in the office. I could give the speech without them, but it may be hard for the audience to follow if they don't have a handout to look at. I don't have the use of a projector today, you see. It's a bit of an emergency, as it's my turn to give my speech in just over 45 minutes. I really need them and we can't afford to blow this opportunity. Could you help me out?

안녕하세요, 수잔? 제가 강의를 하려고 대학교에 도착을 했는데, 프레젠테이션 유인물들이 들어있는 폴더를 잊고 왔네요. 제 생각에는 사무실에 두고 온 것 같아요. 그것들 없이 강의를 할 수는 있겠지만, 청중들이 유인물을 보지 않고서는 따라오기가 힘들 것 같아요. 아시다시피, 오늘은 프로젝터를 사용하지 않아서요. 45분 후에 연설을 해야 할 차례라서 긴급한 상황입니다. 유인물이 정말 필요하고, 우리가 이번 기회를 날려버릴 수는 없어요. 도와주시겠어요?

voca **give a lecture** 강연하다 | **contain** 포함하다, 함유하다 | **emergency** 위급상황 | **turn** (무엇을 할) 차례, 순번
give a speech 연설하다 | **blow** (기회를) 날리다

Sample Response 1

I see. Yes, the handouts appear to still be on your desk. The university is two hours from here, so there is no time to get them to you now. You have your laptop with you, right? If you can connect to the university's wireless network, I will e-mail you the file. You can then print out your handouts if you go to the IT department next door. I'll send the e-mail right away.

Sample Response 2

Ⓑ Oh, that's quite a tight spot you've got yourself into.   Ⓒ Don't worry. I know what to do. I can see the folder still on your desk over there. Bill is about to head down to the Quick-cash bank, which is two blocks away from the university. I'll give him the folder to take, too. If he takes a taxi, he should make it there in about twenty minutes. If you could meet him outside the bank, he'll hand it over. Ⓓ Problem solved!

voca **connect** 연결하다 | **wireless** 선이 없는, 무선의 | **right away** 지금 당장 | **tight spot** 난처한 입장(상황), 궁지
be about to inf. 막 ~하려고 하다 | **make it** 해내다, ~에 도착하다 | **hand over** 넘기다, 주다

STRATEGY POINT 🎤

답을 할 때에는 항상 정해진 틀에 따르도록 노력하자. 그리고 중요한 두 가지는, 상대방의 문제를 인식했음을 정확히 말하는 것과 해결책을 필히 제시해야 한다는 점이다!

📄 **기본 format** (STEP 2, 3 필수!)

STEP 1 상대방의 이름, 자기 소개
↓
STEP 2 전화를 건 목적 – 상대방이 말했던 문제점을 요약해서 언급함
↓   – 문제가 생기게 된 상황 설명(원인 또는 변명)
STEP 3 해결책 제시(문제점에 대한 긍정적 해결 방안을 제시한다) – 답변시간 60초의 대부분이 해결책
↓   제시에 할당된다.
STEP 4 끝인사

Point Ⓐ 상대방의 이름과 자기소개: Hello, this is Susan. 제공된 음성 메시지를 들어보면, 서로 아는 사이임을 알 수 있다. 이런 상황에서는 첫 번 째 단계가 생략되기도 한다.

Point Ⓑ 전화를 건 목적: 문제 상황에 대해 인식했음을 알려야 하므로 Oh, that's quite a tight spot you've got yourself into와 같은 말을 할 수 있다. 문제를 유발시킨 입장이 아니라면 문제가 생기게 된 원인이나 그에 대한 변명 등은 할 수 없다.

Point Ⓒ 해결책 제시하기: Don't worry. I know what to do. I can see the folder still on your desk over there. Bill is about to head down to the Quick cash bank, which is two blocks away from the university. I'll give him the folder to take, too. If he takes a taxi, he should make it there in about twenty minutes. If you could meet him outside the bank, he'll hand it over.
모범답안을 꼼꼼히 분석하여 본인만의 완벽한 답안을 다시 구성해보는 연습을 반복한다면 Part 5 역시 정복할 수 있을 것이다.

Point Ⓓ Problem solved! 문제를 유발시킨 입장이라면 정중한 사과의 말을, 단순히 조언을 해주는 입장이라면 유감의 표현이나 위로의 표현을 마지막에 해 주는 것이 좋다.

📎 **해석**

S1 그렇군요. 알겠습니다. 유인물이 당신의 책상 위에 있군요. 학교가 여기서 2시간 거리이니, 지금 당신에게 가져다 줄 시간은 없겠네요. 노트북을 가지고 계시죠? 그 학교의 무선 네트워크에 연결하실 수 있다면, 파일을 이메일로 전송해드리겠습니다. 그러면 당신이 옆 건물에 있는 IT 부서에서 유인물을 인쇄하시면 됩니다. 지금 당장 이메일을 보내도록 하겠습니다.

S2 매우 난처한 상황에 처하셨군요! 걱정마세요. 무엇을 해야할지 제가 알아요. 저쪽에 당신의 폴더가 보입니다. 빌이 그 학교에서 두 블록 떨어진 곳에 있는 퀵 캐쉬 은행에 막 가려고 하는 참이니, 그에게 이 폴더를 가지고 가도록 주겠습니다. 그가 택시를 탄다면 20분이면 그곳에 도착할 것입니다. 은행 밖에서 그를 만나면, 그가 그것을 전해줄 것입니다. 문제 해결!

Part 6 "Express an Opinion" 의견 제시하기

Question 11 🕐 준비시간 15초 / 답변시간 60초

Do you think that a young person should pursue the career that their parents want them to do or should they be allowed to follow their own path?

당신은 청년들이 그들의 부모가 그들에게 원하는 직업에 종사야 한다고 생각하나요, 아니면 그들만의 길을 가도 된다고 생각하나요?

voca **pursue** 추구하다, 종사하다 | **career** 직업, 경력, 이력

Sample Response 1

Ⓐ I think a young person should listen to his or her parents because they are older and wiser. Ⓑ When we are young, we are inexperienced and don't always make the right decisions. It is our parents' job to look out for our best interests and they only ever want what is best for us. They also support us and help pay for our education. Ⓒ Therefore, I think it is important to let our parents guide us when we make important decisions about our lives like this.

Sample Response 2

In my opinion, the decision about which career path to follow should be left to people to decide for themselves. Although our parents no doubt want what is best for us, we can often be very different from them and they sometimes can put too much pressure on us. I think people have their own personality and interests, so they should do something that makes themselves happy without worrying about having to please other people.

voca **inexperienced** 경험이 부족한, 미숙한 | **make decisions** 결정을 내리다 | **look out for** ~을 찾다 | **no doubt** 아마, 틀림없이 | **personality** 인격, 개성 | **Interest** 흥미 | **please** (남을) 기쁘게 하다, 기분(비위)을 맞추다

STRATEGY POINT 🎤

질문의 내용을 파악하고 문제를 읽어주는 동안 이미 brainstorming을 통해 답변 format에 들어갈 내용을 생각하기 시작해야 한다. 준비시간 15초도 현명하게 활용하여 최대한 정돈된 답변을 할 수 있도록 연습해야 한다. Part 6의 관건은 유창성에 더하여 논리성이다.

📝 기본 format

① **서론**: 화면에 제시된 질문을 그대로 재활용하여 본인의 입장을 밝힌다. 여기서 찬반을 묻는 질문이라면 중립적인 입장보다는 명확히 한 입장을 취하는 것이 좋다. 중요한 한 가지! 두괄식 답변을 하도록 한다.

↓

② **본론**: 두 가지 정도의 근거를 들거나 본인이 경험, 사례를 하나 정도 드는 것이 좋다. 이야기를 만들어 낼 수 있는 순발력도 필요하다.

↓

③ **결론**: 서론의 문장을 재탕! 그대로 말하기 보다는 paraphrasing으로 약간의 변화를 주는 것이 더 좋다

주어진 문제는 양자택일의 문제이다. 기본 format에 따라 답을 구성해 보면,

Point Ⓐ 질문을 그대로 재활용하여 본인이 선택한 의견에 해당하는 부분을 화면을 보며 그대로 읽어주면 된다.

Point Ⓑ 서론에 제시한 문장을 뒷받침할 수 있는 근거를 제시한다. 이왕이면 구체적인 예로 자신의 경험이나 사례를 들어주는 것이 좋겠다.

Point Ⓒ 결론에 해당하는 마지막 문장은 서론에서 제시한 문장을 그대로 반복해도 좋지만, 약간 표현을 달리하여 새로운 문장으로 마무리한다면 금상첨화! 여기에 결론을 이끄는 연결어를 앞에 써주면 좀 더 고급스러운 문장이 될 수 있다.

Part 6에서는 논리적인 연결이 중요하다. 서론에서 주장하는 바와 결론의 내용이 뒤집혀 버리면 아무리 멋진 어휘로 표현을 했더라도 좋은 점수를 받을 수 없다. 또한, 어휘력이 부족하다면 자신이 알고 있는 어휘를 최대한 활용하여 풀어서 설명할 수 있는 것도 능력이다. 다양한 모범답안들을 공부하여 유용한 표현과 문장을 익히도록 하자.

해석 ✎

S1 부모님을 따라야 한다고 생각합니다. 왜냐하면 그들은 우리보다 연륜이 있으시고 현명하시기 때문입니다. 어릴 때에는, 우리는 경험이 부족해 항상 옳은 결정을 내리지는 못합니다. 우리의 가장 큰 흥미를 찾아주는 것이 부모님들의 일이고, 그들이 유일하게 원하는 것은 곧 우리에게 가장 좋은 일입니다. 그들은 우리를 지원해주시고 우리의 교육을 위해 돈을 지불해 주십니다. 그러므로, 이처럼 우리의 삶에 대한 중요한 결정을 내릴 때, 부모님들이 우리를 지도해주시도록 하는 것이 중요하다고 생각합니다.

S2 제 생각에는, 어떤 직종에서 일할지에 대한 결정은 그들 스스로 결정하도록 남겨두어야 한다고 생각합니다. 물론, 우리 부모들이 우리에게 가장 좋은 일은 원하신다는 것은 분명하지만, 우리는 종종 그들과 매우 다를 수가 있고 그들이 우리에게 때때로 너무 많은 압박을 가할 수도 있습니다. 제 생각으로는, 각 개인이 그들만의 개성과 흥미를 가지고 있으므로 다른 사람들을 기쁘게 해 줄 것에 대해 걱정하지 않고 그들 스스로를 기쁘게 만드는 일을 해야 한다고 봅니다.

Actual Test 4
& Study Strategies

ACTUAL_TEST_04.mp3

※ **mp3** 파일을 활용하여 실전 모의고사 1회분을 풀어보고 뒤의 전략 파트를 학습하세요.

Questions 1-2: Read a Text Aloud

Directions: In this part of the test, you will read aloud the text on the screen. You will have 45 seconds to prepare. Then you will have 45 seconds to read the text aloud.

Attention all passengers. If you are waiting to board the 12:15 p.m. bus from Chicago to Detroit, please be aware that the boarding gate has been changed from boarding gate 4 to boarding gate 7. Before boarding the bus, make sure that you have your bus ticket ready to show the driver. Small bags can be kept in the racks above your seats. For the duration of your journey, please keep your seatbelt buckled for your own safety.

PREPARATION TIME
45 seconds

RESPONSE TIME
45 seconds

Thank you all for coming to this training session for computer programmers at Helicon Systems Inc. The first thing we're going to do today is set up your administrator accounts, so you can have full access to our company Web pages. You need to enter your employee number and name, and then choose a password. Once you have done this, click 'submit'. When everyone has finished that, I'll explain how to log on and access the company's intranet.

PREPARATION TIME
45 seconds

RESPONSE TIME
45 seconds

Actual Test 4

Question 3: Describe a Picture

Directions: In this part of the test, you will describe the picture on your screen in as much detail as you can. You will have 30 seconds to prepare your response. Then you will have 45 seconds to speak about the picture.

PREPARATION TIME
30 seconds

RESPONSE TIME
45 seconds

Questions 4-6: Respond to Questions

Directions: In this part of the test, you will answer three questions. For each question, begin responding immediately after you hear a beep. No preparation time is provided. You will have 15 seconds to respond to Questions 4 and 5, and 30 seconds to respond to Question 6.

Question 4 of 11

Imagine that an American marketing firm is doing research in your country. You have agreed to participate in a telephone interview about Internet usage.

Q. How often do you use the Internet?

RESPONSE TIME
15 seconds

Imagine that an American marketing firm is doing research in your country. You have agreed to participate in a telephone interview about Internet usage.

Q. What do you usually use the Internet for?

RESPONSE TIME
15 seconds

Imagine that an American marketing firm is doing research in your country. You have agreed to participate in a telephone interview about Internet usage.

Q. What are your main considerations when choosing an Internet provider?

RESPONSE TIME
30 seconds

Questions 7-9: Respond to Questions Using Information Provided

Directions: In this part of the test, you will answer three questions based on the information provided. You will have 30 seconds to read the information before the questions begin. For each question, begin responding immediately after you hear a beep. No additional preparation time is provided. You will have 15 seconds to respond to Questions 7 and 8, and 30 seconds to respond to Question 9.

DOREEN'S DELI

Croissant	$2.00
Sausage Roll (for one)	$1.25
Bowl of soup – Tomato or Chicken Comes with a white roll	$1.50
Mini Pie (for one) – Pork or Beef	$2.95
12" Baguette (for two) Your choice of three fillings: Beef, Chicken or Egg	$6.95
Family-sized Pie (3-4 people) Chicken, Beef or Pork	$9.95
Office Pack – A choice of one family-sized pie, 3 x 12" sandwiches and 4 x mini-pastries (5-8 people)	$24.95
Drinks	$1.75

Delivery available.
Napkins and condiments supplied free of charge.

PREPARATION TIME
30 seconds

Q7.

RESPONSE TIME
15 seconds

Q8.

RESPONSE TIME
15 seconds

Q9.

RESPONSE TIME
30 seconds

Question 10: Propose a Solution

Directions: In this part of the test, you will be presented with a problem and asked to propose a solution. You will have 30 seconds to prepare. Then you will have 60 seconds to speak.

In your response, be sure to
· show that you recognize the problem, and
· propose a way of dealing with the problem.

Narration: (Recorded Voice)

In your response, be sure to
· show that you recognize the problem, and
· propose a way of dealing with the problem.

PREPARATION TIME
30 seconds

RESPONSE TIME
60 seconds

Question 11: Express an Opinion

Directions: In this part of the test, you will give your opinion about a specific topic. Be sure to say as much as you can in the time allowed. You will have 15 seconds to prepare. Then you will have 60 seconds to speak.

Lots of people are saying that we should use public transport rather than our own cars to reduce the amount of pollution in the air. Do you agree or disagree, and why?

PREPARATION TIME
15 seconds

RESPONSE TIME
60 seconds

Part 1 "Read a Text Aloud" 지문 낭독하기

Questions 1-2 ⏰ 각 문제 준비시간 45초 / 답변시간 45초 〈 **/** : 끊어 읽기 **굵은 글씨** : 강조해서 읽기〉

01 버스터미널 방송

Ⓐ **Attention** all passengers. / If you are waiting to board the **12:15 p.m. bus** / from **Chicago** to **Detroit**, / please be aware that / the **boarding gate** has been changed / from boarding **gate 4** to boarding **gate 7**. Ⓑ Before boarding the bus, / **make sure** that / you have your **bus ticket ready** to show the driver. Small bags can be kept in the racks above your seats. Ⓒ For the duration of your journey, / please / **keep** your **seatbelt buckled** for your **own safety**.

voca **board** 승선〔탑승〕하다 | **be aware that S+V** ~을 알다, 알아차리다 | **rack** (물건을 얹거나 걸기 위해 금속ㆍ목재 막대를 가로질러 만든) 받침대〔선반〕 | **duration** 지속, (지속되는)기간 | **buckle** 버클로 잠그다〔잠기다〕 | **safety** 안전

STRATEGY POINT 🖉

Point Ⓐ Bus Terminal의 안내 방송이 되겠다. 승객들에게 버스 출발 시간의 지연 및 변경, 탑승구의 변경 등을 알리는 내용이 일반적인데, 이러한 변경사항이 바로 강조해야 할 중요한 내용이므로 이를 강조하여 명확히 전달하도록 한다. 특히 여기에서처럼 숫자와 고유명사 표현이 여러 번 등장하는 경우는 충분히 연습해두지 않으면 응답시간에 명확히 발음하지 못하거나 실수로 엉뚱한 숫자나 지명으로 잘못 발음할 가능성이 크므로 준비시간을 잘 활용하는 것이 좋다.

Point Ⓑ 탑승 전에 버스표를 미리 꺼내어 운전사에게 보여 줄 준비를 하라는 내용의 부탁, 요청 문장에 해당한다. 쉼표 앞뒤로는 한 박자 쉬어주는 것을 명심하고, 명사절에서도 한 번 끊어 읽는 것이 바람직하다. 내용 상 중요한 어휘를 강조하여 또박또박 읽도록 한다.

Point Ⓒ 쉼표 앞뒤로 적절한 시간을 두어 읽도록 하고, 내용상 중요한 어휘들을 강조하여 또박또박 읽도록 한다.

해석 ✏

Q1 모든 승객분들께 알립니다. 시카고발 디트로이트행 오후 12시 15분 버스의 탑승을 기다리시는 승객들께서는 탑승구가 4번에서 7번으로 변경되었음을 알려드립니다. 버스에 탑승하시기 전에, 운전기사에게 버스표를 제시할 준비를 하십시오. 작은 가방들은 좌석 위의 선반에 놓으셔도 됩니다. 여행하시는 동안 고객님의 안전을 위해서 안전벨트를 꼭 매시기 바랍니다.

02 연수 방송

Ⓐ **Thank you** all for coming to this **training session** / for **computer programmers** / at **Helicon Systems Inc.** Ⓑ The **first** thing / we're going to do today / is **set up** your **administrator accounts,** / so / you can have **full access** to our company **Web pages.** You need to enter your employee number and name, and then choose a password. Once you have done this, click 'submit'. When everyone has finished that, I'll explain how to log on and access the company's intranet.

voca **session** (특정한 활동을 위한) 시간(기간) | **administrator** 관리자, 행정인 | **account** (정보 서비스) 이용 계정 **have access to** …에게 접근(출입)할 수 있다, …을 면회할 수 있다 | **enter** (이름·숫자·내용 등을) 적어 넣다(기입 하다, 입력하다) | **submit** (서류·제안서 등을) 제출하다

STRATEGY POINT 🎙

Point Ⓐ 특정 행사에 참가한 참가자들에게 전달하는 지시문이 되겠다. 지시문의 특성상, 진행될 일들을 순차적으로 열거할 것이므로, 청자가 혼동하거나 못 알아듣는 일이 없도록 명확하고 또렷하게 전달하도록 노력한다. 또한 전치사 앞에서는 적절히 끊어 읽도록 하고, 문장의 핵심어를 비롯하여 고유명사인 회사명 등도 또박또박 읽어 명확히 전달한다.

Point Ⓑ 위에서도 언급하였듯이, 이러한 지시문에서는 해당 행사에서 진행될 일들을 순차적으로 소개하거나, 특정한 문제를 해결하는 구체적인 방법들을 열거하는 것이 일반적이나. 순서를 나타내는 선지사나 부사 표현을 강조하는 것을 유념하자. 그리고 접속사나 진지사, 쉼표가 있는 곳에서는 직질히 끊어 읽도록 하고, 문장이 길어 한 번에 읽기가 부담된다면 의미상 적절한 위치에서 한 번씩 쉬어주는 것도 효율적인 방법이다. 이를 위해서는 주어진 준비 시간에 지문을 미리 읽고 내용을 정확히 이해하여 끊어 읽을 부분을 바로 찾아내는 것이 중요하다.

해석 ✎

Q 2 헬리콘 시스템 사의 컴퓨터 프로그래머를 위한 교육 과정에 오신 여러분 모두에게 감사드립니다. 우리가 오늘 가장 먼저 하게 될 것은 여러분의 관리자 계정을 만드는 것입니다. 그러면 여러분이 우리 회사의 웹 페이지에 접속할 수 있습니다. 여러분의 사원 번호와 이름을 입력해야 하며, 비밀번호를 선택하세요. 이것을 완료하시면, 제출 버튼을 클릭하세요. 모두 마치셨으면, 회사의 인트라넷에 로그온하고 접속하는 방법을 설명하겠습니다.

Part 2 "Describe a Picture" 사진 묘사하기

Question 3 준비시간 30초 / 답변시간 45초

Sample Response 1

Ⓐ This picture shows the participants of a street parade. It seems to be a musical parade as Ⓒ many people are carrying a musical instrument. Ⓑ The people are each dressed in a dark green shirt with white pants. Ⓓ The pants have a stripe down one side. Their sneakers are white. They are also wearing hats with feathers in. Ⓔ In the background is a large, white building with columns attached to it.

Sample Response 2

Ⓐ This is a picture of a parade. Ⓓ There are several large, imposing buildings in the background, so it could be taking place in a major town or city. Ⓒ The members of the parade are probably in a band as they are playing a variety of different instruments. Ⓓ There are trombones and saxophones being played in the foreground. Ⓑ The people in the parade are all dressed in a matching uniform.

voca **participant** 참가자 | **parade** 퍼레이드, 가두 행진 | **musical instrument** 악기 | **feather** 깃털 | **background** (사람들 눈에 띄지 않는) 뒤(쪽), 배경 | **column** (보통 원형 석조) 기둥[원주]; (둥근 기둥 모양의) 기념비 | **attached** 부착된, 첨부된 | **imposing** 인상적인 | **take place** 개최되다[발생하다] | **a variety of** 다양한 | **foreground** (그림 · 사진 등의) 전경(前景) | **matching** (옷 · 직물 · 사물 등의 색깔 · 무늬 · 스타일 등이) 어울리는

STRATEGY POINT 🎙

사람이 있는 문제의 기본 format을 사용하자.

📑 **기본 format**

STEP 1 사진의 내용을 한 문장으로 집약
↓
STEP 2 주인공의 차림새와 외모에 대해 설명 (여러 명일 때에는 위치별 인물 설명)
↓
STEP 3 주인공의 행동을 상세히 묘사
↓
STEP 4 주인공 이외의 것들에 대해 언급 (배경 사항)
↓
STEP 5 마무리 (추측 문장 강추!)

Point Ⓐ 사진 전체를 요약하여 한 문장으로 말해보자. **This is a picture of a parade**도 좋지만, 너무 짧다고 생각이 들면 간단히 장소에 대한 전치사구만 덧붙여도 더 구체적이고 세련된 표현이 된다. **This picture shows the participants of a street parade.** 그냥 "of a street parade"만 덧붙였을 뿐인데, 만족스럽지 않은가?

Point Ⓑ 인물의 차림새와 외모에 대해 설명해보자. 다양한 인물들이 등장하는데, 모두 유니폼을 입고 있고 악기를 들고 있다. 이렇게 공통되는 요소를 묶어서 묘사한다면 매끄러운 표현이 된다. **The people in the parade are all dressed in a matching uniform**이라고 표현할 수 있다. 이런 표현들이 생각나지 않는다면 쉽게 **The people are each dressed in a dark green shirt with white pants**라고 각각의 요소들을 묘사해도 무관하다.

Point Ⓒ 인물의 행동을 묘사한다. **The members of the parade are probably in a band as they are playing a variety of different instruments / Many people are carrying a musical instrument** 정도로 표현하면 충분하다. "악기를 연주하고 있다 / 악기를 들고 있다" 정도는 무난히 표현할 수 있어야 한다.

Point Ⓓ 인물 이외의 것들을 묘사할 차례이나, 사진에는 인물 이외에 보이는 것이 배경에 보이는 건물뿐이다. 건물에 대해 묘사를 해도 좋고, 아니면 인물에 대해 좀 더 상세히 묘사해도 좋겠다. **In the background is a large, white building with columns attached to it**이라고 배경을 묘사하고 있는데, 건물의 기둥을 의미하는 **column**이라는 어휘를 모른다면 알고 있는 쉬운 어휘인 **pole**을 써도 좋다. 인물의 복장이나 악기에 대한 묘사를 덧붙여도 좋다. **The pants have a stripe down one side.** 또한 각각 바지와 신발, 모자에 대해 상세히 말하고 있는데, 뒤의 두 문장을 묶어서 **They are also wearing white sneakers and hats with feathers in**이라고 표현할 수도 있다. 또한 특정 악기에 대한 묘사를 할 수 있는데, 사물의 묘사는 수동태 문장으로 쓰는 것이 적절하다. 문장 끝에는 장소를 나타내는 전치사구를 포함하면 좀 더 구체적이고 세련된 문장이 된다.

Point Ⓔ 마지막 마무리! 첫 번째 모범 답안에서는 배경에 대한 묘사인 **In the background is a large, white building with columns attached to it**이 마무리 문장으로 제시되어 있고, 두 번째 문장은 인물들의 복장에 대한 추가 묘사로 마무리되고 있다.

해석

S1 이 사진은 거리 행진을 하고 있는 사람들의 사진입니다. 많은 사람들이 악기를 들고 있는 것으로 보아 음악 행진인 것 같습니다. 사람들은 짙은 녹색의 셔츠와 흰 바지를 입고 있습니다. 바지의 한 쪽 면에 긴 세로줄이 하나 있습니다. 그들의 신발도 흰 색입니다. 깃털이 붙은 모자도 쓰고 있습니다. 뒤쪽으로는 기둥이 있는, 커다랗고 흰 건물이 있습니다.

S2 이것은 행진 사진입니다. 뒤쪽에 몇 개의 커다랗고 인상적인 건물들이 있는 것으로 보아, 주요 마을이나 도시에서 진행되는 것 같습니다. 행진을 하는 사람들은 아마도 악단으로 보이는데, 각기 다양한 악기들을 연주하고 있기 때문입니다. 앞쪽에서는 트롬본과 색소폰을 연주하고 있습니다. 행진 속의 사람들은 모두 똑같은 제복을 입고 있습니다.

Part 3 "Respond to Questions" 질문에 답하기

Questions 4-6 각 문제 준비시간 없음 / 답변시간 4 · 5번 15초, 6번 30초

Situation

Imagine that an American marketing firm is doing research in your country. You have agreed to participate in a telephone interview about Internet usage.

미국의 한 마케팅 회사가 당신의 나라에서 설문조사를 한다고 가정해 봅시다. 당신은 인터넷 사용에 관한 전화 인터뷰에 응하기로 동의했습니다.

04 How often do you use the Internet?

얼마나 자주 인터넷을 이용하시나요?

Sample Response 1

I use the Internet all of the time. I am a businessman, so the Internet is a very important tool in my job. I have a wi-fi capable laptop and also an Internet phone. I usually check my e-mail three times a day.

Sample Response 2

We have the Internet in our home, but I don't use it much. I'm not very good at using computers. My son is much better than me and he is always on the computer.

voca **do research** 연구하다 | **participate in** ~에 참여하다, 참가하다 | **how often ~?** 얼마나 자주 ~? | **wi-fi** 와이파이(wireless fidelity 무선 데이터 전송 시스템) | **capable** (능력 · 특질상) ~을 할 수 있는 | **be good at** ~을 잘하다, ~에 능숙하다

STRATEGY POINT 🎙

15초 동안 목표문장 3개를 말해 주면 좋다. 위의 질문을 활용하여 쉽게 질문에 답변이 되는 문장을 만들어 보자.
① 주어 일치: you → I
② 동사 일치: use the Internet
③ 의문사에 답하기: all of the time
④ 종합하기: I use the Internet all of the time.

훌륭한 하나의 문장이 완성되었다. 이 답변에 관련하여 왜 항상 인터넷을 사용하는지, 주로 어디에서 사용하는지, 인터넷을 통해 주로 무엇을 하는지 등에 대해 덧붙여 말하면 더 세련된 표현이 될 수 있다.
⑤ 문장 늘리기: ~ because I am a businessman, so the Internet is a very important tool in my job.
⑥ 전체 문장 종합하기: I use the Internet all of the time because I am a businessman, so the Internet is a very important tool in my job.

자, 이렇게 아주 훌륭한 하나의 문장을 만들었다. 나머지 추가 문장은 위의 모범 답안을 참고하자.

---

05 What do you usually use the Internet for?

보통 인터넷을 왜 사용하시나요?

Sample Response 1

I normally check several news websites. I like to stay up-to-date with what is happening in the world. I am also a huge soccer fan, so I often use the Internet to check the latest sports news.

Sample Response 2

My children live abroad now, so I use the Internet to keep in touch with them. I e-mail them and read their blogs. I also upload photos taken at local events to my website.

voca **up-to-date** 최신(식)의, 최근의, 첨단적인 | **latest** 최근의, 최신의 | **abroad** 외국의, 해외로 | **keep in touch with** 연락을 유지하다 | **upload** 업로드하다(더 큰 컴퓨터 시스템으로 데이터를 보내는 것) | **personal** 개인의, 개인적인

STRATEGY POINT 🎤

15초 동안 복표분상 3개를 발해 수변 송다. 질문을 이봉해 가장 쉽게 답변 문장을 만들어 보도록 하자.
① 주어 일치: you → I
② 동사 일치: use the Internet
③ 의문사에 답하기: to check several news websites
④ 종합하기: I use the Internet to check several news websites.

완벽한 문장을 하나 만듦과 동시에 질문에 정확히 답하였다. 나머지 추가 문장은 항상 "Who, When, Where, What, Why, How" 질문들을 생각해 본다면 만들기가 수월해질 것이다. 이유에 대해 말하는 것이 자연스럽다.
⑤ 문장 늘리기: as I like to stay up-to-date with what is happening in the world (세상에서 무슨 일이 일어나고 있는지 늘 파악하고 있는 것을 좋아하기 때문에)
⑥ 전체 문장 종합하기: I use the Internet to check several news websites as I like to stay up-to-date with what is happening in the world.

또 너무나도 완벽한 멋진 문장이 완성되었다. 이것만 제대로 말해도 Level 6는 나의 것! 더 높은 Level을 위해 위의 모범 답안을 보며 어떤 문장을 추가하면 좋을지 생각해 보자.

---

06 What are your main considerations when choosing an Internet provider?

인터넷 공급업체를 정할 때 가장 고려하시는 점이 무엇입니까?

Sample Response 1

Speed is my main concern. I get frustrated with slow Internet connections, so it is important to have a fast connection. I also like to have fast download speeds.

Sample Response 2

I would say safety is my number one priority when choosing an Internet provider. I always look for one that comes with some virus protection software. Also, I have several young children, so I need a provider that lets me control what they see. I like to block out websites that could be harmful.

voca **consideration** 고려 사항 | **provider** 공급자(업체) | **concern** 중요한 것, 관심사 | **get frustrated** 좌절하다, 실망하다 | **download** (데이터를) 다운로드하다(내려 받다) | **safety** 안전, 보안 | **number one priority** 최우선 순위 **look for** ~을 찾다 | **come with** ~이 딸려있다 | **protection** 보호 | **block out** 차단하다

STRATEGY POINT 🎤

30초 동안 목표문장 5개를 말해 주면 좋다. 그러나 우리는 초보자 입장에서 일단 가장 기본이 되는 필수 문장을 만드는 연습을 할 것이다.

① 주어 일치: your main considerations → my main considerations

② 동사 일치: are when choosing an Internet provider (부사구는 그대로 쓴다)

③ 의문사에 답하기: speed

④ 종합하기: Speed is my main consideration (when choosing an Internet provider).

질문에 답하며 하나의 완벽한 문장을 만들었으니, 이제 왜 그렇게 생각하는지 이유에 대해 간략히 덧붙이면 금상첨화!

⑤ 문장 늘리기: because I get frustrated with slow Internet connections

⑥ 전체 문장 종합하기: Speed is my main consideration since I get frustrated with slow Internet connections.

여기에 하나의 문장을 더 하면 Level 7! 더 높은 Level을 위해 어떤 문장을 더할 수 있을지 위의 모범답안을 참고하여 연구해보자.

해석 ✎

Q4

S1 저는 항상 인터넷을 사용합니다. 저는 사업가이기 때문에, 제 일에 있어서 인터넷은 매우 중요한 도구입니다. 저는 와이파이가 가능한 노트북 컴퓨터와 인터넷 전화도 가지고 있습니다. 저는 보통 하루에 세 번 이메일을 확인합니다.
S2 집에 인터넷은 있지만, 자주 사용하지는 않습니다. 저는 컴퓨터를 사용하는데 능숙하지 못하거든요. 제 아들이 저보다 훨씬 더 잘 하는데 그 아이는 항상 컴퓨터 앞에 있답니다.

Q5

S1 저는 보통 몇 개의 뉴스 웹사이트를 확인합니다. 저는 세상에서 일어나고 있는 일들의 최신 정보를 늘 꿰고 있길 좋아합니다. 저는 또한 축구 광팬이기도 해서, 최신 스포츠 뉴스를 확인하기 위해서도 자주 인터넷을 사용합니다.
S2 제 아이들이 지금 외국에 나가 살고 있기 때문에, 저는 그들과 연락을 하고 지내기 위해 인터넷을 이용합니다. 저는 그들에게 이메일을 보내고 아이들의 블로그를 봅니다. 저는 또한 지역 행사장에서 찍은 사진들을 제 웹사이트에 올리기도 합니다.

Q6

S1 속도가 관건이라고 봅니다. 느린 인터넷 연결에는 짜증이 납니다. 그래서 빠른 인터넷 연결이 중요하다고 생각해요. 다운로드가 빨리 되는 것도 좋습니다.
S2 인터넷 공급업체를 선택할 때 제 최우선 순위는 보안입니다. 저는 항상 바이러스 보호 소프트웨어가 딸려 있는 인터넷 공급업체를 찾습니다. 또한, 저에게는 어린 아이들이 있기 때문에, 아이들이 보는 것을 통제할 수 있도록 하는 공급업체가 필요합니다. 유해할 수 있는 웹사이트를 차단하기 위해서요.

Part 4 "Respond to Questions Using the Information Provided" 주어진 자료를 활용하여 질문에 답하기

Questions 7-9 ⏰ 준비시간 30초 / 답변시간 7 · 8번 15초, 9번 30초

DOREEN'S DELI 도린의 델리

Croissant 크루아상	$2.00
Sausage Roll (for one) 소시지 롤(1인분)	$1.25
Bowl of soup – Tomato or Chicken Comes with a white roll 스프 한 그릇 – 토마토나 닭고기 흰 롤빵과 함께 나옵니다.	$1.50
Mini Pie (for one) – Pork or Beef 미니 파이(1인분) – 돼지고기나 소고기	$2.95
12"Baguette (for two) 12인치 바게트 빵 (2인분) Your choice of three fillings: 3가지 중에서 선택하세요: Beef, Chicken or Egg 소고기, 닭고기, 계란	$6.95
Family-sized Pie (3-4 people) 대형 파이(3–4인분) Chicken, Beef or Pork 닭고기, 소고기, 돼지고기	$9.95
Office Pack – A choice of one family-sized pie, 3 x 12" sandwiches and 4 x mini-pastries (5-8 people) 오피스 팩– 대형 파이 중 선택 , 12인치 샌드위치 3개와 미니 패스트리 4개(5–8 인용)	$24.95
Drinks 음료	$1.75

Delivery available. 배달 가능

Napkins and condiments supplied free of charge.
냅킨과 소스는 무료로 제공됩니다.

 **Narration**

Hello. I have some questions about your menu and I also need to make a large

order. I hope you can help me out.

안녕하세요. 메뉴에 대해 문의사항이 있습니다. 그리고 대량주문을 할 게 있는데 저를 도와주실 수 있나요.

07 What is the cheapest food item on the menu?

메뉴에서 가장 저렴한 식품은 무엇인가요?

Sample Response 1

The sausage roll is cheapest. It costs $1.25.

Sample Response 2

The sausage roll, which is designed just for one person, is the cheapest food item.

voca **cheap** 값이 싼, 저렴한

STRATEGY POINT 🎤

주어진 정보를 30초 동안 최대한 정확히 파악하는 것이 중요하다. 질문이 화면에 나오지 않고 음성으로만 들려준다는 것을 명심하자. 주어진 정보를 바탕으로 정확히 답을 해주면 된다. 정보를 꼼꼼히 파악했다면 이제 질문을 듣고 15초 동안 질문에 요구한 정확한 답만 말해 주면 된다. 질문을 그대로 활용해 답을 만드는 것이 쉽게 답하는 기본적인 방법이다.

① 주어 일치: the cheapest food item (on the menu)
② 동사 일치: is
③ 의문사에 답하기: the sausage roll
④ 종합하기: The cheapest food item on the menu is the sausage roll at $1.25.

이제 훌륭한 문장을 하나 만들었다. 모범답안을 참조하여 다양하게 답하는 연습을 해보자.

 08 I'm looking for a bite to eat, but I don't eat meat. Do you have anything suitable for vegetarians?

간단하게 먹고 싶은데, 저는 고기를 먹지 않아서요. 채식자들에게 적합한 것도 있나요?

Sample Response 1

Of course. I would recommend tomato soup or a croissant as a snack.

Sample Response 2

Yes, we do. The croissant and tomato soup are both good meat-free options.

voca **look for** ~을 찾다 | **(grab) a bite to eat** 간단히 먹다 | **suitable for** ~에 적합한, 적절한 | **vegetarian** 채식주의자 | **recommend** 권하다, 추천하다 | **croissant** 크루아상(보통 아침 식사로 먹는 작은 초승달 모양의 빵) | **free** ~이 없는

STRATEGY POINT 🎙

이 문제는 table 상의 vegetarian을 위한 식단을 열거하라는 것이다. 육류가 포함되지 않은 제품을 table에서 빨리 찾아 문장을 만들어야 한다.

① 일반 의문문이므로 Yes / No 답변을 해야 한다. table에서 해당 정보를 찾아 적합한 답변을 해야 한다.

② 주어 일치: tomato soup or a croissant (여기에서는 주어가 곧 해당 질문의 답이 되는 내용이므로 해당 정보를 찾아 답한다.)

③ 동사 일치: 주어에 맞추어 are suitable for vegetarians

④ 종합하기: Yes, tomato soup or a croissant are suitable for vegetarians.

초보자가 할 수 있는 방법으로는 최고의 답변을 만들었다. 모범답안을 참조하여 다른 형태의 답변들도 연습해보자.

09 I'm holding a board meeting for 12 people. What would be the best thing to order for lunch?

12인의 이사 회의를 열 계획입니다. 어떤 것이 점심 식사로 가장 좋을까요?

Sample Response 1

For that many people, I would suggest ordering our office pack. However, this is designed for 5-8 people, so it won't be enough by itself. You may want to order some extra sandwiches or croissants to go with it. That should be enough food then. If everybody is very hungry, you could consider ordering two office packs, but this may be too much food.

Sample Response 2

Well, if you would like to serve hot food, I would recommend soup. The soup comes in portion sizes fit for one person, so it would be best to order twelve separate portions. We would be able to deliver this hot to your office. We have two flavors to choose from – tomato or chicken. The soup also comes with a bread roll.

voca **hold** 개최하다 | **a board meeting** 이사회 | **order** 주문하다 | **suggest -ing** ~을 제안하다 | **consider -ing** ~을 고려하다 | **portion** (음식의) 1인분 | **deliver** 배달(배송)하다 | **flavor** 풍미, 향미, 맛 | **come with** ~이 딸려 있다 | **a range of** 다양한 | **option** 선택(권) | **personally** 개인적으로 | **share** 나누다, 공유하다

STRATEGY POINT 🎙

질문에 keyword가 없다. 질문에서 board meeting for 12와 the best thing for lunch를 듣고 이에 대한 정보를 주어진 table 안에서 빨리 찾아야 한다. 질문을 듣고 이해하는 능력을 넘어서 종합적인 사고와 판단을 요하는 다소 난이도가 있는 문제이므로 연습을 통해 유창하게 답할 수 있는 능력을 키우도록 하자.

For that many people, I would suggest ordering our office pack. You may want to order some extra sandwiches or croissants to go with it. That should be enough food then.

위에 제공된 모범답안들을 참조하여 다양한 표현을 연습해보도록 한다.

해석 ✎

Q7
S1 소시지 롤이 가장 저렴합니다. 1달러 25센트입니다.
S2 1인분으로 고안된 소시지 롤이 가장 저렴한 식품입니다.

Q8
S1 물론입니다. 토마토 스프나 크루아상을 간식으로 추천합니다.
S2 네, 있습니다. 크루아상과 토마토 스프 모두 육류가 없는 식품들입니다.

Q9
S1 그렇게 많은 인원이라면, 저희 오피스 팩 제품을 주문하실 것을 권합니다. 하지만, 이것은 5–8인분으로 만들어진 것이라, 그것만으로는 충분치가 않을 것입니다. 원하신다면 여분의 샌드위치와 크루아상을 함께 주문하셔도 좋습니다. 그러면 충분한 식사가 될 것입니다. 모두 시장해하신다면, 오피스 팩 두 개를 주문하셔도 좋지만, 양이 너무 많을 수도 있습니다.
S2 따뜻한 음식을 접대하시고자 한다면, 스프를 권해드립니다. 저희 스프는 1인분으로 적합한 양으로 나오기 때문에 12인분을 주문하시면 좋습니다. 저희가 이것을 따뜻하게 배송해 드릴 수 있습니다. 토마토와 치킨 스프 두 가지 맛이 있습니다. 스프는 물론 브랜드 롤과 함께 나옵니다.

Part 5 "Propose a Solution" 해결방안 제시하기

Question 10  준비시간 30초 / 답변시간 60초

In your response, be sure to 대답할 때에는 다음 사항을 반드시 숙지하십시오.
· show that you recognize the problem, and 주어진 과제가 무엇인지 인지하였음을 보여주십시오.
· propose a way of dealing with the problem. 그 과제를 어떻게 다뤄야 하는지 방법을 제시하십시오.

Question Script

Hello. My name is Duncan Meaden. I was in your suit shop yesterday and I bought a nice new suit jacket. When I got back to my hotel last night, I found that there was a huge rip across one of the shoulders. I am very upset about this. I was going to wear the jacket to a business lunch this afternoon. Now I have nothing to wear. I know it's Sunday, but is there any way you could help me out before this afternoon?

안녕하세요. 저는 던컨 미든입니다. 어제 당신의 양복점에서 근사한 재킷을 구입했습니다. 어젯밤에 호텔로 돌아와서 보니, 한 쪽 어깨부분이 커다랗게 찢어져 있어서 굉장히 불쾌했습니다. 오늘 오후에 있을 업무상의 점심 약속에 그 재킷을 입고 가려고 했는데 지금은 입을 것이 없군요. 일요일인 것은 알지만, 오늘 오후 이전에 저를 도와주실 수 있는 방법이 없겠습니까?

voca **suit shop** 양복점 ┃ **rip** (옷감 · 종이 등에 길게) 찢어진 곳

Sample Response 1

Ⓐ Hello, Mr. Meaden. Ⓑ I'm sorry to hear that the jacket is damaged. There has never been any problem with our clothes before; they are usually of the highest quality. Ⓒ Our store is closed on Sundays, so there is nobody there to help you right now. However, I live just two blocks away. I can meet you there in half an hour if you like. Once there, I will happily exchange your jacket for a new one. Ⓓ To apologize for the inconvenience, I will also give you a voucher for a 25% discount on your next purchase with us.

Sample Response 2

I understand. First of all, I'd like to sincerely apologize that the clothing you bought from us was not satisfactory. Of course, we will be happy to give you your money back. Unfortunately, our store is closed right now and won't be open until tomorrow morning. I have an idea. We can arrange for you to rent a suit jacket from your hotel. If you bring the receipt from the hotel to us when you return the damaged jacket on Monday, we will happily reimburse you for the rental price, too.

voca **quality** 질, 고급 | **half an hour** 30분 | **exchange A for B** A를 B로 교환하다 | **apologize** 사과하다 **inconvenience** 불편, 애로 | **voucher** 상품권, 쿠폰 | **purchase** 구매, 구입 | **first of all** 무엇보다도 먼저 **sincerely** 진심으로 | **satisfactory** 만족스러운, 충분한 | **receipt** 영수증 | **damaged** 손상된 | **reimburse** 배상(변제)하다

●

답을 할 때에는 항상 정해진 틀에 따라 답하도록 노력하자. 그리고 중요한 두 가지는 상대방의 문제를 인식했음을 정확히 말하는 것과 해결책을 필히 제시해야 한다는 점이다!

📄 **기본 format** (STEP 2, 3 필수!)

STEP 1 상대방의 이름, 자기 소개
↓
STEP 2 전화를 건 목적 – 상대방이 말했던 문제점을 요약해서 언급함
          – 문제가 생기게 된 상황 설명(원인 또는 변명)
↓
STEP 3 해결책 제시(문제점에 대한 긍정적 해결 방안을 제시한다) – 답변시간 60초의 대부분이 해결책
          제시에 할당된다.
↓
STEP 4 끝인사

Point Ⓐ 상대방의 이름과 자기소개: Hello, Mr. Meaden. 상대방의 Full name을 기억하기 어렵다면 성만이라도 기억하여 답변의 첫 부분에서 불러주는 것이 좋다. 이름은 고유명사이기 때문에 기억하기에 혹은 발음하기에 어려울 수도 있으므로, 들었을 때 두 세 번 반복해서 말해보는 것이 좋다.

Point Ⓑ 전화를 건 목적: I'm sorry to hear that the jacket is damaged. There has never been any problem with our clothes before; they are usually of the highest quality. 문제 상황에 대해 인식했음을 전달하는 표현과 문제 상황의 원인이나 그에 대한 변명을 할 수 있다.

Point Ⓒ 해결책 제시하기: Our store is closed on Sundays, so there is nobody there to help you right now. However, I live just two blocks away. I can meet you there in half an hour if you like? Once there, I will happily exchange your jacket for a new one.

Point Ⓓ 끝인사: 문제를 유발한 입장이라면 정중한 사과의 표현으로 마무리하는 것이 일반적이다. 이에 더해 사과의 표시로 특정 서비스를 제공하겠다는 표현도 마무리 문장으로 좋다.

기본 format에 따라 답안을 만들어 본 후 모범답안을 꼼꼼히 분석하여 본인만의 완벽한 답안을 다시 구성해보는 것도 좋은 방법이다.

해석 📎

S1 안녕하세요, 미든씨. 재킷이 손상되었다니 죄송합니다. 저희 의류에 이전에는 어떤 문제도 없었습니다. 최고급의 제품들이지요. 저희 매장은 일요일마다 쉬어서 지금은 아무도 없습니다. 하지만, 제가 두 블록 떨어진 곳에 살고 있으니, 만일 고객님께서 괜찮으시다면 30분 후에 저희 매장에서 만나실 수 있습니다. 일단 오시면, 고객님의 재킷을 새 것으로 기꺼이 교환해 드리겠습니다. 불편을 드려 죄송합니다. 고객님의 다음 번 구매에 사용하실 수 있는 25퍼센트 할인 쿠폰을 드리도록 하겠습니다.

S2 알겠습니다. 먼저, 저희 매장에서 구매하신 의류가 만족스럽지 못한 점 진심으로 사과 드립니다. 물론, 기꺼이 환불해드리도록 하겠지만, 안타깝게도 저희 매장은 현재 문을 닫았고, 내일 오전에 다시 엽니다. 제게 좋은 생각이 있습니다만, 저희가 고객님이 계신 호텔에서 정장 상의를 대여하실 수 있도록 조정해드릴 수 있습니다. 월요일에 손상된 재킷을 저희 매장으로 가지고 오실 때 그 영수증을 가져다 주시면, 저희가 고객님의 대여료 또한 기꺼이 변상해드리도록 하겠습니다.

Part 6 "Express an Opinion" 의견 제시하기

Question 11 ⏰ 준비시간 15초 / 답변시간 60초

Lots of people are saying that we should use public transport rather than our own cars these days to reduce the amount of pollution in the air. Do you agree or disagree, and why?

요즘 많은 사람들이 대기 중의 오염을 줄이기 위해 자가용 대신 대중교통을 이용해야 한다고 말합니다. 당신은 찬성하십니까, 반대하십니까? 그 이유는 무엇입니까?

voca **public transport** 대중교통 | **rather than** …보다는 | **reduce** 줄이다, 감소시키다 | **pollution** 오염(물질), 공해 | **agree** 동의하다 | **disagree** 동의하지 않다

Sample Response 1

I am in favor of this. I think that cars create too much pollution. If more people use public transportation, the number of cars on the road will be reduced. We have a responsibility to reduce the amount of pollution in the atmosphere to stop global warming. If we don't, we are going to ruin the Earth for our children and future generations. Taking the bus or train is just a small change, but it will make a big difference.

Sample Response 2

Ⓐ I agree that we should use public transport more than our own cars. Ⓑ At present, there are so many cars on the roads in big cities. The pollution from these cars is making the air that we breathe dirty, which can be dangerous to our health. Pollution from cars is also damaging the atmosphere and making the Earth warmer. I think we need to be more considerate to animals. It's not fair that our negative actions hurt them too.

voca **be in favor of** ~에 찬성하다 | **transportation** 교통수단 | **the number of** ~의 수 | **responsibility** 책임(감) | **atmosphere** 대기 | **global warming** 지구 온난화 | **ruin** 망치다, 폐허로 만들다 | **future generation** 후대, 후손 | **breathe** 숨 쉬다 | **considerate** 사려 깊은, 배려하는 | **fair** 공평한, 공정한 | **negative** 부정적인, 나쁜

STRATEGY POINT 🎙

질문의 내용을 파악하고 문제를 읽어주는 동안 이미 **brainstorming**을 통해 답변 **format**에 들어갈 내용을 생각하기 시작해야 한다. 준비시간 15초도 현명하게 활용하여 최대한 정돈된 답변을 할 수 있도록 연습해야 한다. Part 6의 관건은 유창성에 더하여 논리성이다.

📄 **기본 format**

① **서론:** 화면에 제시된 질문을 그대로 재활용하여 본인의 입장을 밝힌다. 여기서 찬반을 묻는 질문이라면 중립적인 입장보다는 명확히 한 입장을 취하는 것이 좋다. 중요한 한 가지! 두괄식 답변을 하도록 한다.

↓

② **본론:** 두 가지 정도의 근거를 들거나 본인이 경험, 사례를 하나 정도 드는 것이 좋다. 이야기를 만들어 낼 수 있는 순발력도 필요하다.

↓

③ **결론:** 서론의 문장을 재탕! 그대로 말하기 보다는 **paraphrasing**으로 약간의 변화를 주는 것이 더 좋다

Point Ⓐ 제시된 질문을 그대로 활용해 답변을 만들면 쉽다! 찬반을 묻는 문제라면 중립적인 입장보다는 명확히 의견을 제시하는 편이 좋다.

Point Ⓑ 서론에 제시한 주장을 뒷받침하는 근거 문장을 최소 2개 이상 들어주는 것이 좋다. 평소에 이런 문제에 대해서 생각해 보지 않았다면 시험장에서 아무 말도 하지 못하고 발만 동동 구르게 된다. 모범답안의 내용을 꼼꼼히 공부해보고 다양한 어휘와 표현을 익혀 무리 없이 주장을 펼 수 있도록 노력하자.

Point Ⓒ 결론에 해당하는 마지막 문장은 서론의 주제문을 그대로 반복하거나, 약간의 **paraphrasing**을 더하여 새로운 문장으로 제시해 주면 **perfect**!

다양한 모범답안들을 공부하여 본인만의 완벽한 답변을 만들어보는 연습을 하는 것이 중요하다. Part 6의 관건인 논리적 연결성을 고려하여 답을 하도록 하고, 어려운 어휘를 고집하기 보다는 자신이 표현할 수 있는 어휘로 설명하는 것이 바람직하다. 15초의 준비 시간 동안 빠르고 정확하게 기본 **format**에 따라 내용을 구성하는 것은 쉽게 완성되지 않는다. 많은 연습을 통해 논리적인 답변을 만들어 낼 수 있도록 노력하자.

해석 ✏

S1 저는 이것에 찬성합니다. 저는 자동차가 너무 많은 오염물질을 만들어낸다고 생각합니다. 더 많은 사람들이 대중교통을 이용한다면, 도로 위의 차량의 수는 감소하게 될 것입니다. 우리에게는 지구 온난화를 막기 위해 대기의 오염을 줄여야 할 책임이 있습니다. 그렇게 하지 않으면, 우리는 우리의 아이들과 미래의 후손들을 위한 이 지구를 망치게 될 것입니다. 버스나 기차를 타는 것은 작은 변화이지만 큰 차이를 만들어 낼 수 있습니다.

S2 자가용 대신 대중교통을 이용해야 한다는 것에 동의합니다. 현재, 대도시에는 길 위에 너무 많은 차들이 있습니다. 이 차들로부터 나온 오염물질이 우리가 숨 쉬는 공기를 더럽게 만들고, 이는 우리의 건강을 위협할 수 있습니다. 차량에서부터 온 오염은 대기를 손상시키며 지구를 더 뜨거워지게 하기도 합니다. 저는 우리가 동물들을 더 배려해야 한다고 생각합니다. 우리의 나쁜 행위가 그들을 해친다는 것은 공평하지 않습니다.

Actual Test 5
& Study Strategies

ACTUAL_TEST_05.mp3

※ **mp3** 파일을 활용하여 실전 모의고사 1회분을 풀어보고 뒤의 전략 파트를 학습하세요.

Questions 1-2: Read a Text Aloud

Directions: In this part of the test, you will read aloud the text on the screen. You will have 45 seconds to prepare. Then you will have 45 seconds to read the text aloud.

Good morning, everyone. I'm glad you could join us today for our bus tour of the castles and historic sites of Ireland. My name is Liam O'Donnell and I'll be leading the tour today. Now, before we leave for our first destination, I'd like to go over one thing. During this time of the year, Ireland can be extremely cold and wet, I highly recommend that you bring a waterproof jacket with you. We will be boarding in about fifteen minutes, so please have your tickets ready.

PREPARATION TIME
45 seconds

RESPONSE TIME
45 seconds

Don't miss the annual Mega Sale at Sainsbury's Supermarket this week. Our whole range of organic fruit and vegetables will be at 30% off, and there will be various discounts on beverages, cereals, meat, and much more. When you buy any amount of our organic fruits or vegetables, you'll also receive a free sampler of our fresh fruit juices. Take advantage of the healthiest products in town. And don't forget, the sale ends at the end of the week.

PREPARATION TIME
45 seconds

RESPONSE TIME
45 seconds

Actual Test 5

Question 3: Describe a Picture

Directions: In this part of the test, you will describe the picture on your screen in as much detail as you can. You will have 30 seconds to prepare your response. Then you will have 45 seconds to speak about the picture.

Question 3 of 11

PREPARATION TIME
30 seconds

RESPONSE TIME
45 seconds

TOEIC Speaking

Questions 4-6: Respond to Questions

Directions: In this part of the test, you will answer three questions. For each question, begin responding immediately after you hear a beep. No preparation time is provided. You will have 15 seconds to respond to Questions 4 and 5, and 30 seconds to respond to Question 6.

TOEIC Speaking

Question 4 of 11

Imagine that a British marketing firm is doing research in your country. You have agreed to participate in a telephone interview about birthdays.

Q. Have you ever forgotten the birthday of a close friend or family member?

RESPONSE TIME
15 seconds

Imagine that a British marketing firm is doing research in your country. You have agreed to participate in a telephone interview about birthdays.

Q. If you have ever forgotten somebody's birthday, how did you make it up to them?

RESPONSE TIME
15 seconds

Imagine that a British marketing firm is doing research in your country. You have agreed to participate in a telephone interview about birthdays.

Q. If a close friend forgot about your birthday, how would you react?

RESPONSE TIME
30 seconds

Questions 7-9: Respond to Questions Using Information Provided

Directions: In this part of the test, you will answer three questions based on the information provided. You will have 30 seconds to read the information before the questions begin. For each question, begin responding immediately after you hear a beep. No additional preparation time is provided. You will have 15 seconds to respond to Questions 7 and 8, and 30 seconds to respond to Question 9.

SCHEDULE FOR STUDENT'S WELCOME DAY

10:00 A.M. Main Lecture Hall
The university principal, Roger Cook, will welcome all new students and discuss the university's history and goals for the future.

11:00 A.M. Summerbee Hall
Angela Davies will speak to students about ways to manage their finances through the academic year and the financial support services offered by the university.

1:00 P.M. Grant Gymnasium
A special buffet style lunch will be available to all students in the gymnasium. Lunch will consist of a variety of salads and sandwiches.

2:00 P.M. Conference Hall 1
Amir Khan, head of Student Services, will talk about the facilities on offer in the city and the surrounding area. (Recommended for overseas students)

3:00 P.M. Department Tours
Each student will join the head of their specific department for a brief tour of the buildings.

PREPARATION TIME
30 seconds

Q7.

RESPONSE TIME
15 seconds

Q8.

RESPONSE TIME
15 seconds

Q9.

RESPONSE TIME
30 seconds

Question 10: Propose a Solution

Directions: In this part of the test, you will be presented with a problem and asked to propose a solution. You will have 30 seconds to prepare. Then you will have 60 seconds to speak.

In your response, be sure to
· show that you recognize the problem, and
· propose a way of dealing with the problem.

Narration: (Recorded Voice)

In your response, be sure to

· show that you recognize the problem, and

· propose a way of dealing with the problem.

PREPARATION TIME
30 seconds

RESPONSE TIME
60 seconds

TOEIC Speaking

Question 11: Express an Opinion

Directions: In this part of the test, you will give your opinion about a specific topic. Be sure to say as much as you can in the time allowed. You will have 15 seconds to prepare. Then you will have 60 seconds to speak.

TOEIC Speaking

Question 11of 11

As city populations increase, it becomes harder to deal with the increased levels of domestic garbage. Some people think that the government should create more city garbage dumps. Do you agree or disagree with this idea? Include details and examples to support your explanation.

PREPARATION TIME
15 seconds

RESPONSE TIME
60 seconds

Part 1 "Read a Text Aloud" 지문 낭독하기

Questions 1-2 각 문제 준비시간 45초 / 답변시간 45초 〈 / : 끊어 읽기   **굵은 글씨** : 강조해서 읽기〉

01   관광 안내

Ⓐ Good morning, everyone. / I'm **glad** you could **join** us today / for our **bus tour** of the **castles** and **historic sites** / of **Ireland.** My name is Liam O'Donnell and I'll be leading the tour today. Ⓑ Now, / **before** we leave for our **first destination**, / I'd like to **go over** one thing. / During this time of the year, **Ireland** can be **extremely cold and wet**, / I **highly recommend** / that you **bring** a **waterproof jacket** with you. Ⓒ We will be **boarding** in about **fifteen minutes**, / so / please have your **tickets ready**.

voca **historic** 역사적으로 중요한 | **destination** 목적지 | **go over** ~을 점검(검토)하다 | **extremely** 극도로, 극히 **waterproof** 방수(의)

STRATEGY POINT 🎙

Point Ⓐ 가이드의 안내문은 이 날의 일정을 순서대로 열거하는 것이 특징이므로, 방문할 장소와 시간 등을 명확하게 전달하는 것이 중요하다. 또한, 광고문과 유사하게 청자(여행객)의 호응과 관심을 끄는 것도 중요하므로 밝은 어조로 전달하는 것도 좋은 방법이겠다. 쉼표나 마침표, 접속사가 있는 곳에서는 한 박자씩 쉬어 읽도록 하고, 전치사 앞에서도 적절히 끊어 읽는 것이 바람직하다. 지명을 비롯한 고유명사는 또박또박 강조하여 읽도록 한다.

Point Ⓑ 투어를 시작하기 전 주의사항이므로 청자들에게 명확히 전달되도록 주의하여 읽도록 한다. 쉼표나 마침표를 전후하여서는 한 박자 정도 쉬어 읽도록 하고, 명사절이나 관계사절 앞에서도 적절히 시간을 두고 읽는 것이 바람직하다. 내용상 아일랜드의 춥고 비가 오는 날씨로 방수 재킷을 가져올 것을 권한다는 내용이므로, "waterproof jacket"과 같은 핵심어는 특별히 강조하여 또렷하게 전달하도록 한다.

Point Ⓒ 투어 안내문의 경우, 마지막 문장은 다음에 할 행동이나 순서를 말하는 경우가 많다. 시간을 비롯한 숫자 표현은 정확히 전달해야 하는 중요한 내용이므로 또박또박 확실히 읽어 혼동되지 않도록 한다. 준비 시간을 활용하여 여러 번 반복하여 읽어보는 것이 효율적이다.

해석 ✏

Q 1 안녕하세요, 여러분. 오늘 여러분과 함께 아일랜드의 성과 역사 유적지 버스관광에 함께 하게 되어 반갑습니다. 저는 리엄 오도넬이고 오늘 관광을 인솔할 것입니다. 이제, 우리의 첫 목적지로 출발하기 전에, 한 가지 점검하도록 하겠습니다. 아일랜드는 매년 이 시기에 매우 춥고 습한데요, 저는 여러분들에게 방수자켓을 챙기실 것을 적극 권해드립니다. 약 15분 후에 탑승할 것입니다. 표를 준비해 주세요.

02 광고문

ⓐ **Don't miss** the **annual Mega Sale** / at S**ainsbury's Supermarket this week.**

ⓑ Our whole range of **organic fruit and vegetables** will be at **30% off,** / and there will be various **discounts** on **beverages**, **cereals**, **meat**, and much more. When you buy any amount of our organic fruits or vegetables, you'll also receive a free sampler of our fresh fruit juices. Take advantage of the healthiest products in town. ⓒ And **don't** forget, / the sale **ends** / at the **end of the week.**

voca **miss** 놓치다 ︱ **organic** 유기농의 ︱ **various** 다양한 ︱ **beverage** 음료 ︱ **receive** 받다, 얻다 ︱ **free** 무료의 **sampler** 견본품 ︱ **take advantage of** ~을 이용하다

STRATEGY POINT 🎤

Point ⓐ 슈퍼마켓의 할인 행사 광고문이다. 광고문에는 해당 업체, 광고 제품 및 행사 등이 제시되므로 이러한 정보를 명확하게 전달하도록 한다. 전치사 앞에서는 적절히 끊어 읽도록 하고 고유 명사는 강조해야 할 어휘이므로 또박또박 명확하게 읽도록 한다. 광고문의 특성상 청자인 소비자의 관심과 이목을 집중시켜야 할 것이므로, 최대한 밝고 명랑한 어조를 유지하는 것도 좋은 방법이다. 부사어휘나 조동사 등은 강조하지 않는 것이 일반적이지만, 부정을 나타내는 내용은 강세를 두어 읽도록 한다.

Point ⓑ 제품 광고나 할인 행사 광고에서 빠지지 않는 문장이다. 광고하는 제품의 종류를 나열하고, 할인율과 할인품목을 언급하고 있다. 숫자 표현에 주의하고, 열거된 품목들을 하나하나 명확하게 전달하는 것이 바람직하므로 각 쉼표 앞에서 적절히 끊어서 품목들이 정확히 전달되도록 한다.

Point ⓒ 광고문의 마지막 문장으로 빈번하게 등장하는 내용이다. 행사의 기간에 대한 정보나, 엄청난 이번 기회를 놓치지 말라는 내용의 강조 문구이다. 쉼표 부분에서는 적절히 시간을 두어 읽도록 하고, 부정을 나타내는 부사나 조동사는 강세를 두어 읽는 것이 바람직하다.

해석 ✏️

Q2 이번 주 세인즈베리의 수퍼마켓에서 있을 연례 메가 세일을 놓치지 마세요. 모든 유기농 과일과 야채들이 30퍼센트 할인 판매되고, 음료와 시리얼, 육류, 그리고 그 밖의 많은 상품들도 다양하게 할인됩니다. 저희 유기농 과일과 야채를 조금이라도 구입하실 경우 고객님께서는 저희 신선한 시음용 과일 주스를 무료로 받으실 수 있습니다. 시내에서 가장 건강에 좋은 상품들을 이용하세요. 그리고 잊지 마세요. 할인 판매는 주말에 마감합니다.

Part 2 **"Describe a Picture"** 사진 묘사하기

Question 3 🕐 준비시간 30초 / 답변시간 45초

Sample Response 1

Ⓐ This picture was taken at a river. It shows three people paddling down the river in kayaks. Ⓑ All of the people are wearing life-jackets, and all three kayaks are blue. Ⓒ Each person is using a different colored paddle – one paddle is yellow; one is white; and one is orange. Ⓓ The water is calm up ahead, but there are some small waves around the kayaks. Ⓔ In the background is a lush forest.

Sample Response 2

Ⓐ This is a picture of three people in kayaks paddling down a river. Ⓒ They are all holding paddles of different colors. Apart from the waves made by paddling, it seems like the river is quite calm. Ⓓ A forest is in the background and many plants and trees line the river. Some of the trees are actually in the water. The three people are wearing life-jackets of different styles and colors.

voca **paddle** 노, 노를 젓다 | **kayak** 카약 | **life-jacket** 구명 재킷 | **lush** 울창한, 우거진, 무성한 | **calm** 고요한, 잔잔한
line ~을 따라 늘어서다(줄을 세우다)

사람이 있는 문제의 기본 format을 사용하자.

📄 기본 format

STEP 1 사진의 내용을 한 문장으로 집약
↓
STEP 2 주인공의 차림새와 외모에 대해 설명 (여러 명일 때에는 위치별 인물 설명)
↓
STEP 3 주인공의 행동을 상세히 묘사
↓
STEP 4 주인공 이외의 것들에 대해 언급(배경 사항)
↓
STEP 5 마무리(추측 문장 강추!)

Point Ⓐ 사진을 한 문장으로 요약하면, 두 번째 모범 답안에서 제시된 것처럼 This is a picture of three people in kayaks paddling down a river라고 할 수 있다. 첫 번째 모범 답안에는 두 문장으로 나뉘어 있는데, 관계대명사를 이용하여 한 문장으로 연결하면 더 세련된 문장이 될 수 있다(This picture was taken at a river which shows three people paddling down the river in kayaks). 여기서 보이는 배를 "boat"라고 해도 되지만 "kayak"이라는 어휘를 써 준다면 좀 더 수준 높은 묘사가 될 수 있다. 아는 것이 힘!

Point Ⓑ 인물의 차림새와 외모에 대해 설명을 해 보자. 모두 같이 구명조끼를 입고 있다. All of the people are wearing life-jackets라고 충분히 묘사할 수 있지 않은가?

Point Ⓒ 인물의 행동을 상세히 묘사한다. Each person is using a different colored paddle – one paddle is yellow; one is white; and one is orange. / They are all holding paddles of different colors. 이 정도면 훌륭하다. 노를 젓고 있다는 것을 묘사하며 paddle이나 kayak의 색깔을 덧붙여 말하면 이처럼 다채로운 표현이 된다.

Point Ⓓ 인물 이외의 배경에 내해 언급할 차례! The water is calm up ahead, but there are some small waves around the kayaks. 배경의 급류에 대해 묘사한다. 급류 따위! 어렵다고 생각하시지 말고 평소에 충분히 연습을 하자! 배경의 숲과 나무에 대해 묘사하는 것도 좋다.

Point Ⓔ 마지막으로 마무리를 한다. 첫 번째 모범 답안에서처럼 배경에 대해 말하며 마무리 할 수도 있다. (In the background is a lush forest.) 중요한 것은? 끝까지 쉬지 않고, 멈추지 않고 계속해서 묘사해 가는 능력이다.

📎 해석

S1 이 사진은 강에서 찍은 것입니다. 세 사람이 카약을 타고 노를 저어 내려가고 있습니다. 모든 사람들이 구명 재킷을 입고 있고, 세 개의 카약은 모두 파란색입니다. 각각이 다른 색깔의 노를 사용하고 있는데, 하나는 노란색 다른 하나는 흰 색, 또 다른 하나는 주황색입니다. 물은 위쪽으로 잔잔히 흐르고 있지만, 카약 주변으로는 작은 물결이 일고 있습니다. 뒤쪽으로는 울창한 숲이 있습니다.

S2 이것은 카약을 탄 세 사람이 노를 저어 강을 내려가는 사진입니다. 그들은 모두 각기 다른 색깔의 노를 잡고 있습니다. 노질 때문에 발생한 약간의 물결을 제외하고는, 강은 매우 고요해 보입니다. 뒤쪽으로는 숲이 보이는데, 강을 따라 많은 나무들이 늘어서 있습니다. 어떤 나무들은 실제로 물 안에 있기도 합니다. 세 사람은 각기 다른 스타일과 색깔의 구명 재킷을 입고 있습니다.

Part 3 "Respond to Questions" 질문에 답하기

Questions 4-6 ⏰ 각 문제 준비시간 없음 / 답변시간 4 · 5번 15초, 6번 30초

Situation

Imagine that a British marketing firm is doing research in your country. You have agreed to participate in a telephone interview about birthdays.

영국의 한 마케팅 회사가 당신의 나라에서 설문조사를 한다고 가정해 봅시다. 당신은 생일에 관한 전화 인터뷰에 응하기로 동의했습니다.

04　Have you ever forgotten the birthday of a close friend or family member?

당신의 가까운 친구나 가족의 생일을 잊어본 적이 있나요?

Sample Response 1

Yes, I once forgot one of my friends' birthdays because I was on vacation at the time. However, I usually remember everyone's birthday because I have them all marked in my diary.

Sample Response 2

Yes, actually, I have forgotten quite a few birthdays over the years. I'm usually so busy with work and I feel really sorry about it. Luckily, most of my friends understand and don't get angry about it.

voca **do research** 연구하다 | **participate in** ~에 참여하다, 참가하다 | **forget** 잊다, 잊어버리다 | **close** 가까운 **once** 일전에, 한번은 | **on vacation** 휴가 중인 | **at the time** 그 당시에, 즈음하여 | **quite a few** 상당수 | **be busy with** ~으로 바쁘다

STRATEGY POINT 🎙

15초 동안 3개 이상의 문장을 말하는 것이 좋다. 질문을 그대로 활용하여 보다 쉽게 답변 문장을 만들어 보도록 하자.
① "Have you ever p.p.?" 문장은 Yes / No 답변이 가능한 질문 유형이므로 긍정 / 부정 답변을 먼저 정하도록 한다. 보통은 yes 답변이 답하기 더 수월한 경우가 많다.
② 주어 일치: you → I
③ 동사 일치: have ever forgotten the birthday of a close friend (or family member)
④ 종합하기: Yes, I once forgot my friend's birthday.
⑤ 문장 늘리기: because I was on vacation at the time (왜냐하면 그 때 내가 휴가 중 이었기 때문에)
⑥ 전체 문장 종합하기: Yes, I once forgot one of my friend's birthdays because I was on vacation at the time.

이제 두 가지 문장만 더하면 **perfect**! 어떤 문장을 더할지 위의 모범답안을 참고하여 만들어보도록 하자.

---

05 If you have ever forgotten somebody's birthday, how did you make it up to them?

만약 누군가의 생일을 잊었을 때, 그것을 어떻게 만회했나요?

Sample Response 1

When I missed my cousin's birthday I called her the next day and offered to take her out for dinner. We had a great time and she forgave me.

Sample Response 2

I forgot about my father's birthday one year. He was very disappointed so I bought him a very thoughtful present to show him that I really do care.

voca **make up** ~을 채우다, 벌충[보충]하다 | **forgive** 용서하다 | **disappointed** 실망한, 낙담한 | **thoughtful** 사려 깊은 | **care** 관심을 가지다, 애쓰다, 노력하다

STRATEGY POINT 🎤

15초 동안 목표문장 3개를 말해 주면 좋다. 질문을 그대로 재활용해 쉽게 하나의 문장을 만들어 보자.
① 주어 일치: you → I
② 동사 일치: made it up to them
③ 의문사에 답하기: by calling her the next day and offering to take her out for dinner
④ 종합하기: I called her the next day and offered to take her out for dinner.

하나의 완전한 문장이 만들어졌다. 여기에 질문에 있는 부사구를 그대로 붙이거나, 구체적인 자신의 경험을 덧붙여 말하면 훌륭한 답안이 된다.
⑤ 문장 늘리기: When I missed my cousin's birthday (내가 사촌의 생일을 잊었을 때)
⑥ 전체 문장 종합하기: When I missed my cousin's birthday, I called her the next day and offered to take her out for dinner.

여기에 한 두 문장을 더하면 완벽한 답안이 된다. 모범답안을 참고하여 연구해 볼 것!

06 If a close friend forgot about your birthday, how would you react?

만일 가까운 친구가 당신의 생일을 잊는다면, 어떻게 반응하실 것입니까?

Sample Response 1

There have been a few occasions in the past when someone has missed my birthday. I usually don't mind because I don't really care about celebrating my birthday anyway. As long as my best friend and my girlfriend remember, then I feel happy.

Sample Response 2

One year my boyfriend forgot my birthday and I felt really upset. I told him how disappointed I was and I could see that he was really upset about it. In the end, he bought me flowers and a pair of earrings. The gifts were nice, but I never fully forgave him for forgetting my birthday.

voca **close** 가까운 | **forget** 잊다, 잊어버리다 | **react** 반응하다 | **occasion** 때, 경우 | **mind** 신경 쓰다, 언짢아하다 **celebrate** 축하하다, 기념하다 | **as long as** ~하는 한 | **upset** 속상한 | **disappointed** 실망한, 낙담한 | **in the end** 결국에는, 마침내는 | **a pair of** 한 쌍의 | **fully** 완전히 | **forgive** 용서하다

STRATEGY POINT 🎙️

30초 동안 목표문장 5개를 말하면 **perfect**! 하지만 우리는 일단 기본적인 답변 문장을 하나 만들어 보도록 하자.

① 주어 일치: you → I
② 동사 일치: would react
③ 의문사에 답하기: felt really upset
④ 종합하기: I felt really upset.

간단히 하나의 문장을 만들었는데, 질문에 있는 부사구를 여기에 그대로 붙이거나, 자신의 경험을 바탕으로 부사구를 덧붙이면 더욱 풍성한 표현이 된다.

⑤ 문장 늘리기: when my boyfriend forgot my birthday one year (어느 해인가 남자친구가 내 생일을 잊었을 때)
⑥ 전체 문장 종합하기: I felt really upset when my boyfriend forgot my birthday one year.

자, 완벽한 하나의 문장을 만듦과 동시에 질문에 정확하게 답변했다. 여기에 하나의 문장을 더하게 되면 Level 7! 경험을 이야기 했다면 당시 상황에 대해 이유라든가 이후 결과 등에 대해 간략히 말해주면 좋을 듯! 모범답안을 참고하여 연구해보도록 하자.

해석

Q4

S1 저는 제 친구들의 생일 중 하나를 잊은 적이 있습니다. 왜냐하면 그 때 제가 휴가 중이었거든요. 하지만, 보통은 제 다이어리에 표시를 해두기 때문에 모두의 생일을 기억하는 편입니다.

S2 사실, 저는 지난 몇 년간 꽤 많은 생일을 잊었어요. 늘상 업무로 인해 매우 바쁘고 굉장히 미안하죠. 다행히도, 제 친구들 대부분이 이해하고 그것에 대해 화를 내지 않아요.

Q5

S1 제가 사촌의 생일을 잊었을 때, 그 다음날 전화를 해서 그녀에게 저녁을 대접했어요. 좋은 시간을 보냈고 그녀는 저를 용서해주었지요.

S2 한 해는 제 아버지의 생신을 잊었어요. 아버지께서 굉장히 실망하셨기에, 제가 정말 애쓰고 있다는 것을 보여드리는, 굉장히 사려 깊은 선물을 사 드렸어요.

Q6

S1 누군가가 내 생일을 잊었던 적이 전에도 몇 번 있었어요. 보통은 언짢아하지 않죠. 왜냐하면 제 생일을 어떤 식으로 축하하는지에 대해서는 별로 신경 쓰지 않거든요. 제 가장 친한 친구와 여자 친구가 기억하는 한, 저는 행복합니다.

S2 언젠가 제 남자 친구가 제 생일을 잊어서 굉장히 화가 났었어요. 제가 얼마나 실망했는지 그에게 말하자, 그는 굉장히 속상해했어요. 결국에는 그가 꽃과 귀걸이를 사주었어요. 선물은 참 좋았지만, 제 생일을 잊은 것에 대해서는 결코 그를 완전하게 용서할 수 없었어요.

Part 4 "Respond to Questions Using the Information Provided" 주어진 자료를 활용하여 질문에 답하기

Questions 7-9 준비시간 30초 / 답변시간 7, 8번 15초, 9번 30초

SCHEDULE FOR STUDENT'S WELCOME DAY
학생 환영회의 날을 위한 계획

10:00 A.M. Main Lecture Hall 오전 10시. 대강연장

The university principal, Roger Cook, will welcome all new students and discuss the university's history and goals for the future.
로저 쿡 학장님이 모든 신입생을 환영하고 학교의 역사와 앞으로의 목표에 대해서 이야기 할 것입니다.

11:00 A.M. Summerbee Hall 오전 11시. 써머비 홀

Angela Davies will speak to students about ways to manage their finances through the academic year and the financial support services offered by the university.
안젤라 데이비스씨가 학생들에게 학기 중에 그들의 재정을 관리하는 방법과 학교에서 제공하는 금융 지원 서비스에 대해 이야기할 것입니다.

1:00 P.M. Grant Gymnasium 오후 1시. 그랜트 체육관

A special buffet style lunch will be available to all students in the gymnasium. Lunch will consist of a variety of salads and sandwiches.
체육관에서 특별 뷔페식 점심이 모든 학생들에게 제공될 것입니다. 점심은 다양한 샐러드와 샌드위치로 구성되어 있을 것입니다.

2:00 P.M. Conference Hall 1 오후 2시. 제 1강연장

Amir Khan, head of Student Services, will talk about the facilities on offer in the city and the surrounding area. (Recommended for overseas students)
학생 서비스 센터의 책임자인 아미르 칸씨가 시와 주변 지역에서 제공하는 시설에 대해 이야기 할 것입니다. (해외 유학생들에게 권고되는 사항임)

3:00 P.M. Department Tours 오후 3시. 학부 견학

Each student will join the head of their specific department for a brief tour of the buildings. 각 학생들은 그들 학부의 책임자를 따라 간단하게 건물들을 둘러보게 될 것입니다.

Narration

Hello, My name is Ji-Nu Paek. I'm a new comer from Korea and have a few questions about the student welcome day. I am hoping you can give me some information.
안녕하세요. 저는 한국에서 온 신입생 지누 백 입니다. 학생 환영식 날에 대해 몇 가지 질문이 있습니다. 도와 주실 수 있나요.

07 Who will be speaking in Summerbee Hall?

써머비 홀에서는 누가 강연을 하나요?

Sample Response 1

Angela Davies will speak in that hall at 11:00.

Sample Response 2

A talk about managing money will be given there by Angela Davies.

voca **manage** 관리하다, 운영하다 | **discuss** ~에 관해 토론하다 | **financial** 재정적인, 금융의 | **support** 지원, 보조

STRATEGY POINT 🎤

주어진 정보를 30초 동안 최대한 정확히 파악하는 것이 중요하다. 질문이 화면에 나오지 않고 음성으로만 들을 수 있다는 것을 명심하자. 정보를 꼼꼼히 파악했다면 이제 질문을 듣고, 15초 동안 질문에서 요구한 정확한 답을 말해 주면 된다. 질문을 그대로 재활용 해서 쉽게 답변 문장을 만들어 볼 수 있다.

① 주어 일치: 질문에 대한 답변이 되는 내용이므로 제공된 **table**에서 해당 정보를 찾는다. Angela Davies
② 동사 일치: will speak in Summerbee Hall
③ 의문사에 답하기: 답변 문장의 주어와 일치한다 Angela Davies
④ 종합하기: Angela Davies will speak in Summerbee Hall.

훌륭한 답변이다. 모범답안을 참조하여 다양한 답변 문장을 연습해 보도록 하자.

 08 Which event is recommended to overseas students?

해외 유학생들의 참여가 권해지는 행사는 어떤 것인가요?

Sample Response 1

That's the talk at 2:00 in Conference Hall 1.

Sample Response 2

The talk in Conference Hall 1 about the facilities on offer in the city and surrounding area is recommended to overseas students.

voca **recommend** 추천하다, 권하다 | **overseas** 해외의, 외국의 | **foreign** 외국의 | **facility** 시설 | **on offer** 제공되는

Sample Responses & Study Strategies for **ACTUAL TEST 5**

09 Can you tell me about the afternoon schedule?

오후 일정에 대해 말씀해 주시겠어요?

Sample Response 1

There will be a buffet on offer in the gymnasium at 1. Then at 2 P.M. Amir Khan will talk about the city's facilities in Conference Room 1 and, at 3 P.M., there will be department tours given by the head of each department.

Sample Response 2

For the afternoon schedule, there's a buffet at 1 o'clock followed by a talk by the head of Student Services, Amir Khan, at 2, and some department tours at 3 to show students around their new departments.

voca **schedule** 스케줄, 일정 ∣ **on offer** 제공되는 ∣ **gymnasium** 체육관 ∣ **facility** 시설 ∣ **tour** 견학

STRATEGY POINT 🎤

질문을 듣자 마자 빨리 주어진 table에서 afternoon schedule에 대한 정보를 찾아야 한다. Table에는 각 행사의 시간이 기재되어 있으므로 이 가운데 오후 시간에 예정되어 있는 행사들을 열거하면 되겠다.

1:00 P.M Grant Gymnasium

A special buffet style lunch will be available to all students in the gymnasium. Lunch will consist of a variety of salads and sandwiches.

2:00 P.M. Conference Hall 1

Amir Khan, head of Student Services, will talk about the facilities on offer in the city and the surrounding area. (Recommended for overseas students.)

3:00 P.M. Department Tours

Each student will join the head of their specific department for a brief tour of the buildings.

이 정보들을 종합하여, There will be a buffet on offer in the gymnasium at 1. Then at 2 P.M. Amir Khan will talk about the city's facilities in Conference Room 1 and, at 3 P.M., there will be department tours given by the head of each department라고 답할 수 있다. 조금은 어려울 수 있지만, 주어진 질문과 찾아낸 정보를 최대한 활용한 단순한 답변이다. 좀 더 고급스러운 답변을 위해 제공된 모범답안을 활용하여 연습해보도록 하자. 9번 문제는 Can you tell me about ~? 형태가 빈번히 나온다는 것을 기억하고 about 뒤의 내용을 빨리 table 속에서 찾아 문장을 만드는 연습을 해야 한다.

해석 ✎

Q7

S1 안젤라 데이비스가 11시에 그 홀에서 강연을 할 것입니다.

S2 돈을 관리하는 것에 대한 강연을 안젤라 데이비스가 할 것입니다.

Q8

S1 그것은 2시에 제 1 강연장에서 있을 강연입니다.

S2 시와 주변 지역에서 제공하는 시설에 관해 제 1강연장에서 있을 강연이 해외 유학생들에게 권고됩니다.

Q9

S1 오후 1시에 체육관에서 뷔페가 제공될 것입니다. 그리고 나서 오후 2시에 아미르 칸 씨가 시의 시설에 대해 제 1강연장에서 강연을 할 것이고, 오후 3시에 각 학과의 책임자의 인솔 하에 학부 견학이 이루어질 것입니다.

S2 오후 일정으로는, 1시 뷔페 식사에 이어 2시에 학생 서비스 센터의 책임자인 아미르 칸 씨의 강연이 있고, 오후 3시에는 학생들을 위한 학부 견학이 있을 것입니다.

Part 5 "Propose a Solution" 해결방안 제시하기

Question 10  준비시간 30초 / 답변시간 60초

In your response, be sure to 대답할 때에는 다음 사항을 반드시 숙지하십시오.

· show that you recognize the problem, and 주어진 과제가 무엇인지 인지하였음을 보여주십시오.

· propose a way of dealing with the problem. 그 과제를 어떻게 다뤄야 하는지 방법을 제시하십시오.

Question Script

Hello, this is Annie Bass. This morning, I received an e-mail saying that you have cancelled my reservation for the Graves Conference Room on the 20th of next month. This must surely be a mistake. This is a very important event and I have already invited over 50 of my firm's most valued clients. Some of them are flying in from overseas for this party and many of them have already booked suites at your hotel. Moreover, I have already personally organized for a jazz band to perform after our meal. This cancellation is unacceptable and I demand to have the room reserved for us as we discussed over a month ago.

안녕하세요. 저는 애니 바스입니다. 다음 주 20일에 그레이브스 회의실에 대한 제 예약을 취소하셨다는 이메일을 오늘 아침에 받았습니다만, 분명히 잘못된 것 같습니다. 이것은 굉장히 중요한 행사이고 저는 이미 제 회사의 중요한 고객 50분을 초청했습니다. 그분들 중 일부는 이 파티를 위해 비행기를 타고 해외에서 오시고, 대부분이 당신의 호텔 스위트룸을 이미 예약했습니다. 게다가, 식사 후에 공연할 재즈 밴드도 제가 개인적으로 이미 조직을 했습니다. 이 취소는 받아들일 수 없습니다. 우리가 한 달 전에 이야기했던 대로, 방을 예약하는 것으로 다시 조치를 취해주실 것을 요청합니다.

voca **cancel** 취소하다 | **reservation** 예약 | **surely** 분명히, 확실히 | **mistake** 실수, 착오 | **already** 이미, 벌써 | **invite** 초대하다, 초청하다 | **valued** 귀중한, 소중한 | **personally** 개인적으로 | **perform** 공연하다 | **cancellation** 취소 | **unacceptable** 받아들일[용납할/인정할] 수 없는 | **demand** 요구하다

Sample Response 1

Unfortunately, the employee that sent the email forgot to include some details. The reason the conference room will be unavailable is that a recent inspection uncovered some problems with the electrical outlets in the room. I'm afraid this room will be of no use to you as the band will not be able to plug in their instruments. The outlets will be repaired by the 21st – the day after your event. We would like to upgrade your booking and offer you the larger and better-equipped Rawlins Room for no extra charge. And we would be happy to offer you a discount on the catering bill to express our apologies.

Sample Response 2

I'm sorry to hear about the misunderstanding, Ms. Bass. Ⓑ The problem is that a building inspection recently uncovered mold in the conference room and it needs to be dealt with as soon as possible. Ⓒ Unfortunately, the room will not be ready in time for your event as it needs to undergo thorough cleaning using some powerful chemicals that leave a very strong smell. We have contacted our other two locations in the city and they are desperately trying to find a room for you. Ⓓ I apologize for this inconvenience. I'll get back to you as soon as possible about the alternative venue, and I'm sure we can book it for you at a reduced price.

voca **unfortunately** 유감스럽게도, 불행히도 | **detail** 세부사항 | **unavailable** 이용할 수 없는 | **inspection** 검사, 점검 | **electrical outlet** 콘센트 | **of no use** 사용할 수 없는 | **extra charge** 추가 요금 | **catering** (행사·연회 등을 대상으로 하는) 음식 공급(음식 공급업) | **misunderstanding** 오해 | **mold** 곰팡이 | **deal with** 처리하다, 다루다 | **as soon as possible** 가능한 빨리 | **in time** (~에) 시간 맞춰(늦지 않게) | **undergo** 겪다, 거치다 | **chemicals** 화학약품 | **desperately** 필사적으로 | **inconvenience** 불편, 애로 | **alternative** 대체의, 대안의 | **venue** (행사) 개최지 | **book** 예약하다

STRATEGY POINT 🎙

답을 할 때에는 항상 정해진 틀에 따라 답하려 노력을 하자. 그리고 중요한 두 가지는, 상대방의 문제를 인식했음을 정확히 말하는 것과 해결책을 필히 제시해야 한다는 점이다!

📝 **기본 format** (STEP 2, 3 필수!)

STEP 1 상대방의 이름, 자기 소개
↓
STEP 2 전화를 건 목적 – 상대방이 말했던 문제점을 요약해서 언급함
– 문제가 생기게 된 상황 설명(원인 또는 변명)
↓
STEP 3 해결책 제시(문제점에 대한 긍정적 해결 방안을 제시한다) – 답변시간 60초의 대부분이 해결책
제시에 할당된다.
↓
STEP 4 끝인사

Point Ⓐ 상대방의 이름과 자기소개: Hello, Ms. Bass. This is ～. 상대방의 full name을 기억하기 어렵다면 성만이라도 기억하여 답변의 첫 부분에서 불러주는 것이 좋다.

Point Ⓑ 전화를 건 목적 말하기: 문제점을 요약해서 언급함으로써 문제 상황에 대해 인식하였음을 표현해야 한다. 문제 상황에 대해서 정확히 듣지 못했거나 명확히 언급할 자신이 없다면, 간단하게 I'm sorry to hear about the misunderstanding 정도라도 말해 주는 것이 좋다.

Point Ⓒ 해결책 제시하기: 가능하면 긍정적으로 문제 상황에 대한 해결 방안을 제시한다.

Point Ⓓ 끝인사: 문제를 유발한 입장이라면 정중한 사과의 말로 마무리하는 것이 좋다.

다양한 문제 상황에 대해 해결책을 제시하는 것은 쉽지 않다. 다양한 상황에 대한 인식과 해결책 제시에 대한 많은 연습이 필요하다. 제공된 모범답안을 참조하여 자기만의 답변을 만들어 연습해보는 것도 좋은 방법! Part 5의 필수 어휘나 표현 정리를 암기하여 활용하는 것도 추천한다.

해석 ✎

S1 유감스럽게도, 그 이메일을 보낸 직원이 세부사항 일부를 포함시키는 것을 잊었습니다. 그 회의실을 이용하실 수 없는 이유는 최근 점검에서 그 회의실의 콘센트에 문제가 있음이 발견되었기 때문입니다. 죄송하지만 밴드가 악기의 전원을 연결할 수 없기 때문에 이 회의실은 이용하실 수 없습니다. 이 콘센트는 21일까지 수리될 예정인데, 고객님의 행사 다음날입니다. 저희가 고객님의 예약을 업그레이드하여, 더 크고 시설이 잘 갖추어진 롤린스 회의실을 추가 요금 없이 제공해 드리고자 합니다. 그리고 사과의 표시로 연회음식에 대한 청구액을 할인해 드리고자 합니다.

S2 오해가 있어서 죄송합니다. 문제는 최근 건물 검사에서 그 회의실에 곰팡이가 핀 것을 발견했고, 가능한 빨리 그것들을 처리해야 합니다. 유감스럽게도, 굉장히 강한 냄새를 남기는 강력한 화학약품을 사용하는 청소를 진행할 필요가 있어, 고객님의 행사일 까지는 회의실이 준비가 되지 않을 것입니다. 저희가 시내의 두 지점에 연락을 하였고, 고객님을 위한 회의실을 찾는데 사력을 다하고 있습니다. 불편을 끼쳐드려 죄송합니다. 대체할 개최지를 찾는 대로 가능한 빨리 고객님께 다시 연락드리겠습니다. 그리고 할인된 가격으로 고객님의 예약을 도와드리도록 하겠습니다.

Part 6 "Express an Opinion" 의견 제시하기

Question 11 ⏰ 준비시간 15초 / 답변시간 60초

As city populations increase, it becomes harder to deal with the increased levels of domestic garbage. Some people think that the government should creat more city garbage dumps. Do you agree or disagree with this idea? Include details and examples to support your explanaton.

인구가 증가함에 따라, 가정의 늘어난 쓰레기를 처리하기가 점점 더 어려워지고 있습니다. 어떤 이들은 정부가 좀 더 많은 쓰레기장을 만들어야 한다고 생각합니다. 당신은 이러한 생각에 찬성합니까, 반대합니까? 구체적인 예를 들어 설명해보세요.

voca **population** 인구 │ **deal with** 처리하다, 다루다 │ **domestic** 국내의, 가정의 │ **effective** 효율적인

Sample Response 1

I think it is a bad idea to simply create more and more new city garbage dumps. Instead of doing this, I believe that people should be encouraged to create less garbage. The government should implement a program where people have to pay more for expensive garbage bags. That way, they'll make more of an effort not to throw so many things away.

Sample Response 2

Ⓐ I personally disagree with the idea. Creating more dumps isn't going to solve the problem. The most effective way to cut down on garbage is to encourage people to recycle more. Ⓑ Currently, there are many people who don't care about recycling in this city. The government should impose harsher penalties on those that don't recycle. Ⓒ If people risk paying a fine for being lazy, I'm sure they will start paying more attention to recycling their garbage.

voca **garbage dump** 쓰레기장 │ **instead of** ~대신에 │ **encourage** 용기를 북돋다, 장려하다 │ **implement** 시행하다 **make an effort to inf.** ~도록 노력하다 │ **throw away** 버리다 │ **cut down** 줄이다, 삭감하다 │ **recycle** 재활용하다 │ **impose** 부과하다 │ **harsh** 가혹한, 냉혹한 │ **penalty** 형벌, 벌금 │ **fine** 벌금 │ **pay attention to** ~에 주의를 기울이다

STRATEGY POINT 🎤

질문의 내용을 파악하고 문제를 읽어주는 동안 이미 brainstorming을 통해 답변 format에 들어갈 내용을 생각하기 시작해야 한다. 준비시간 15초도 현명하게 활용하여 최대한 정돈된 답변을 할 수 있도록 연습해야 한다. Part6의 관건은 유창성에 더하여 논리성이다.

📝 **기본 format**

① **서론**: 화면에 제시된 질문을 그대로 재활용하여 본인의 입장을 밝힌다. 여기서 찬반을 묻는 질문이라면 중립적인 입장보다는 명확히 한 입장을 취하는 것이 좋다. 중요한 한 가지! 두괄식 답변을 하도록 한다.

↓

② **본론**: 두 가지 정도의 근거를 들거나 본인이 경험, 사례를 하나 정도 드는 것이 좋다. 이야기를 만들어 낼 수 있는 순발력도 필요하다.

↓

③ **결론**: 서론의 문장을 재탕! 그대로 말하기 보다는 paraphrasing으로 약간의 변화를 주는 것이 더 좋다

효율적인 방안에 대한 구체적인 의견을 구하는 유형이다. 기본 format에 따라 답안을 만들어 보자.

Point Ⓐ 먼저 질문에 대한 자신의 입장을 명확히 밝힌다. 그리고 그에 대한 이유와 대안을 제시하도록 한다. 두괄식의 구조가 formal한 글쓰기와 말하기의 형태이므로 서두에 본인의 의견을 확실히 제시하도록 한다.

Point Ⓑ 서두의 주장을 뒷받침할 수 있는 논리적인 근거를 2개 이상 제시한다.

Point Ⓒ 서론의 내용을 정리하여 유사한 표현으로 다시 말해 주면 끝!

어휘력이 부족하다면 자신이 알고 있는 어휘를 최대한 활용하여 풀어서 설명할 수 있는 것도 능력이다. 다양한 모범답안들을 공부하여 유용한 표현과 문장을 평소에 익혀두도록 한다. **Practice makes perfect!**

해석 📎

S1 단순히 시에 더 많은 새로운 쓰레기장을 만드는 것은 좋지 않은 생각이라고 봅니다. 대신에, 사람들이 쓰레기를 줄일 것을 장려해야 한다고 생각합니다. 정부는 사람들이 쓰레기봉투에 비싼 값을 지불하게 하는 프로그램을 시행해야 합니다. 그렇게 하면, 너무 많은 쓰레기를 버리지 않기 위해 사람들이 노력을 할 것입니다.

S2 개인적으로 이 의견에 반대합니다. 더 많은 쓰레기장을 만드는 것이 문제를 해결하지 못할 것입니다. 쓰레기를 줄이기 위한 가장 효율적인 방법은 사람들로 하여금 더 많이 재활용하도록 장려하는 것입니다. 현재, 우리 시에는 재활용에 대해 신경을 쓰지 않는 사람들이 많습니다. 정부는 재활용을 하지 않는 사람들에게 심한 벌금을 부과해야 합니다. 사람들이 게으른 것에 대해 벌금을 지불할 위험을 안게 되면, 쓰레기를 재활용하는 데에 더 많은 주의를 기울일 것입니다.

Actual Test 6
& Study Strategies

 ACTUAL_TEST_06.mp3
※ **mp3** 파일을 활용하여 실전 모의고사 1회분을 풀어보고 뒤의 전략 파트를 학습하세요.

Questions 1-2: Read a Text Aloud

Directions: In this part of the test, you will read aloud the text on the screen. You will have 45 seconds to prepare. Then you will have 45 seconds to read the text aloud.

Question 1 of 11

Thank you for calling Stanford Theater. Unfortunately, the box office is currently closed for the national holiday. We will open again on Tuesday, April 23. For information about movie times or special theater offers, please press 1. If you wish to speak to a customer service representative, please press 2. If you require further information about opening hours and upcoming events, please visit our website. Thank you for calling Stanford Theater.

PREPARATION TIME
45 seconds

RESPONSE TIME
45 seconds

For those of you wanting to lose weight this summer, here is some good news. World famous nutritionist and restaurant-owner, Becky Brite, has recently opened a new Eat Right Diet Center in the downtown area of the city. To apply for membership, call Eat Right Diet Center at 555-9923 and get fit for summer.

PREPARATION TIME
45 seconds

RESPONSE TIME
45 seconds

Actual Test 6

TOEIC Speaking

Question 3: Describe a Picture

Directions: In this part of the test, you will describe the picture on your screen in as much detail as you can. You will have 30 seconds to prepare your response. Then you will have 45 seconds to speak about the picture.

PREPARATION TIME
30 seconds

RESPONSE TIME
45 seconds

TOEIC Speaking

Questions 4-6: Respond to Questions

Directions: In this part of the test, you will answer three questions. For each question, begin responding immediately after you hear a beep. No preparation time is provided. You will have 15 seconds to respond to Questions 4 and 5, and 30 seconds to respond to Question 6.

TOEIC Speaking

Question 4 of 11

Imagine that an American marketing firm is doing research in your country. You have agreed to participate in a telephone interview about your personal health.

Q. Do you think that it is important for young people to lead healthy lifestyles?

RESPONSE TIME
15 seconds

Imagine that an American marketing firm is doing research in your country. You have agreed to participate in a telephone interview about your personal health.

Q. What do you do to ensure that you are fit and healthy?

RESPONSE TIME
15 seconds

Imagine that an American marketing firm is doing research in your country. You have agreed to participate in a telephone interview about your personal health.

Q. What are some of the unhealthy habits young people have today?

RESPONSE TIME
30 seconds

Questions 7-9: Respond to Questions Using Information Provided

Directions: In this part of the test, you will answer three questions based on the information provided. You will have 30 seconds to read the information before the questions begin. For each question, begin responding immediately after you hear a beep. No additional preparation time is provided. You will have 15 seconds to respond to Questions 7 and 8, and 30 seconds to respond to Question 9.

Actual Test 6

For 5 Nights Only at the Coconut Lounge, Lucky Seven Casino

Fresh from her sell-out tour of the west coast!

JAZZ SINGER BERNICE WILLIAMS

Tickets cost $75.00 per person (maximum of 3 tickets per booking due to high demand) and include:
- A signed copy of Bernice Williams' new CD
- A bottle of champagne or sparkling wine
- Two hour show featuring Bernice Williams and the Coconut Jazz Quartet

The show begins at 7:00 p.m. from Wednesday July 21st to Sunday July 25th. Call 555-LUCKY7 to reserve tickets.

PREPARATION TIME
30 seconds

Q7.

RESPONSE TIME
15 seconds

Q8.

RESPONSE TIME
15 seconds

Q9.

RESPONSE TIME
30 seconds

Question 10: Propose a Solution

Directions: In this part of the test, you will be presented with a problem and asked to propose a solution. You will have 30 seconds to prepare. Then you will have 60 seconds to speak.

In your response, be sure to
· show that you recognize the problem, and
· propose a way of dealing with the problem.

Narration: (Recorded Voice)

In your response, be sure to
· show that you recognize the problem, and
· propose a way of dealing with the problem.

PREPARATION TIME
30 seconds

RESPONSE TIME
60 seconds

TOEIC Speaking

Question 11: Express an Opinion

Directions: In this part of the test, you will give your opinion about a specific topic. Be sure to say as much as you can in the time allowed. You will have 15 seconds to prepare. Then you will have 60 seconds to speak.

TOEIC Speaking

Question 11 of 11

When asked what the most important invention of the 20th century was, most people choose obvious things like the television, the telephone, the cellular phone or the home computer. Do you agree or disagree with this people? Use details and examples to explain your opinion.

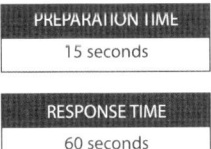

PREPARATION TIME
15 seconds

RESPONSE TIME
60 seconds

Sample Responses & Study Strategies for **ACTUAL TEST 6**

Part 1 "Read a Text Aloud" 지문 낭독하기

Questions 1-2 각 문제 준비시간 45초 / 답변시간 45초 〈 / : 끊어 읽기 **굵은 글씨** : 강조해서 읽기〉

01 자동 응답 메시지

Ⓐ **Thank** you for calling **Stanford Theater**. / Unfortunately, / the **box office** is currently **closed** / for the national **holiday**. Ⓑ We will **open** again on / **Tuesday, April 23**. Ⓒ For information about **movie times** or **special** theater **offers**, / please **press 1**. / If you wish to speak to a **customer service representative**, / please **press 2**. If you require further information about opening hours and upcoming events, please visit our website. Thank you for calling Stanford Theater.

voca **currently** 현재, 지금 | **national holiday** 국경일 | **press** (버튼 등을) 누르다 | **representative** 대표 직원 | **opening hours** 영업시간

STRATEGY POINT 🎙

Point Ⓐ 영화관의 자동 응답 메시지이다. 업체의 자동 응답 메시지는 휴일, 업무 시간을 비롯한 정보를 청자인 고객에게 전달하는 것이 그 목적이므로, 전화를 건 고객들이 이런 정보를 혼동하거나 듣지 못하는 일이 없도록 또박또박 끊어 읽기에 신경 쓰고, 또한 고유 명사나 숫자 등은 특히 강조하여 정확히 정보를 전달하도록 해야 한다. 고유 명사인 업체의 이름과, 현재 영화관이 문을 닫았다라는 정보가 가장 중요하므로 이를 강조하여 읽고, 상대적으로 관사나 전치사는 약하게 읽는 것이 효율적이다. 마침표나 쉼표가 있는 곳에서는 한 박자 쉬어주는 것을 명심하자.

Point Ⓑ 업체가 다시 문을 여는 날짜에 대해 전달하는 문장이다. 요일과 날짜를 명확하게 전달해야 하므로, 너무 급하게 읽지 않도록 하고, 요일이나 숫자는 준비시간에 여러 번 반복하여 읽어봄으로써 응답시간에 잘못 발음하여 당황하는 일이 없도록 하자. 특히 날짜를 읽는 방법에 대해서는 평소에 연습을 해두도록 한다.

Point Ⓒ 자동응답 메시지에서 빠지지 않고 등장하는 표현이다. 원하는 서비스에 따라 각기 다른 번호를 누르도록 안내하는 메시지이므로, 각 업무와 번호를 또렷하게 전달해야 한다. 역시 너무 급히 읽지 않도록 주의하고, 문장이 긴 경우 전치사 앞에서 적절히 끊어 읽는 것도 좋은 방법이다.

해석

Q1 스탠포드 극장에 전화 주셔서 감사합니다. 죄송하지만, 국경일로 인해 매표소가 현재 문을 닫았습니다. 4월 23일 화요일에 다시 문을 엽니다. 영화 상영 시간이나 특별 상영작에 대한 정보를 원하시면 1번을 누르세요. 고객 서비스 담당자와 대화를 원하시면 2번을 누르세요. 개장 시간이나 향후 행사에 관한 추가 정보를 원하시면 저희 웹사이트를 방문해 주세요. 스탠포드 극장에 전화 주셔서 감사합니다.

02 광고문

Ⓐ For those of you wanting to **lose weight** this summer, / here is some **good news**. Ⓑ World famous **nutritionist** and **restaurant-owner**, / **Becky Brite**, / has recently **opened** a new **Eat Right Diet Center** / in the **downtown** area of the city. Ⓒ To apply for **membership**, / **call** Eat Right Diet Center / at **555-9923** / and get fit for summer.

voca **lose weight** 살이 빠지다 | **nutritionist** 영양학자 | **apply for** ~에 지원하다, ~을 신청하다

STRATEGY POINT 🎤

Point Ⓐ 다이어트를 원하는 사람들을 대상으로 한 광고문이다. 광고문의 특성상 소비자가 될 수 있는 청자들의 관심을 끄는 매력적인 어조로 밝고 호소력 있게 전달한다면 더욱 좋겠다.

Point Ⓑ 광고하고 있는 제품이나 업체를 소개할 때에는 고유명사에 해당하는 업체명, 제품명, 인명 등을 명확히 전달하는 것이 중요하므로, 이를 또박또박 읽도록 하고, 준비시간을 십분 활용하여 어려운 발음은 여러 번 연습해 볼 필요가 있다.

Point Ⓒ 지문의 후반부에 제시되는 권유/제안/요청 사항이다. 전화번호나 이메일 주소 등 특정 정보가 제공되는 부분이므로 이 역시 명확하게 전달하는 것이 중요하다. 빨리 읽는 것보다 정확하게 전달하는 것이 중요하다는 것을 잊지 말자! 여기에서처럼 동일한 숫자를 연속해서 읽어야 할 경우에는 발음하기가 어려울 수 있으므로 충분히 연습하도록 한다.

해석

Q2 올 여름 살을 빼고 싶으신 분들에게 여기 좋은 소식이 있습니다. 세계적으로 유명한 영양학자이자 레스토랑 소유자인 베키 브라이트 씨가 그녀의 새로운 잇 라잇 다이어트 센터 하나를 시내에 열었습니다. 회원권을 신청하려면, 555-9923 잇 라잇 다이어트 센터로 전화 주셔서 여름을 위해 건강한 몸을 만들어 보세요.

Part 2 "Describe a Picture" 사진 묘사하기

Question 3 준비시간 30초 / 답변시간 45초

Sample Response 1

In this picture, we see a man standing high up on a hill and looking out across a lake and the countryside. He is standing on a rocky surface so it seems that this is a mountain of some sort. The man is probably a hiker as he is wearing hiking shoes and carrying a backpack. Even though the sky is overcast, Ⓔ the weather must be fairly warm as he is wearing shorts and a short-sleeved shirt.

Sample Response 2

Ⓐ This is a picture taken from the top of a mountain, and this area has fantastic views of a lake. Ⓒ There is a man standing on the mountain admiring the fantastic view in front of him. Ⓑ He is wearing hiking gear so he is probably a fairly experienced hiker. Ⓓ To the left is another mountain of roughly equal height. In the distance we can see green land, possibly fields or forests. Ⓔ There also seems to be some towns or villages.

voca **look out** ~을 내다보다 ∣ **surface** 표면 ∣ **overcast** 구름이 낀, 날이 흐린 ∣ **fairly** 꽤 ∣ **admire** 감상하다 ∣ **experienced** 경험이 많은, 노련한 ∣ **roughly** 대략

STRATEGY POINT 🎙

사람이 있는 문제의 기본 format을 사용하자.

📋 **기본 format**

STEP 1 사진의 내용을 한 문장으로 집약

STEP 2 주인공의 차림새와 외모에 대해 설명 (여러 명일 때에는 위치별 인물 설명)

STEP 3 주인공의 행동을 상세히 묘사

STEP 4 주인공 이외의 것들에 대해 언급(배경 사항)

STEP 5 마무리(추측 문장 강추!)

Point ⓐ 사진을 한 문장으로 요약하기: 전체 사진 묘사 시 유용한 This is a picture (of) ~로 시작하면 첫 문장을 쉽게 말할 수 있다.

Point ⓑ 인물의 차림새와 외모 설명하기: 단순히 "하이킹 장비를 입고 있다"라고 말하기는 어렵지 않다. 여기에 추측성 문장을 하나 더 해 보면 그럴듯한 문장이 된다!

Point ⓒ 인물의 행동 묘사하기: There is a man standing on the mountain과 He is admiring the fantastic view in front of him의 두 문장을 현재분사(-ing)를 이용하여 하나의 문장으로 연결하면, 이것만으로도 훨씬 세련된 표현을 할 수 있다. 그러므로 연습을 통해 문장력을 키우도록 하자.

Point ⓓ 인물 이외의 것들 언급하기: 인물 이외의 배경으로는 산과 호수와 구름이 보인다. 이것들을 적절히 활용하여 문장을 만들어보자. 배경묘사 시, in the middle (of the picture), on either side of the street, on the left[right], in the background (of the picture) 등의 전치사 표현을 활용하면 훨씬 쉽게 문장을 끌어낼 수 있다.

Point ⓔ 미무리: 추측성 문장으로 미무리하는 것을 추천하나, 배경 묘사도 마무리를 해도 무관하다.

모범답안을 활용하여 자신만의 사진 묘사 문장을 만들어보자!

해석 ✎

S1 이 사진에서, 우리는 언덕 위에 서서 호수와 시골길을 바라다보는 남자를 볼 수 있습니다. 남자가 바위 위에 서 있는 것으로 보아 산이나 그런 종류의 무엇인가로 보입니다. 남자가 등산화를 신고 배낭을 메고 있으므로 아마도 등산객인 것 같습니다. 비록 하늘에 구름이 많이 덮여 있지만, 날씨는 꽤 따뜻한 것임이 분명합니다. 왜냐하면 남자가 반바지와 반팔 셔츠를 입고 있기 때문입니다.

S2 이 사진은 산꼭대기에서 찍은 것으로, 여기에서는 호수의 환상적인 경치를 볼 수 있습니다. 산 위에 한 남자가 서 있는데 그 앞에 펼쳐진 환상적인 경관을 감상하고 있습니다. 산악 장비를 입고 있는 것으로 보아 꽤 숙련된 등산객인 것 같습니다. 왼쪽으로는 거의 같은 높이의 산이 있습니다. 꽤 멀리에 녹색의 대지를 볼 수 있는데, 아마도 들판이나 숲인 것 같습니다. 또한 마을이나 촌락들이 있는 것 같습니다.

Part 3 **"Respond to Questions"** 질문에 답하기

Questions 4-6 각 문제 준비시간 없음 / 답변시간 4 · 5번 15초, 6번 30초

Situation

Imagine that an American marketing firm is doing research in your country. You have agreed to participate in a telephone interview about your personal health.

미국의 한 마케팅 회사가 당신의 나라에서 설문조사를 한다고 가정해 봅시다. 당신은 개인적인 건강에 관한 전화 인터뷰에 응하기로 동의했습니다.

04 Do you think that it is important for young people to lead healthy lifestyles?

청년들이 건강한 삶의 방식을 영위해 가는 것이 중요하다고 생각합니까?

Sample Response 1

Yes, definitely. If I don't take care of myself when I am young, I run the risk of suffering from medical conditions later in life that could have been avoided.

Sample Response 2

I think it is very important. I plan to have children once I get married, and I want to live long enough to see them grow up and have children of their own.

voca **lead** 이끌다, 선도하다 | **definitely** 명백히, 분명히 | **take care of** ~을 돌보다 | **run the risk** 위험을 무릅쓰다 **suffer from** ~로 고통을 겪다

STRATEGY POINT 🎙️

15초 동안 3개 이상의 문장을 말하는 것이 좋다. 질문을 그대로 활용하여 보다 쉽게 답변 문장을 만들어 보도록 하자.

① 일반 의문문은 Yes / No 답변이 필요하다. Yes로 답하는 것이 답을 말하기가 쉬운 경우가 많다.
② 주어 일치: you → I
③ 동사 일치: think that it is important for young people to lead healthy lifestyles
④ 종합하기: Yes, I think that it is important for young people to lead healthy lifestyles.

자, 이제 완벽한 하나의 문장을 만듦과 동시에 질문에도 정확하게 답변하였다. 이제 여기에 덧붙여, 이렇게 생각하는 이유나 구체적인 예를 들어보면 더 훌륭한 문장이 될 수 있다.

⑤ 문장 늘리기: because I want to live long enough to see my children grow up (왜냐하면 우리 아이들이 자라는 것을 볼 정도로 오래 살기를 원하기 때문에)
⑥ 전체 문장 종합하기: Yes, I think it is important, because I want to live long enough to see my children grow up.

일단 초보자의 입장에서 완벽한 복문 만들기에 성공했으니, 나머지 추가 문장은 모범답안을 참고하여 만들어 보도록 하자.

---

05 **What do you do to ensure that you are fit and healthy?**

당신은 건강을 유지하기 위해 무엇을 하나요?

Sample Response 1

I exercise every morning and eat healthily throughout the day. I try to avoid junk food and probably only eat it about once a month. Also, I take vitamin supplements on a daily basis.

Sample Response 2

Due to my busy work schedule it's sometimes difficult for me to find the time to exercise. Instead, I always take the stairs instead of the elevator, and I eat lots of fresh fruit and vegetables.

voca **exercise** 운동하다 │ **throughout** (기간 동안) 내내 │ **avoid** ~을 피하다 │ **once a month** 한 달에 한 번 │ **take supplements(medicines)** 보충제(약)을 섭취하다 │ **on a daily basis** 매일매일 │ **due to** ~ 때문에 │ **instead of** ~대신에

STRATEGY POINT 🎤

15초 동안 목표문장 3개를 말해 주면 좋다. 질문을 그대로 재활용해 쉽게 하나의 문장을 만들어 보자.
① 주어 일치: you → I
② 동사 일치: do to ensure I am fit and healthy
③ 의문사에 답하기: by calling her the next day and offering to take her out for dinner
④ 종합하기: I exercise to ensure I am fit and healthy.

하나의 완벽한 문장을 만들었다. 여기에 "얼마나 자주" 혹은 "어떤" 운동을 하는지 덧붙여 주면 더 근사한 표현이 된다.
⑤ 문장 늘리기: every morning (매일)
⑥ 전체 문장 종합하기: I exercise every morning to ensure I am fit and healthy.

이로써 멋진 문장을 완성했다. 이에 더하여 운동 이외에도 건강에 좋은 음식을 먹는다거나 하는 문장을 말해주면 더 좋은 점수를 받을 수 있다. 모범답안을 활용하여 자신만의 문장을 만들어 보는 것도 좋은 방법!

06 What are some of the unhealthy habits young people have today?

요즈음 젊은이들이 가지는 건강에 좋지 않은 습관들로는 어떤 것들이 있나요?

Sample Response 1

I think these days one of the biggest problems is the increased use of online chatting. A lot of people simply sit at home and talk online instead of actually going out to meet friends. This can make people lazy and lead to weight gain. Also, a lot of people these days have busy lives and choose fast food over healthy home-cooked food, which eventually will have an impact on their health.

Sample Response 2

A lot of young people, such as students, spend a lot of time going to bars and drinking excessive amounts of alcohol. While this can be fun, many of them don't realize that alcohol is full of calories, and that excessive drinking can lead to serious medical problems. In addition to this, many people smoke cigarettes, which is a very unhealthy habit.

voca **unhealthy** 건강치 않은, 건강에 좋지 않은 | **instead of** ~하는 대신에 | **lazy** 게으른 | **gain weight** 몸무게가 늘다, 살이 찌다 | **eventually** 마침내 | **have an impact on** ~에 영향을 끼치다 | **spend** 시간 (**in**) **-ing** ~하는데 시간을 보내다 | **excessive** 과도한 | **be full of** ~로 가득 찬 | **lead to** ~을 초래하다

STRATEGY POINT 🎤

30초 동안 목표문장 5개를 말하면 perfect! 하지만 우리는 일단 기본적인 답변 문장을 하나 만들어 보도록 하자.
① 주어 일치: young people
② 동사 일치: have unhealthy habits
③ 의문사에 답하기: like spending a lot of time going to bars and drinking too much alcohol.
④ 종합하기: Young people today spend a lot of time going to bars and drinking too much alcohol.

훌륭한 문장이다. 여기에 필요한 내용을 덧붙이면 금상첨화!
⑤ 문장 늘리기: In my opinion, (a lot of young people), such as students, ~
⑥ 전체 문장 종합하기: In my opinion, a lot of young people, such as students, spend a lot of time going to bars and drinking excessive amounts of alcohol.

기본적인 문장에서 시작했지만, 살을 붙이다 보니 이렇게 훌륭한 문장이 되었다. 중요한 것은 질문에 단답형으로 단어 하나만 던지지 말고, 문장 구조를 갖추어 답변하는 것이다. 여기에 조금씩 살을 붙여 풍성한 표현을 만드는 것은 연습하기에 달려있다.

해석

Q4

S1 네, 물론입니다. 젊을 때 제 건강을 보살피지 않는다면, 피할 수도 있었던 건강 문제로 노년에 고통을 겪어야 하는 위험을 무릅쓰게 될 것입니다.

S2 매우 중요하다고 생각합니다. 저는 결혼을 하면 아이를 가질 계획이고, 그 아이들이 자라서 그들의 아이들을 갖는 것을 볼 때까지 오래 살고 싶어요.

Q5

S1 저는 매일 아침 운동을 하고 하루 종일 건강하게 먹습니다. 저는 패스트푸드를 먹지 않으려고 노력하고 있으며, 아마 한 달에 한 번 정도 그것을 먹을 것입니다. 또한, 비타민 보충제를 매일 먹고 있습니다.

S2 바쁜 업무 일정으로 어떤 때는 운동할 시간을 갖기가 어렵습니다. 그 대신에, 저는 승강기 대신 계단을 이용하고, 신선한 과일과 야채를 많이 먹습니다.

Q6

S1 요즘 가장 큰 문제 중 하나는 온라인 채팅 사용의 증가라고 생각합니다. 많은 사람들이 친구를 만나러 실제로 나가는 대신에, 그냥 집에 앉아서 온라인 상으로 이야기를 합니다. 이것은 사람들을 게을러지게 하고 몸무게가 늘게 합니다. 또한, 요즘 많은 사람들은 바쁜 일상을 살기 때문에 집에서 만든 건강에 좋은 음식 대신에 패스트푸드를 선택합니다. 이것은 결과적으로 그들의 건강에 악영향을 끼치게 됩니다.

S2 학생들을 위시한 많은 젊은이들이 많은 시간을 바에 가서 과도한 양의 술을 마시는데 보냅니다. 이것이 즐거울 수는 있겠지만, 많은 이들이 술이 칼로리로 가득 채워져 있다는 것을 인식하지 못합니다. 그리고 그렇게 과한 음주가 심각한 건강 문제를 초래한다는 것도 인식하지 못합니다. 이에 더하여, 많은 사람들이 흡연을 하는데, 이것은 건강에 굉장히 좋지 않은 습관입니다.

Part 4 "Respond to Questions Using the Information Provided" 주어진 자료를 활용하여 질문에 답하기

Questions 7-9 ⏰ 준비시간 30초 / 답변시간 7 · 8번 15초, 9번 30초

For 5 Nights Only at the Coconut Lounge, Lucky Seven Casino
Lucky Seven 카지노의 Coconut Lounge 5일간의 단독 야간 공연

Fresh from her sell-out tour of the west coast!
그녀의 서해안 매진 투어의 신선함을 만끽하세요!

JAZZ SINGER BERNICE WILLIAMS 재즈가수 Bernice Williams

Tickets cost $75.00 per person (maximum of 3 tickets per booking due to high demand) and include:
티켓가격은 인당 75달러 (수요가 많아 예매시 최대 3장만 구매가능)이고 이하의 내용이 포함됨:

- **A signed copy of Bernice Williams' new CD**
  Bernice Williams의 사인이 담겨 있는 신반
- **A bottle of champagne or sparkling wine**
  샴페인 또는 스파클링 와인 한 병
- **Two hour show featuring Bernice Williams and the Coconut Jazz Quartet**
  Bernice Williams와 Coconut Jazz 4인조가 출연하는 2시간의 쇼

The show begins at 7:00 p.m. from Wednesday July 21st to Sunday July 25th.
공연은 7월 21일 수요일부터 25일 일요일까지 저녁 7시에 시작합니다

Call 555-LUCKY7 to reserve tickets.
예약하시려면 555– LUCKY7으로 전화주세요.

 **Narration**

Hi. I am interested in the BERNICE WILLIAMS' show and I have a few questions about it. I hope you can help me.

안녕하세요. 저는 BERNICE WILLIAMS의 쇼에 대해 관심이 있습니다. 몇 가지 문의사항이 있는데 당신이 도와주실 수 있었으면 합니다.

07 Whereabouts in the casino will Bernice Williams be appearing?

카지노의 어디에서 Bernice Williams가 등장하나요?

Sample Response 1

We have a function room called the Coconut Lounge, and that is where she will perform while the guests enjoy some complimentary drinks.

Sample Response 2

She will appear in the Coconut Lounge, along with the Coconut Jazz Quartet.

voca **whereabouts** 어디쯤에서 | **complimentary** 무료의 | **Quartet** 4중주, 4인조 | **accompany** 동반하다

STRATEGY POINT

30초 동안 주어진 정보를 최대한 정확하게 파악하는 것이 중요하다. 그리고 Part 4는 질문이 음성으로만 나온다는 것을 명심하자. 주어진 정보를 바탕으로 정확히 답만 해주면 되기 때문에 오히려 Part 4가 Part 3 보다 부담이 없다. 정보를 정확히 파악했다면, 이제 질문을 듣고서 15초 동안 정확한 답을 말해 주면 된다. 질문을 그대로 재활용 해서 쉽게 답변 문장을 만들어 볼 수 있다.

① 주어 일치: Bernice Williams
② 동사 일치: will appear
③ 의문사에 답하기: in the Coconut Lounge
④ 종합하기: Bernice Williams will appear in the Coconut Lounge.

훌륭한 문장을 하나 만듦과 동시에 질문에 정확한 답까지 했다. 위의 모범 답안을 참조하여 다른 형태의 답변들도 연구해보자.

 08 I'd like to book five tickets. Is that okay?

표 5매를 예매하려고 하는데요, 가능한가요?

Sample Response 1

I am afraid that tickets are limited to three per booking. This is because we expect a very high demand for these shows.

Sample Response 2

I am sorry but you can only book three tickets at a time, so you'll need to ask one of the other people in your group to make a separate booking.

voca **book** 예약하다, 예매하다 | **limited** 제한된, 한정된 | **per** ~마다 | **demand** 수요 | **at a time** 한 번에, 한꺼번에 | **separate** 분리된, 따로 떨어진

STRATEGY POINT 🎤

답변시간 15초가 지나면 또 다음 문제가 음성으로 나오게 된다. 집중하여 질문의 의도를 파악해야 한다. 이 문제는 주어진 정보를 근거하여 간단하지만 논리적인 판단을 내릴 수 있는지 확인하고 있다. 질문을 최대한 재활용 하는 것이 방법이다.

① Be동사 의문문이므로 Yes / No 답변이 가능하다. 주어진 table에서 해당 정보를 찾아 답한다.

② 주어 일치: tickets

③ 동사 일치: 주어진 table의 내용상 답변은 No가 되므로, 모범 답안과 같이 are limited to 정도로 쓰는 것이 바람직하다.

④ 종합하기: I'm afraid, tickers are limited to three per booking.

No라고 직접적으로 답변하는 것보다는 "유감스럽지만,"이라는 우회적인 표현을 쓰는 것이 더 좋다. 위의 모범답안을 참조하여 다른 형태의 답변들도 연구해보자.

 How much is the show per person and what is included in the ticket price?

공연은 인당 얼마이고 티켓 가격에는 무엇이 포함되나요?

Sample Response 1

Tickets for the show are $75 per person. With this, you will get to see the Bernice Williams show in the Coconut Lounge featuring the Coconut Jazz Quartet. The ticket price also includes a signed CD and your choice of champagne or sparkling wine.

Sample Response 2

Tickets cost seventy-five dollars each and include access to the Coconut Lounge and a complimentary bottle of champagne or wine. You will also be provided with a signed copy of the artist's new CD. And, of course, the price includes the performance by Bernice Williams and the Coconut Jazz Quartet.

voca **include** 포함하다 | **per** ~당, ~마다 | **access** 접근(권한) | **complimentary** 무료의 | **performance** 공연
provide A with B A에게 B를 제공하다

STRATEGY POINT 🎤

질문을 듣자 마자 주어진 table에서 included와 ticket price가 제시된 곳을 빨리 찾아야 한다.

Tickets cost $75.00 per person (maximum of 3 tickets per booking due to high demand) and include:
- A signed copy of Bernice Williams' new CD
- A bottle of champagne or sparkling wine
- Two hour show featuring Bernice Williams and the Coconut Jazz Quartet.

표의 중반에서 위의 정보를 찾았다면, 이제 답을 어떻게 해야 할지 생각해보자. 찾아낸 정보를 최대한 활용하는 연습을 하자.

Tickets for the show are $75 per person. With this, you will get to see the Bernice Williams show in the Coconut Lounge featuring the Coconut Jazz Quartet. The ticket price also includes a signed CD and your choice of champagne or sparkling wine.

조금은 어려울 수 있다. 주어진 질문과 찾아낸 정보 속의 단어들을 최대한 활용한 단순한 답변이다. 초보자가 할 수 있는 방법으로는 최고의 답변을 만듦과 동시에 질문에 정확히 답했다. 위의 모범답안을 참조하여 다른 형태의 답변들도 연구해보자.

해석

Q7
S1 저희는 코코넛 라운지라고 불리는 특별실이 있습니다. 바로 그 곳에서 그녀가 공연을 할 것이고 고객님들이 무료 음료를 즐기실 수 있습니다.
S2 그녀는 코코넛 재즈 4인조와 함께 코코넛 라운지에 등장할 것입니다.

Q8
S1 죄송하지만 예매 시 표는 3매까지로 제한되어 있습니다. 이 공연에 많은 수요가 예상되어서요.
S2 죄송하지만 한 번에 3매까지만 예매하실 수 있습니다. 고객님의 일행 중 다른 분에게 부탁해서 따로 구매를 하셔야 할 것 같습니다.

Q9
S1 본 공연의 티켓은 인당 75달러입니다. 이것으로, 고객님께서는 Coconut Lounge에서 있을 Bernice Williams의 공연을 보실 수 있는데, Coconut Jazz 4인조도 등장합니다. 티켓의 가격은 사인 CD를 포함하고 샴페인과 스파클링 와인 중에서 택일하실 수 있습니다.
S2 티켓은 각 75달러이고 그것으로 Coconut Lounge에 출입하실 수 있습니다. 샴페인과 와인 중 무료로 한 병을 가져가실 수 있습니다. 가수의 새 사인 CD도 받으실 수 있고, 물론 Bernice Williams와 Coconut Jazz 4인조의 공연도 즐기실 수 있습니다.

Part 5 "Propose a Solution" 해결방안 제시하기

Question 10 ⏰ 준비시간 30초 / 답변시간 60초

In your response, be sure to 대답할 때에는 다음 사항을 반드시 숙지하십시오.

· show that you recognize the problem, and 주어진 과제가 무엇인지 인지하였음을 보여주십시오.

· propose a way of dealing with the problem. 그 과제를 어떻게 다뤄야 하는지 방법을 제시하십시오.

 **Question Script**

Good morning. My name is Bob Kendall. Earlier today, I rented a car from your downtown location. Unfortunately, while driving along Highway 401 near Barrie, I was pulled over by the police. They only stopped me for a routine check, but when they asked for my license, the car ownership certificate, and the insurance papers, I suddenly realized that I didn't have my driver's license. I'm sure I remember showing it to one of your employees and I think that he may have forgotten to give it back to me. I am now in the Barrie Police Headquarters and they say if I cannot produce my license by 5 p.m., then I may face charges and they will seize the car. Can you tell me if I left it with you?

좋은 아침입니다. 제 이름은 밥 캔덜입니다. 오늘 오전, 당신 회사의 시내 지점에서 차 한대를 빌렸습니다. 유감스럽게도, Barrie 근처의 401번 고속도로를 달리던 중에, 경찰에 의해서 정차하게 되었습니다. 단지 일상적인 검문으로 저를 세웠던 것인데, 그들이 제 면허증과 차량 소유증서, 보험증서를 요구했을 때 제가 면허증을 가지고 있지 않다는 것을 알게되었습니다. 제가 분명히 당신의 직원 중 하나에게 보여준 것으로 기억하는데, 아마도 그가 저에게 면허증을 돌려주는 것을 잊은 것 같습니다. 저는 지금 Barrie 경찰서 본부에 있는데, 오후 5시까지 제 면허증을 제시하지 않으면 벌금을 물어야 하고 차량도 압류된다고 하네요. 제가 면허증을 당신의 지점에 두고 왔다고 얘기해 줄 수 있나요?

voca **rent** (사용료를 내고 단기간) 빌리다 | **pull over** (정차하거나 다른 차가 지나가도록) 길 한쪽으로 빠지다(차를 대다) | **routine check** 정기 검사, (경찰의) 일상적인 검문 | **produce** (…에서) 꺼내 보이다; 보여 주다 | **seize** 압수(몰수)하다

Sample Response 1

Ⓑ I'm very sorry to hear about your situation Mr. Kendall. I'm not sure if you left your license here or not, but I will look for it immediately. If I find it maybe I could fax a copy to the police station. If they need to see your actual license, perhaps I can send one of our workers over with it by car. However that may take a while. Also, if we cannot find it then I will try to speak to one of the police officers there and explain the situation. Hopefully I will be able to persuade him to let you go.

Sample Response 2

Oh, that's bad news! Ⓒ I really don't think you left your license here but I will have a look. We took your license just to make a copy but I'm sure it was given back to you. Maybe I could email the scan we took of your license to the police station? That might be sufficient for now until you can locate the missing license. If that is acceptable, please let me know. Ⓓ Anyway, I'll go and have a good look for the license and speak to the staff member who made the photocopy. Talk to you soon.

voca **look for** ~을 찾다 | **immediately** 즉시 | **take a while** 시간이 걸리다 | **persuade A to do** ~하도록 A를 설득하다 | **have a look** ~을 한 번 보다 | **make a copy** 복사하다 | **sufficient** 충분한 | **acceptable** 받아들일 수 있는(허용할 수 있는)

STRATEGY POINT 🎙️

답을 할 때에는 항상 정해진 틀에 따라 답하려 노력을 하자. 그리고 중요한 두 가지는, 상대방의 문제를 인식했음을 정확히 말하는 것과 해결책을 필히 제시해야 한다는 점이다!

📋 **기본 format** (STEP 2, 3 필수!)

STEP 1 상대방의 이름, 자기 소개
↓
STEP 2 전화를 건 목적 – 상대방이 말했던 문제점을 요약해서 언급함
          – 문제가 생기게 된 상황 설명(원인 또는 변명)
↓
STEP 3 해결책 제시(문제점에 대한 긍정적 해결 방안을 제시한다) – 답변시간 60초의 대부분이 해결책
          제시에 할당된다.
↓
STEP 4 끝인사

Point Ⓐ 상대방의 이름과 자기소개: Hello, Mr. Kendall. This is ~. 상대방의 이름을 언급해주는 것이 좋다. Full name을 기억하기 어렵다면, last name만이라도 기억하도록 노력하자. 생소한 고유명사인 이름을 잘 기억하기 위해서는 이름을 들었을 때 두 세 번 반복해서 소리 내어 말해보는 것이 좋다. 다만, 이름 기억하는 것에 너무 매달려 있다가는 뒤이어 나오는 중요한 문제 상황에 대해 놓치기 쉽기 때문에 주의해야 한다.

Point Ⓑ 전화를 건 목적 말하기: 여기에서는 문제점을 인식하였음을 전하고 문제가 발생한 원인에 대해 말하는 것이 바람직하다. 하지만 명확하게 문제 상황에 대해서 말하기가 어렵다면, "I'm very sorry to hear about your situation Mr. Kendall."이라고 말하면서 간단한 유감을 표하는 것도 좋은 방법이다.

Point Ⓒ 해결책 제시하기: 모범답안을 꼼꼼히 분석하여 본인만의 완벽한 답안을 다시 구성해보는 연습을 반복한다면 Part 5 역시 정복할 수 있을 것이다.

Point Ⓓ 끝인사: 문제를 유발시킨 입장이라면 다시 한 번 정중한 사과의 말을 하면서 마무리하는 것도 좋지만, 상황에 대한 마무리를 하는 것도 바람직한 방법 중 하나이다.

해석 📎

S1 굉장히 유감입니다 캔델씨. 고객님께서 이곳에 면허증을 두고 가셨는지 현재 알 수 없지만, 즉시 찾아보도록 하겠습니다. 제가 그것을 찾으면 경찰서로 복사본을 팩스로 보내겠습니다. 경찰들이 고객님의 면허증을 직접 보아야 한다면, 저희 직원 중 하나에게 그것을 전하도록 하겠습니다. 하지만, 시간이 좀 걸릴 것입니다. 또한, 만약 제가 면허증을 찾지 못하면, 경찰과 이야기를 해서 상황을 설명하도록 하겠습니다. 고객님을 가실 수 있게 제가 경찰을 설득할 수 있었으면 좋겠네요.

S2 오, 유감이군요! 고객님께서 이 곳에 면허증을 두고 가셨는지 모르겠지만 제가 한 번 찾아보겠습니다. 저희가 사본을 만들기 위해 고객님의 면허증을 가지고 갔지만, 아마 돌려드렸으리라고 생각됩니다. 저희가 가지고 있는 고객님의 면허증 사본을 경찰서에 이메일로 보내도 될까요? 그것이 어쩌면 현재로서는 효율적일 것 같습니다. 고객님께서 분실하신 면허증을 찾기 전까지는요. 그렇게 할 수 있다면, 저에게 알려주세요. 여하튼, 제가 가서 고객님의 면허증을 찾아보겠습니다. 그리고 복사를 했던 직원과도 이야기해보겠습니다. 곧 다시 연락드리죠.

Part 6 "Express an Opinion" 의견 제시하기

Question 11 ⏰ 준비시간 15초 / 답변시간 60초

When asked what the most important invention of the 20th century was, most people choose obvious things like the television, the telephone, the cellular phone or the home computer. Do you agree or disagree with this people? Use details and examples to explain your opinion.

대부분의 사람들은 20세기의 가장 중요한 발명품이 무엇이냐고 질문을 받으면 텔레비전이나 전화, 휴대폰이나 가정용 컴퓨터와 같은 것들을 선택합니다. 당신은 이들의 생각에 동의합니까, 아님 이의가 있습니까? 구체적인 예를 들어 설명해보세요.

voca invention 발명품 | **significant** 현저한, 훌륭한, 뛰어난

Sample Response 1

Ⓐ I don't think it is true. A lot of people seem to forget that the first powered, controlled airplane was invented and successfully tested at the beginning of the 20th century.   Ⓑ Even though airplane prototypes had been tested before this point, the Wright Brothers finally managed to invent a plane that could be controlled and maintain a sustainable flight.   Ⓒ This invention has allowed us to travel great distances, and it has had a huge influence on warfare and aeronautical engineering.

Sample Response 2

I don't agree with this people. I think the most overlooked invention of the 20th century is undoubtedly the electric-powered vacuum cleaner. Most of us take vacuum cleaners for granted, but before they were invented, people used to have to spend many hours cleaning floors and furniture. Since it was patented in 1901, it has seen many technological advances, and a vacuum cleaner can now be found in most homes. But, even though it makes the lives of everyone so much easier, few people seem to appreciate its usefulness.

voca powered 전동의 | **successfully** 성공적으로 | **prototype** 원형 | **sustainable** (오랫동안) 지속할 수 있는 | **allow A to do** A가 ~하는 것을 허락하다 | **have a (huge) influence on** ~에 (엄청난) 영향을 끼치다 | **warfare** 전쟁, 전투 | **aeronautical engineering** 항공 공학 | **overlooked** 간과된 | **undoubtedly** 의심할 여지 없이 | **vacuum** 진공의 | **take something for granted** ~을 당연하게 여기다 | **used to inf.** ~하곤 했다 | **spend** 시간 **(in) -ing** ~하는데 시간을 보내다 | **patent** 특허권을 주다

STRATEGY POINT 🎤

질문의 내용을 파악하고 문제를 읽어주는 동안 이미 brainstorming을 통해 답변 format에 들어갈 내용을 생각하기 시작해야 한다. 준비시간 15초도 현명하게 활용하여 최대한 정돈된 답변을 할 수 있도록 연습해야 한다. Part 6의 관건은 유창성에 더하여 논리성이다.

📝 **기본 format**

① **서론:** 화면에 제시된 질문을 그대로 재활용하여 본인의 입장을 밝힌다. 여기서 찬반을 묻는 질문이라면 중립적인 입장보다는 명확히 한 입장을 취하는 것이 좋다. 중요한 한 가지! 두괄식 답변을 하도록 한다.

↓

② **본론:** 두 가지 정도의 근거를 들거나 본인이 경험, 사례를 하나 정도 드는 것이 좋다. 이야기를 만들어 낼 수 있는 순발력도 필요하다.

↓

③ **결론:** 서론의 문장을 재탕! 그대로 말하기 보다는 paraphrasing으로 약간의 변화를 주는 것이 더 좋다

의견을 제시해야 하는 문제이다. 기본 format에 따라 답안을 만들어 보자.

Point Ⓐ 일단 질문을 활용하여 답변을 하는데, 자신의 의견을 제시해야 하기 때문에 준비 시간에 brainstorming을 통하여 최대한 전체 글의 구조를 구성할 수 있어야 한다. 모범답안에서는 "최초의 전동 비행기의 발명"이라는 새로운 의견을 제시했다.

Point Ⓑ 첫 번째 문장으로 제시한 자신의 의견을 뒷받침할 수 있는 근거나, 구체화시킬 수 있는 예시를 들어주는 것이 좋다. 평소에 다양한 주제에 관하여 의견을 정리해 보는 것도 도움이 되겠다.

Point Ⓒ 보통은 처음 제시했던 주제문을 그대로 말하거나 동의어로 살짝 변화하여 다시 말하는 것이 일반적이나, 의견을 제시하는 이러한 형태의 문제에는 그에 적절한 결론 문장을 말해주면 된다.

Part 6에서는 논리적인 연결이 중요하다. 서론에서 주장하는 바와 결론의 내용이 뒤집혀 버리면 아무리 멋진 어휘로 표현을 했더라도 좋은 점수를 받을 수 없다. 또한, 어휘력이 부족하다면 자신이 알고 있는 어휘를 최대한 활용하여 풀어서 설명할 수 있는 것도 능력이다.

해석 🖊

S1 사실이 아니라고 생각합니다. 최초의 전동 조종 비행기가 20세기 초반에 발명되고 성공적으로 시험된 것을 많은 사람들이 잊고 있는 것 같습니다. 물론 비행기의 원형은 이 시점보다 이전에 시험되었지만, 라이트 형제가 마침내 조종할 수 있고 오랫동안 지속될 수 있는 비행할 수 있는 비행기를 발명해냈습니다. 이 발명품은 우리로 하여금 엄청난 거리를 여행할 수 있게 해주었고, 전쟁과 항공 공학에도 실로 엄청난 영향을 끼쳤습니다.

S2 이들의 의견에 동의하지 않습니다. 제 생각에 20세기의 가장 간과된 발명품은 바로 전력으로 작동하는 진공청소기입니다. 우리들 대부분은 진공청소기를 당연한 것으로 여기지만, 이것이 발명되기 전에는, 사람들은 바닥과 가구를 청소하는 데 수 시간을 보내야만 했습니다. 1901년에 이것이 특허를 받은 이래로, 많은 기술적인 발전이 있었고, 현재는 대부분의 가정에서 진공청소기를 찾아볼 수 있습니다. 그것이 모두의 삶을 훨씬 편리하게 만들었음에도 불구하고, 어떤 사람들은 그것이 쓸모없다고 여기기도 하는 것 같습니다.

Actual Test 7
& Study Strategies

ACTUAL_TEST_07.mp3
※ **mp3** 파일을 활용하여 실전 모의고사 1회분을 풀어보고 뒤의 전략 파트를 학습하세요.

Questions 1-2: Read a Text Aloud

Directions: In this part of the test, you will read aloud the text on the screen. You will have 45 seconds to prepare. Then you will have 45 seconds to read the text aloud.

Ladies and gentlemen. This evening, we have an extremely rare performance by renowned jazz ensemble, Pizzicato Group. Before the concert begins, I need to remind everyone to turn off all mobile devices for the duration of the performance. Also, no cameras or audio recording equipment is permitted to be taken inside the theater. We appreciate your cooperation.

PREPARATION TIME
45 seconds

RESPONSE TIME
45 seconds

Good morning, passengers of Greyhound bus number 5532 nonstop service to Vancouver. The bus for this route was delayed in Edmonton due to an engine fault. However, the bus has finally arrived here in Calgary and is currently being cleaned and refueled. The bus is now scheduled to depart at 11:45 a.m. We will keep you informed of any further changes to our schedule. We appreciate your understanding.

PREPARATION TIME
45 seconds

RESPONSE TIME
45 seconds

Actual Test 7

Question 3: Describe a Picture

Directions: In this part of the test, you will describe the picture on your screen in as much detail as you can. You will have 30 seconds to prepare your response. Then you will have 45 seconds to speak about the picture.

PREPARATION TIME
30 seconds

RESPONSE TIME
45 seconds

Questions 4-6: Respond to Questions

Directions: In this part of the test, you will answer three questions. For each question, begin responding immediately after you hear a beep. No preparation time is provided. You will have 15 seconds to respond to Questions 4 and 5, and 30 seconds to respond to Question 6.

Imagine that a British marketing firm is doing research in your country. You have agreed to participate in a telephone interview about your participation in sports.

Q. Have you ever been a member of a sports team or organization?

RESPONSE TIME
15 seconds

Imagine that a British marketing firm is doing research in your country. You have agreed to participate in a telephone interview about your participation in sports.

Q. On average, how often do you play a sport or exercise?

RESPONSE TIME

15 seconds

Imagine that a British marketing firm is doing research in your country. You have agreed to participate in a telephone interview about your participation in sports.

Q. Do you consider sports stars to be good role models for children?

RESPONSE TIME

30 seconds

Questions 7-9: Respond to Questions Using Information Provided

Directions: In this part of the test, you will answer three questions based on the information provided. You will have 30 seconds to read the information before the questions begin. For each question, begin responding immediately after you hear a beep. No additional preparation time is provided. You will have 15 seconds to respond to Questions 7 and 8, and 30 seconds to respond to Question 9.

Actual Test 7

Wedding To-do list

Dinner arrangements

Plan dinner menu	COMPLETED
Plan seating arrangements	NEARLY FINISHED

Buy fireworks: NEED TO COLLECT FROM STORE

Dresses

Bride's dress	WILL BE DELIVERED FRIDAY
Bridesmaid's dresses	3 STILL TO CONFIRM

Table decorations: BOUGHT 50. NEED 50 MORE

Entertainment

Book venue	NEED TO PAY DEPOSIT
Book jazz band	NOT DONE YET

PREPARATION TIME
30 seconds

Q7.

RESPONSE TIME
15 seconds

Q8.

RESPONSE TIME
15 seconds

Q9.

RESPONSE TIME
30 seconds

TOEIC Speaking

Question 10: Propose a Solution

Directions: In this part of the test, you will be presented with a problem and asked to propose a solution. You will have 30 seconds to prepare. Then you will have 60 seconds to speak.

In your response, be sure to
· show that you recognize the problem, and
· propose a way of dealing with the problem.

Narration: (Recorded Voice)

In your response, be sure to
· show that you recognize the problem, and
· propose a way of dealing with the problem.

PREPARATION TIME
30 seconds

RESPONSE TIME
60 seconds

TOEIC Speaking

Question 11: Express an Opinion

Directions: In this part of the test, you will give your opinion about a specific topic. Be sure to say as much as you can in the time allowed. You will have 15 seconds to prepare. Then you will have 60 seconds to speak.

TOEIC Speaking

Question 11 of 11

Some people believe that children are watching too much television these days and it is becoming a problem. Do you agree?

PREPARATION TIME
15 seconds

RESPONSE TIME
60 seconds

Part 1 **"Read a Text Aloud"** 지문 낭독하기

Questions 1-2 각 문제 준비시간 45초 / 답변시간 45초 ⟨ **/** : 끊어 읽기 **굵은 글씨** : 강조해서 읽기⟩

01 **공연장 안내방송**

Ⓐ Ladies and gentlemen. / This evening, / we have an **extremely** rare **performance** by renowned **jazz** ensemble, / **Pizzicato Group**. Ⓑ Before the concert begins, / I need to **remind** everyone / to **turn off** all **mobile devices** / for the duration of the performance. Ⓒ Also, / **no cameras** or **audio recording equipment** / is permitted to be taken / inside the theater. We appreciate your cooperation.

voca **extremely rare** 굉장히 드문 | **renowned** 저명한 | **ensemble** 합주단, 앙상블 | **remind A to do** A에게 ~하라고 상기시키다 | **turn off** (전기·가스·수도 등을) 끄다 | **for the duration of** ~의 기간 동안 | **be permitted to** ~하도록 허용되다 | **appreciate** 감사하다 | **cooperation** 협조

> **STRATEGY POINT**
>
> **Point** Ⓐ 청중들에게 오늘 밤 있을 공연에 대해 소개하는 글이다. 고유명사인 공연자의 이름을 비롯하여 강조를 두어야 할 핵심어를 강조해서 읽도록 한다. 마침표나 쉼표가 있는 곳에서는 한 박자 쉬어주는 것을 명심하고, 필요에 따라 전치사 앞에서도 쉬어갈 수 있다. 강조를 위해 쓴 extremely와 같은 부사어도 강조하는 것이 좋다.
>
> **Point** Ⓑ 공연이 시작되기 전 당부사항을 전달하고 있다. 청자인 청중들이 잘 듣고 따라야 할 내용이므로 또박또박 정확히 읽어 혼동되지 않도록 한다.
>
> **Point** Ⓒ 쉼표나 마침표가 있는 곳에서는 적절히 쉬어 읽도록 하고, no cameras or audio recording equipment is permitted to ~와 같이 주어가 긴 문장은 끝까지 쉼 없이 읽기가 부담 되므로, 동사 앞에서 끊어 읽는 것이 바람직하다.

해석

> **Q1** 신사 숙녀 여러분. 오늘 저녁, 유명한 재즈 앙상블인 피치카토 그룹의 아주 드문 공연이 있겠습니다. 콘서트를 시작하기 전에, 여러분들에게 공연 중에는 모든 휴대용 통신기기를 꺼 주시라고 당부 드립니다. 또한, 카메라나 오디오 녹음장치는 공연장 내로 가지고 들어가실 수 없습니다. 협조에 감사드립니다.

02 버스 안내방송

Ⓐ Good morning, / passengers of **Greyhound** bus number **5532** / nonstop service to **Vancouver**. Ⓑ The bus for this route / was **delayed** in **Edmonton** / due to an engine fault. Ⓒ **However**, / the bus has finally **arrived** here in **Calgary** / and is currently being cleaned and refueled. / The bus is now scheduled to **depart** at **11:45 a.m.** We will keep you informed of any further changes to our schedule. We appreciate your understanding.

voca **nonstop** 도중에 정거하지 않는, 직행의 | **delayed** 지연된 | **due to** ~ 때문에 | **fault** 결함 | **be scheduled to** ~ 할 예정이다

STRATEGY POINT 🎤

Point Ⓐ 버스 안내방송에 해당한다. 버스의 이름과 번호 등이 중요한 사항이므로 또렷하게 강조하여 읽도록 한다.

Point Ⓑ 안내 방송의 목적에 해당하는 내용이다. 준비시간에는 지문을 눈으로만 읽는 것이 아니라 소리를 내어 읽으며 의미를 파악하는 것이 중요하다. 발음 연습과 동시에, 내용을 정확히 파악하여 끊어 읽는 위치뿐 아니라 어조도 미리 생각해 볼 수 있다. 지연에 대한 안내 방송이므로 밝고 가벼운 어조보다는 정중한 어조로 읽는 것이 바람직하다. 또한 전치사 앞에서는 적절히 끊어 읽도록 하고, 지명이나 인명 등 고유 명사는 혼동이 없도록 정확히 읽는 것이 중요하다.

Point Ⓒ However와 같은 역접의 연결어 뒤에 이어지는 내용이 상당히 중요하다. 그러므로 이러한 연결어들이 보일 때에는 약간 간격을 두어 읽고, 이어 나오는 내용 중 중요한 어휘를 강조해 주어야 한다. 또한, 시간 표현 등 숫자 정보도 중요한 내용이기 때문에 혼란이 없도록 정확히 전달해야 하므로 준비시간에 발음을 충분히 연습하도록 한다.

해석 ✏

Q2 밴쿠버 행 직행편 그레이하운드 5532호 버스 승객 여러분 안녕하세요. 여러분을 태우고 갈 버스가 엔진 결함으로 에드몬튼에서 지체되었습니다. 그러나, 버스가 마침내 이곳 캘거리에 도착했으며, 현재 청소와 연료 보급이 이루어지고 있습니다. 이 버스는 오전 11시 45분에 출발할 예정입니다. 일정에 추후 변경이 있을 시에 계속해서 안내해 드리겠습니다. 이해해 주셔서 감사드립니다.

Part 2 "Describe a Picture" 사진 묘사하기

Question 3 ⏱ 준비시간 30초 / 답변시간 45초

Sample Response 1

Ⓐ This picture shows a man holding up a very large fish. Ⓒ He seems to be standing on a boat, so it was probably taken after a fishing expedition. Ⓓ The fish is mostly gray in color and has a large, pointed tail. There is a fishing rod behind the man. The boat appears to be on a large body of water with no land visible, Ⓔ so the fishing expedition probably took place on a large lake or at sea.

Sample Response 2

This picture was probably taken out at sea. Ⓒ A shirtless man is displaying a big fish that was probably caught just before the photo was taken. Ⓑ The man is wearing sunglasses and white shorts. The boat that he is on is white in color. The white froth in the water behind suggests that the boat is moving. Some fishing equipment is visible in the background that was probably used to catch the fish.

voca **expedition** 탐험 | **fishing rod** 낚싯대 | **visible** 눈에 보이는 | **froth** 거품

STRATEGY POINT 🎤

사람이 있는 문제의 기본 format을 사용하자.

📄 **기본 format**

STEP 1 사진의 내용을 한 문장으로 집약
↓
STEP 2 주인공의 차림새와 외모에 대해 설명 (여러 명일 때에는 위치별 인물 설명)
↓
STEP 3 주인공의 행동을 상세히 묘사
↓
STEP 4 주인공 이외의 것들에 대해 언급(배경 사항)
↓
STEP 5 마무리(추측 문장 강추!)

Point ⓐ 사진의 내용 한 문장으로 요약하기: This picture shows a man과 A man is holding up a very large fish의 두 문장을 하나로 합쳐서 사진을 요약해보자. 현재분사(~ing)를 이용하면 길고 세련된 문장을 표현할 수 있다.

Point ⓑ 인물의 차림새와 외모 설명하기: 간단하게 무엇을 입고 있는지, 쓰고 있는지에 대해 말하는 것으로 충분하다. 사진은 컬러로 제시되므로 다양한 색상 표현을 이용하는 것도 좋다.

Point ⓒ 인물의 행동 묘사하기: 인물의 외모와 차림새에 대해 말했다면, 이제 인물의 행동을 설명할 차례이다. 처음부터 긴 문장을 말하는 것은 쉽지 않으므로 스스로 문장을 만들어보고, 모범답안을 참조하여 표현을 연습하도록 하자.

Point ⓓ 인물 이외의 것들 언급하기: 즉, 배경을 묘사하면 된다. 인물을 제외하면, 물고기와 배, 뒤로 보이는 물 등이 바로 배경 사항이 된다. 이런 것들을 하나씩 설명해보자.

Point ⓔ 마무리: 추측 문장을 쓰면 좋다 단순한 문장들로 반복을 하는 것보다 적절한 접속사를 사용하여 좀 더 세련된 표현을 만들어 보는 것이 필요하다. 처음부터 욕심내어 긴 문장을 말하려고 하면 문장구조가 맞지 않고 어색해지기 쉽다. 기본이 되는 문장구조의 틀을 잡는 것부터 익히고 모범답안을 참조하여 많은 연습을 하도록 하자.

해석 ✏

S1 이것은 아주 커다란 물고기를 들고 있는 남자의 사진입니다. 남자는 배 위에 서 있는 것처럼 보이는데, 아마도 낚시 후에 찍은 사진인 것 같습니다. 이 물고기는 거의 회색이고 커다랗고 뾰족한 꼬리를 가지고 있습니다. 남자의 뒤로는 낚싯대가 있습니다. 배는 육지가 보이지 않는 거대한 수면 위에 떠 있는 것처럼 보이는데, 아마도 커다란 호수나 바다인 것 같습니다.

S2 이 사진은 아마도 바다에서 찍은 것 같습니다. 상의를 입지 않은 남자가 커다란 물고기를 보여주고 있는데, 사진을 찍기 바로 직전에 잡은 것 같습니다. 남자는 선글라스를 끼고 있고, 흰 반바지를 입었습니다. 그가 타고 있는 배는 흰 색입니다. 뒤쪽의 흰 물거품은 배가 움직이고 있음을 보여줍니다. 뒤쪽에 낚시 도구가 보이는데, 아마도 이 물고기를 잡는데 사용된 것 같습니다.

Part 3 "Respond to Questions" 질문에 답하기

Questions 4-6 각 문제 준비시간 없음 / 답변시간 4 · 5번 15초, 6번 30초

Situation

Imagine that a British marketing firm is doing research in your country. You have agreed to participate in a telephone interview about your participation in sports.

영국의 한 마케팅 회사가 당신의 나라에서 설문조사를 한다고 가정해 봅시다. 당신은 당신의 스포츠 활동에 관한 전화 인터뷰에 응하기로 동의했습니다.

04 Have you ever been a member of a sports team or organization?

스포츠 팀이나 단체의 일원으로 활동한 적이 있습니까?

Sample Response 1

Yes. When I was at high school, I was on the soccer team. I am also a member of a tennis club and play there against my brother twice a week.

Sample Response 2

I don't really have much interest in team sports. I prefer to go to the gym and keep fit by myself.

voca **organization** 기구, 단체 | **twice a week** 일주일에 두 번 | **have interest in** ~에 관심이 있다 | **prefer to** ~을 더 좋아하다, 선호하다 | **by myself** 혼자서

STRATEGY POINT 🎤

15초 동안 최소 3개 이상의 문장을 말하는 것이 좋다. 위의 질문을 그대로 재활용 하여 쉽게 문장을 하나 만들어 보자.
① have p.p.(현재완료형) 의문문에는 Yes / No 답변이 필요하다. Yes로 답하는 것이 말하기 쉬운 경우가 많다.
② 주어 일치: you → I
③ 동사 일치: have been (또는 과거형 was로 답할 수도 있다) a member of a sports team
④ 종합하기: Yes, I was a member of the soccer team.

완전한 문장을 만들었다. 여기에 자신의 경험을 돌이켜 "언제" 혹은 "왜"에 해당되는 내용을 덧붙이면 더 풍성한 표현이 될 수 있다.
⑤ 문장 늘리기: when I was at high school (고등학교 때에)
⑥ 전체 문장 종합하기: Yes. When I was at high school, I was a member of the soccer team.

훌륭한 답변이 되었다. 여기에 구체적인 경험이나 사례를 묘사하여 두 세 문장을 더한다면 **perfect**!

---

05 On average, how often do you play a sport or exercise?

평균적으로, 당신은 얼마나 자주 스포츠나 운동을 하십니까?

Sample Response 1

I don't really play sports, but I think keeping fit is important, so I try to get to the gym two or three times a week. I usually go after work.

Sample Response 2

I usually play sports a couple of times a week. On Wednesdays, I play on a baseball team in our local park. On Sundays, I normally play a round of golf with my father.

voca **on average** 평균적으로 | **on Wednesdays** 수요일마다 | **play a round of golf** 골프를 한 게임 치다

STRATEGY POINT 🎤

15초 동안 목표문장 3개를 말해 주면 좋다. 질문을 활용하여 문장 하나를 간단히 만들어 볼 수 있다.

① 주어 일치: you → I

② 동사 일치: play a sport (or exercise)

③ 의문사에 답하기: two or three times a week

④ 종합하기: I exercise two or three times a week.

완벽한 문장을 하나 만듦과 동시에 질문에 충실한 답변이 되었다. 여기에 이유라든지 운동하는 시간 등을 덧붙이면 더 멋진 표현이 될 수 있다.

⑤ 문장 늘리기: As I think keeping fit is important. (건강을 유지하는 것이 중요하다고 생각하기 때문에)

⑥ 전체 문장 종합하기: As I think keeping fit is important, I usually exercise two or three times a week.

초보자 수준에서는 아주 훌륭한 복문 문장을 완성했다. 여기에 어떤 내용들을 덧붙여 목표문장인 3개 이상을 만들 수 있을지는 모범답안을 참조하여 연구해 보도록 하자.

---

06 Do you consider sports stars to be good role models for children?

당신은 스포츠 스타들이 아이들에게 훌륭한 역할 모델이 될 수 있다고 생각하나요?

Sample Response 1

Yes, I think sports stars can be good role models for children. They can show them that by working hard and applying themselves, they can achieve anything in life. They can learn many positive character traits from sports stars, such as humility and professionalism. I think they set good examples for our children.

Sample Response 2

I don't think so. I think that sports stars are too detached from society these days. Many of them are on huge salaries. They live in large houses and drive expensive sports cars. If these kids choose to idolize these stars, they are aspiring to a lifestyle that is not really attainable. Also, some sports stars behave badly. They use bad language on the pitch, spit, and are sometimes involved in personal scandals.

voca **role model** 역할 모델, (존경하며 본받고 싶도록) 모범이 되는 사람 | **achieve** 획득하다, 성취하다 | **character** 성격, 인격 | **trait** 특징, 특성 | **humility** 겸손 | **detached** ~와 떨어진, 분리된 | **idolize** 숭배하다, 우상화하다 | **aspire** 열망하다, 염원하다 | **attainable** 이룰(달성할) 수 있는 | **pitch** 경기장 | **be involved in** ~에 연루되다

STRATEGY POINT 🎤

30초 동안 목표문장 5개를 말해 주는 것이 좋다. 일단, 가장 기본이 되는 필수 문장을 만드는 연습을 하자.
① 일반 의문문의 경우 Yes / No로 먼저 답한다. Yes로 답하는 것이 말하기 수월한 경우가 많다.
② 주어 일치: you → I
③ 동사 일치: consider sports stars can be good role models for children
④ 종합하기: Yes, I think sports stars can be good role models for children.

훌륭한 답변이 되었다. 여기에 덧붙일 수 있는 내용으로는 왜 그렇게 생각하는지 그 이유를 말하는 것이 자연스럽다.
⑤ 문장 늘리기: because children can learn many positive character traits from sports stars, such as humility and professionalism (왜냐하면 아이들이 스포츠 스타들로부터 겸손이나 직업 의식과 같은 많은 긍정적인 성품들을 배울 수 있기 때문입니다)
⑥ 전체 문장 종합하기: Yes, I think sports stars can be good role models for children because children can learn many positive character traits from sports stars, such as humility and professionalism.

너무나도 훌륭한 문장이 되었다. 여기에서 **humility**와 같은 어휘를 모른다면 자신이 알고 있는 어휘로 설명을 하면 된다. 모범답안을 참조하여 문장을 공부해보자.

해석 🖉

Q4

S1 네, 제가 고등학생이었을 때, 저는 축구부였습니다. 저는 또한 테니스 클럽의 일원이기도 한데, 일주일에 두 번 제 형을 상대해서 경기를 합니다.

S2 저는 팀 스포츠에는 별로 관심이 없습니다. 저는 헬스 클럽에 가서 혼자 운동하는 것을 더 좋아합니다.

Q5

S1 저는 스포츠를 하지는 않습니다. 하지만, 건강을 유지하는 것이 중요하다고 생각하기 때문에, 일주일에 두 세번 헬스 클럽에 갑니다. 보통 퇴근 후에 갑니다.

S2 저는 보통 일주일에 두 번 정도 스포츠를 합니다. 수요일마다, 우리 지역 공원에서 야구 경기를 하고, 일요일마다 아버지와 함께 골프를 한 게임 칩니다.

Q6

S1 네, 저는 스포츠 스타들이 아이들에게 훌륭한 역할 모델이 될 수 있다고 생각합니다. 그들은 열심히 노력하고 전념함으로써, 인생에서 무엇이든지 성취할 수 있음을 보여줍니다. 아이들은 스포츠 스타로부터 겸손이나 직업 의식과 같은 많은 긍정적인 성품을 배울 수 있습니다. 그들이 우리 아이들에게 좋은 본보기가 된다고 생각합니다.

S2 그렇게 생각하지 않습니다. 저는 오늘날 스포츠 스타들이 사회로부터 많이 동떨어져 있다고 생각합니다. 많은 스포츠 스타들이 엄청난 급여를 받습니다. 그들은 거대한 집에서 살고, 비싼 스포츠 카를 탑니다. 만약 아이들이 이러한 스타들을 우상화한다면, 그들은 실제로 얻을 수 없는 삶의 방식을 열망하게 됩니다. 또한, 일부 스포츠 스타들은 매우 나쁘게 행동을 합니다. 그들은 경기장에서 욕설을 하기도 하고, 침을 뱉으며, 때때로 개인적인 스캔들에 연루되기도 합니다.

Part 4 "Respond to Questions Using the Information Provided" 주어진 자료를 활용하여 질문에 답하기

Questions 7-9 🕐 준비시간 30초 / 답변시간 7 · 8번 15초, 9번 30초

Wedding To-do list
결혼식 준비로 해야 할 일

Dinner arrangements 식사 준비

Plan dinner menu 식사 메뉴 계획	COMPLETED 완료
Plan seating arrangements 좌석 준비 계획	NEARLY FINISHED 거의 완료

Buy fireworks: 불꽃놀이 용품 구매 — NEED TO COLLECT FROM STORE 상점에서 가져와야 함

Dresses 드레스

Bride's dress 신부 드레스	WILL BE DELIVERED FRIDAY 금요일 배송
Bridesmaid's dresses 신부 들러리 드레스	3 STILL TO CONFIRM 3벌 확인 필요

Table decorations: 식탁 장식 — BOUGHT 50. NEED 50 MORE 50개 구매, 50개 더 필요함

Entertainment 피로연

Book venue 장소 예약	NEED TO PAY DEPOSIT 착수금 지불해야 함
Book jazz band 재즈 밴드 예약	NOT DONE YET 아직 미완료

 **Narration**

Hello. Cindy. This is Jill. I and my fiancé are quite worried about our wedding reception. I hope you can tell me how things are going?

안녕하세요. 씬디. 질인데요 저와 약혼자가 저희 결혼식 리셉션에 대해 걱정을 하고 있답니다. 일이 어떻게 진행되고 있는지 알려 주세요

07 Is there anything that you have completely finished?

당신이 이미 처리한 일이 있나요?

Sample Response 1

The dinner menu has already been completely planned.

Sample Response 2

No more attention needs to be given to the dinner menu, as it has already been planned.

voca **completely** 완전히 | **finish -ing** ~하는 것을 끝내다

STRATEGY POINT 🎤

주어진 정보를 30초 동안 최대한 정확히 파악하는 것이 중요하다. 질문이 화면에 나오지 않고 음성으로만 들려준다는 것을 명심하자. 주어진 정보를 바탕으로 정확히 답을 해주면 된다. 정보를 꼼꼼히 파악했다면 이제 질문을 듣고 15초 동안 질문에 요구한 정확한 답만 말해 주면 된다. 질문을 그대로 활용해 답을 만드는 것이 쉽게 답하는 기본적인 방법이다.
① Be동사 의문문이므로 Yes / No 답변이 가능하다. 주어진 table에서 해당 정보를 찾아 답한다.
② 주어 일치: 주어에 해당하는 것이 질문의 답변이다 주어진 정보에서 답을 찾으면, The dinner menu
③ 동사 일치: has been completely finished
④ 종합하기 : Yes, the dinner menu has been completely finished.

이제 훌륭한 문장을 하나 만들었다. 모범답안을 참조하여 다양하게 답하는 연습을 해보자.

---

 08 What about the fireworks?

불꽃놀이는 어떤가요?

Sample Response 1

The fireworks have already been purchased, but still need to be collected from the store.

Sample Response 2

Somebody just needs to pick them up from the store before the wedding.

voca **firework** 불꽃놀이(용 물품) | **purchase** 구매하다 | **pay for** ~을 지불하다

STRATEGY POINT 🎤

답변시간 15초가 지나면 또 다음 문제가 음성으로 나온다. 이 문제는 table에서 fireworks를 찾아 진행 상태를 비롯하여 해당 정보를 모두 알려달라는 문제이다. 이제까지 연습한 단문 만들기가 아닌 조금은 난이도가 있는 질문이지만, 정답은 역시 표 안에서 찾으면 된다. 질문을 최대한 재활용 하는 것이 하나의 방법이다.

① 주어 일치: The fireworks
② 동사 일치: have been purchased but need to be collected from the store (fireworks에 대한 상태가 곧 질문의 답변이 된다. table에서 해당 정보를 찾아 답한다.)
③ 의문사에 답하기: what about이란 "~는 어떤가요?" 라는 뜻이므로 what 질문과는 다르다는 것을 주의하자. 해당 질문에 대해서는 위의 동사 부분에서 이미 답을 만들었다.
④ 종합하기: The fireworks have been purchased but need to be collected from the store.

완전한 문장을 만듦과 동시에 질문에 정확히 답했다. 위의 모범답안을 참조하여 다른 형태의 다양한 답변들도 만들어보자.

 What are the things we still need to take care of?

우리가 아직 처리해야 하는 것들에는 무엇이 있나요?

Sample Response 1

We need to finish making a seating plan for the wedding dinner. The fireworks still need to be collected, and we need to take delivery of the bride's dress on Friday. Three bridesmaids' dresses still need to be confirmed and we need to buy fifty more table decorations. The entertainment needs taking care of – we need to pay a deposit on the venue and book a jazz band.

Sample Response 2

Both the venue and musical entertainment still need to be taken care of. Somebody still needs to buy the other half of the decorations for the tables and collect the fireworks. Three dresses need to be taken care of and the dinner arrangements still need to be decided upon.

voca **bridesmaid** 신부들러리 | **confirm** 확인하다 | **deposit** 착수금, 보증금 | **venue** (행사) 개최지, 장소

STRATEGY POINT 🎙

질문을 듣자 마자 주어진 table에서 **things we still need to take care of**에 해당하는 정보를 찾아야 한다. 다시 말해, 아직 완료되지 않은 일을 빨리 찾아내자.

Plan seating arrangements는 NEARLY FINISHED, Buy fireworks는 NEED TO COLLECT FROM STORE, Bride's dress는 WILL BE DELIVERED FRIDAY, Bridesmaid's dresses는 3 STILL TO CONFIRM, Table decorations는 NEED 50 MORE, Entertainment 관련 Book venue는 NEED TO PAY DEPOSIT, 그리고 Book jazz band는 NOT DONE YET이다. 이 모든 정보를 이제 문장으로 답하면 된다.

Both the venue and musical entertainment still need to be taken care of. Somebody still needs to buy the other half of the decorations for the tables and collect the fireworks. Three dresses need to be taken care of and the dinner arrangements still need to be decided upon.

일단 초보자의 입장에서 생각한다면 제공된 모범답안은 상당히 어려울 수 있다. 따라서 우선은 table에서 찾은 정보를 단순 열거해 보는 것도 하나의 방법이다. 단! 찾은 정보를 완전한 문장으로 답해야 함은 기본이다. 모범답안1이 모범답안2보다 초보자가 접근해볼 만한 답안이 될 것이다.

해석 ✎

Q7
S1 식사 메뉴 계획이 이미 완료되었습니다.
S2 식사 메뉴 계획은 이미 완료되었기 때문에, 더 신경 쓸 필요가 없습니다.

Q8
S1 불꽃놀이 물품은 이미 구매했으나, 상점에서 가져와야 합니다.
S2 결혼식 전에 누군가가 상점에 가서 그것들을 받아와야 합니다.

Q9
S1 결혼식 저녁 식사를 위한 좌석 계획을 완료해야 합니다. 불꽃놀이용 물품도 가져와야 하고, 금요일에 신부의 드레스도 배송을 받아야 합니다. 세 벌의 신부 들러리 드레스는 아직 미정이고, 50개의 식탁 장식품도 더 구매해야 합니다. 피로연도 처리를 해야 하는데, 피로연장에 대한 보증금을 지불해야 하고 재즈 밴드도 예약해야 합니다.
S2 피로연 장소와 밴드를 처리해야 합니다. 누군가가 식탁 장식품 절반을 구매하고 불꽃놀이 용품을 가져와야 합니다. 세 벌의 드레스도 처리해야 하며 저녁 식사 조정도 곧 결정해야 합니다.

Part 5 "Propose a Solution" 해결방안 제시하기

Question 10  준비시간 30초 / 답변시간 60초

In your response, be sure to 대답할 때에는 다음 사항을 반드시 숙지하십시오.
· show that you recognize the problem, and 주어진 과제가 무엇인지 인지하였음을 보여주십시오.
· propose a way of dealing with the problem. 그 과제를 어떻게 다뤄야 하는지 방법을 제시하십시오.

Question Script

Hi, this is Mr. Johnson calling from Johnson & Son Attorneys. I have just arrived at work and my office seems to have been broken into over the weekend. The large front window has been smashed and our main computer seems to be missing. The filing cabinet also seems to have been broken into and several important files are missing. I am very upset. Your security firm is supposed to look after our business while we are away. What are you going to do about it?

안녕하세요, 저는 존슨앤썬 변호사 사무실의 존슨입니다. 제가 막 출근을 했는데, 주말 동안 사무실에 도둑이 든 것 같습니다. 전면의 커다란 창이 깨졌고, 우리의 메인 컴퓨터가 분실되었습니다. 파일 캐비닛도 도둑 맞은 것 같은데 몇 개의 중요한 파일들이 분실되었습니다. 굉장히 화가 납니다. 당신의 보안 회사에서 우리가 사무실을 비운 동안에 우리 사무실을 지키기로 되어있지요. 이것에 대해 어떻게 하실건가요?

voca **break into** (건물에) 침입하다 | **smash** 박살내다; 박살나다 | **missing** 없어진, 분실된 | **security** 보안 | **look after** 돌보다

Sample Response 1

That's terrible. I am sorry to hear that, Mr. Johnson. It seems there was a power cut on Friday night that disabled the alarm system. Our security staff were busy all night trying to get the generator working and must have been distracted. They should have reset the alarm when the power came on though. I shall speak to them and find out why they weren't doing their job properly. In the meantime, I shall call the police and inform them of the situation. You will need to give a statement to them.

Sample Response 2

Ⓑ I'm so sorry Mr. Johnson, I really can't apologize enough. After looking at the security cameras, it appears that the security guard actually helped the thief break into the office. It seems they were working together. We have already passed on the personal details of the guard to the police. Ⓒ We have arranged for a replacement window to be installed at ten o'clock this morning. An assessor from the insurance company should also be along in an hour or so to survey the damage.

voca **power cut** 정전 | **be busy (in) -ing** ~하느라 바쁘다 | **distract** (정신이) 집중이 안 되게[산만하게] 하다, (주의를) 딴 데로 돌리다 | **in the meantime(meanwhile)** 그러는 동안에 | **statement** 진술 | **apologize** 사과하다, 사죄하다 | **help A to do** A가 ~하도록 돕다 | **pass on** 넘겨주다, 전달하다 | **personal details** 인적 사항 | **assessor** 검사인, (보험) 사정인 | **insurance** 보험

STRATEGY POINT

답을 할 때에는 항상 정해진 틀에 따라 답하려 노력을 하자. 그리고 중요한 두 가지는, 상대방의 문제를 인식했음을 정확히 말하는 것과 해결책을 필히 제시해야 한다는 점이다!

📝 **기본 format** (STEP 2, 3 필수!)

STEP 1 상대방의 이름, 자기 소개
↓
STEP 2 전화를 건 목적 – 상대방이 말했던 문제점을 요약해서 언급함
↓   – 문제가 생기게 된 상황 설명(원인 또는 변명)
STEP 3 해결책 제시(문제점에 대한 긍정적 해결 방안을 제시한다) – 답변시간 60초의 대부분이 해결책
↓   제시에 할당된다.
STEP 4 끝인사

Point Ⓐ 상대방의 이름과 자기소개: Hello, Mr. Johnson. This is ~ 정도로 간단히 말하면 된다.

Point Ⓑ I'm so sorry Mr. Johnson. I really can't apologize enough와 같은 사과의 표현에 이어, 문제 상황을 인식하였음을 알리거나 문제 발생의 원인을 말하는 것이 바람직하다. 준비 시간 동안 재빨리 이러한 상황 설정을 할 수 있으려면 평소 다양한 문제에 대한 답안 만들기 연습을 충분히 해야 한다.

Point Ⓒ We have arranged for a replacement window to be installed at ten o'clock this morning. An assessor from the insurance company should also be along in an hour or so to survey the damage. 문제 상황에 대해 긍정적인 해결 방안을 제시하도록 한다.

Point Ⓓ 끝인사: 사고에 대한 책임이 있는 입장이므로, 문제 상황과 관련해 다시 한 번 정중하게 사과의 인사를 하는 것도 좋은 방법이다.

Part 5 필수단어 및 표현정리 부분을 암기하여 적용하는 것을 반복 연습하자. 또한, 상황에 대해 명확히 파악하고 각 상황에 적절한 어조를 유지하는 것도 좋은 점수를 얻는 방법이 된다. 이와 같은 문제 상황에 대한 해결책을 제시하는 상황에서는 사과문에 적절한 정중한 어조로 답할 수 있도록 한다.

해석

S1 끔찍하네요. 유감입니다 존슨씨. 금요일 밤에 정전이 있어서 경보 시스템이 작동하지 않은 것 같습니다. 저희 보안 직원들이 발전기를 작동케 하느라 밤새 매우 바빠 주의가 산만했던 것 같습니다. 하지만 전기가 들어오면 경보 시스템을 다시 가동해야 했는데 그렇게를 안했습니다. 그들에게 왜 업무를 제대로 이행하지 않았는지 알아보겠습니다. 그러는 동안, 경찰에게 연락해서 상황에 대해 알리겠습니다. 고객님께서 진술을 해 주셔야 할 것입니다.

S2 정말 죄송합니다 존슨씨. 뭐라 사과의 말씀을 드려야 할지 모르겠습니다. 보안 카메라를 보니, 사무실에 도둑이 침입하게 보안경비원이 도운 것으로 보여집니다. 공모를 한 것이지요. 저희가 이미 그 경비의 인적 사항을 경찰에 넘겼습니다. 오늘 오전 10시까지 창문을 설치하도록 조치를 취했습니다. 보험사의 사정평가인이 피해 정도를 조사하기 위해 한 시간 내외로 도착할 것입니다.

Part 6 "Express an Opinion" 의견 제시하기

Question 11 준비시간 15초 / 답변시간 60초

Some people believe that children are watching too much television these days and it is becoming a problem. Do you agree?

어떤 사람들은 아이들이 요즈음 텔레비전을 너무 많이 보며, 그것이 문제가 된다고 생각합니다. 동의하시나요?

Sample Response 1

Ⓐ I think that children do watch too much TV these days. Ⓑ I think they should spend their free time doing something more productive. They should play outside and keep themselves active. If they just sit on the sofa for long periods of time watching TV, they are likely to put on weight and become a couch potato. Ⓒ I believe it is up to the parents to monitor their child's TV viewing.

Sample Response 2

I disagree. I don't think that watching TV is particularly harmful and don't see any need to stop or restrict children watching it. Watching TV can be a good way to relax after a stressful day. Children study hard at school, so watching their favorite shows in the evening can be a good way to unwind. Also, not all shows are purely for entertainment. There are educational shows that can actually help a child's learning.

voca spend 시간 (in) –ing ~하는데 시간을 보내다 | productive 생산적인 | for a long periods of time 장시간 동안 | be likely to do ~하기 쉽다 | put on weight 몸무게가 늘다, 살이 찌다 | couch potato 오랫동안 가만히 앉아 텔레비전만 보는 사람 | be up to ~에 달려있다 | monitor 감시하다 | particularly 특별히 | harmful 해로운, 유해한 | restrict 규제하다, 재제하다 | unwind 긴장을 풀다 | purely 순수하게

STRATEGY POINT 🎙

질문의 내용을 파악하고 문제를 읽어주는 동안 이미 brainstorming을 통해 답변 format에 들어갈 내용을 생각하기 시작해야 한다. 준비시간 15초도 현명하게 활용하여 최대한 정돈된 답변을 할 수 있도록 연습해야 한다. Part 6의 관건은 유창성에 더하여 논리성이다.

📋 **기본 format**

① **서론:** 화면에 제시된 질문을 그대로 재활용하여 본인의 입장을 밝힌다. 여기서 찬반을 묻는 질문이라면 중립적인 입장보다는 명확히 한 입장을 취하는 것이 좋다. 중요한 한 가지! 두괄식 답변을 하도록 한다.

↓

② **본론:** 두 가지 정도의 근거를 들거나 본인이 경험, 사례를 하나 정도 드는 것이 좋다. 이야기를 만들어 낼 수 있는 순발력도 필요하다.

↓

③ **결론:** 서론의 문장을 재탕! 그대로 말하기 보다는 paraphrasing으로 약간의 변화를 주는 것이 더 좋다

제시된 의견에 동의를 하는지 묻고 있다.

Point Ⓐ 화면에 제시된 질문을 활용하여 자신의 견해를 밝히면 된다. 자신의 견해를 정할 때는 본인의 실제 의견과 다르더라도 본론부분에서 사용할 사례를 만들기 편한 쪽으로 본인의 견해를 정하는 것이 유리하다.

Point Ⓑ 여기에서처럼 주제문을 뒷받침할 수 있는 근거를 들거나 구체적인 사례를 드는 것이 바람직하다.

Point Ⓒ 서론 부분에 제시한 주제문을 재사용하거나 부분적으로 paraphrasing하여 약간 변화를 준다면 perfect!

다양한 모범답안들을 공부하여 본인만의 완벽한 답변을 만들어보는 연습을 하는 것이 중요하다. Part 6의 관건인 논리적연결성을 고려하여 답을 하도록 하고, 어려운 어휘를 고집하기 보다는 자신이 표현할 수 있는 어휘로 설명하는 것이 바람직하다. 15초의 준비 시간 동안 빠르고 정확하게 기본 format에 따라 내용을 구성하는 것은 쉽게 완성되지 않는다. 많은 연습을 통해 논리적인 답변을 만들어 낼 수 있도록 노력하자.

해석

S1 저는 요즈음 아이들이 TV를 너무 많이 본다고 생각합니다. 아이들이 그들의 자유시간을 좀 더 생산적인 일을 하며 보내야 한다고 생각합니다. 밖에 나가 놀며 활동적이어야 합니다. 만약 아이들이 오랜 시간을 소파에 앉아서 TV만 본다면, 살이 찌고 카우치 포테이토(오랫동안 가만히 앉아 텔레비전만 보는 사람)가 되기 쉽습니다. 아이들의 TV 보는 습관을 감시하는 것은 부모에게 달려있다고 생각합니다.

S2 저는 동의하지 않습니다. TV를 보는 것이 특별히 해가 된다고 생각하지 않고, 아이들이 TV 시청하는 것을 중단시키거나 규제해야 할 어떤 필요성도 찾지 못했습니다. TV 시청은 피곤한 하루의 말미에 긴장을 풀 수 있는 좋은 방법이 될 수 있습니다. 아이들은 학교에서 열심히 공부를 하기 때문에, 저녁에 그들이 가장 좋아하는 프로그램을 보는 것은 긴장을 푸는 좋은 방법이 될 수 있습니다. 또한, 모든 프로그램이 단순히 오락만을 위한 것은 아닙니다. 아이들의 학습에 도움이 되는 교육적인 프로그램도 있습니다.

Actual Test 8
& Study Strategies

 ACTUAL_TEST_08.mp3

※ **mp3** 파일을 활용하여 실전 모의고사 1회분을 풀어보고 뒤의 전략 파트를 학습하세요.

TOEIC Speaking

Questions 1-2: Read a Text Aloud

Directions: In this part of the test, you will read aloud the text on the screen. You will have 45 seconds to prepare. Then you will have 45 seconds to read the text aloud.

TOEIC Speaking

Question 1 of 11

Thank you for calling the Whitney Theater information line. Here are the details of today's event. At 6 p.m. we are delighted to host the first ever performance of Gershwin Folly, a new musical written by Samuel Mayer. Tickets for this show are 25 dollars for adults and 15 dollars for children. We accept cash and all major credit cards. For further information, please call our box office at 555-4982.

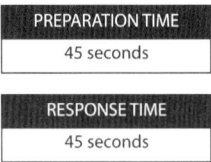

PREPARATION TIME
45 seconds

RESPONSE TIME
45 seconds

Good evening. This is the 6 o'clock weather report from WKPX Radio in Port Colborne. Due to freezing temperatures and snow, the roads are very slippery right now, so make sure you drive carefully. We expect the temperature to fall even lower tomorrow. For those of you planning to go outside tomorrow, don't forget to wrap up warm in your best jackets and sweaters. Now, let's get a traffic report from Kip Salinger.

PREPARATION TIME
45 seconds

RESPONSE TIME
45 seconds

Question 3: Describe a Picture

Directions: In this part of the test, you will describe the picture on your screen in as much detail as you can. You will have 30 seconds to prepare your response. Then you will have 45 seconds to speak about the picture.

PREPARATION TIME
30 seconds

RESPONSE TIME
45 seconds

TOEIC Speaking

Questions 4-6: Respond to Questions

Directions: In this part of the test, you will answer three questions. For each question, begin responding immediately after you hear a beep. No preparation time is provided. You will have 15 seconds to respond to Questions 4 and 5, and 30 seconds to respond to Question 6.

TOEIC Speaking

Question 4 of 11

Imagine that a Canadian marketing firm is doing research in your country. You have agreed to participate in a telephone interview about computer gaming.

Q. How often do you play computer games?

RESPONSE TIME
15 seconds

Imagine that a Canadian marketing firm is doing research in your country. You have agreed to participate in a telephone interview about computer gaming.

Q. Which genre of computer game is your favorite to play?

RESPONSE TIME

15 seconds

Imagine that a Canadian marketing firm is doing research in your country. You have agreed to participate in a telephone interview about computer gaming.

Q. Do you feel that computer games are too expensive these days?

RESPONSE TIME

30 seconds

Questions 7-9: Respond to Questions Using Information Provided

Directions: In this part of the test, you will answer three questions based on the information provided. You will have 30 seconds to read the information before the questions begin. For each question, begin responding immediately after you hear a beep. No additional preparation time is provided. You will have 15 seconds to respond to Questions 7 and 8, and 30 seconds to respond to Question 9.

Charity Fundraiser

You are hereby invited to the annual Children's Charity Fundraising Ball and Dinner.

The event will be held on Saturday 9th of July at 7 P.M.
at The Riverdale Social Club in Dinton.

Dinner
Dinner will be served at 7.30 P.M. in the Rose room.
Please see our website www.CCBall.com for menu details.

Dancing and Entertainment
The entertainment will commence at 9.00 P.M. in the Ivy room, featuring a
performance by a local jazz band. There will also be an auction of signed shirts
donated by a local sports team. All proceeds will be given to the charity.

Tickets: $40
To make a reservation, please call Kenny on 0800 4030 403
or e-mail Kenny@CCBall.com

※ There is no parking available at The Riverdale Social Club.
There is ample parking space at The Golden Hotel next door.
Please use this if possible.

PREPARATION TIME
30 seconds

Q7.

RESPONSE TIME
15 seconds

Q8.

RESPONSE TIME
15 seconds

Q9.

RESPONSE TIME
30 seconds

Question 10: Propose a Solution

Directions: In this part of the test, you will be presented with a problem and asked to propose a solution. You will have 30 seconds to prepare. Then you will have 60 seconds to speak.

In your response, be sure to
· show that you recognize the problem, and
· propose a way of dealing with the problem.

Narration: (Recorded Voice)

In your response, be sure to
· show that you recognize the problem, and
· propose a way of dealing with the problem.

PREPARATION TIME
30 seconds

RESPONSE TIME
60 seconds

Question 11: Express an Opinion

Directions: In this part of the test, you will give your opinion about a specific topic. Be sure to say as much as you can in the time allowed. You will have 15 seconds to prepare. Then you will have 60 seconds to speak.

These days, lots of parents are sending their children to study abroad. Do you think this is a good idea?

PREPARATION TIME
15 seconds

RESPONSE TIME
60 seconds

Part 1 "Read a Text Aloud" 지문 낭독하기

Questions 1-2 각 문제 준비시간 45초 / 답변시간 45초 〈 **/** : 끊어 읽기   **굵은 글씨** : 강조해서 읽기〉

01 자동 응답 메시지

Ⓐ **Thank** you for calling the **Whitney Theater** information line. Here are the **details** of **today's event**. Ⓑ At **6 p.m.** / we are delighted to host the first ever performance of **Gershwin Folly**, / a new musical written by **Samuel Mayer**. / **Tickets** for this show are **25 dollars** for **adults** / and **15 dollars** for **children**. / We accept **cash** and **all major credit cards**. Ⓒ For further information, / please **call** our **box office** at **555-4982**.

voca **detail** (전반적인) 세부 사항들 | **be delighted** …을 기뻐하다 | **accept** 받아 주다(수락하다)

STRATEGY POINT

Point Ⓐ 자동 응답 메시지이다. 준비 시간 동안 지문을 미리 읽어 내용을 명확히 파악하는 것이 가장 중요하다. 이 예시문은 극장의 자동 응답 메시지로 오늘의 행사에 대한 세부 사항을 전달하는 내용이므로 시간이나 비용과 같은 중요한 정보를 청자가 혼동하지 않도록 정확히 전달하도록 하자. 특히 첫 문장에서 동사(thank)와 명사(Whitney Theater)만 강조해도 문장의 억양이 살아날 수 있다. 강약조절은 파트 1 지문 읽기에서 필수적인 요소이다.

Point Ⓑ 첫 번째 문장에서 언급한 "세부사항"에 해당하는 내용이다. 공연의 시간, 공연의 이름, 작가, 티켓의 가격, 가능한 결제 수단 등이 제시되고 있으며 이러한 하나하나의 정보가 모두 중요한 전달사항이 되므로 충분히 연습하여 명확하게 전달할 수 있도록 하자. 특히 숫자가 자주 등장하는 문장일 경우, 미리 반복 연습해 두지 않으면 발음이 꼬이거나 불분명하게 전달될 가능성이 많으므로 유의하도록 한다.

Point Ⓒ 안내문이나 광고문 등의 마지막 문장으로 자주 등장하는 표현이다. 제시되는 연락처(전화번호, 웹사이트 주소, 이메일 주소 등)가 가장 중요한 부분이므로 이 부분을 강조하여 읽으면 된다. 특히, 같은 숫자가 계속 반복되는 경우 발음하기 어려우므로 연습 시간 동안 충분히 익혀 매끄럽게 읽을 수 있도록 하는데, 특히나 숫자 5(five)의 경우 우리가 발음하기 어려워하는 f와 v sound가 모두 들어 있으므로, 반복해서 읽을 시 발음이 꼬이거나 너무 긴장하여 실수하지 않도록 충분히 익혀둘 것을 당부한다.

해석

Q1 휘트니 극장 안내 전화로 연락 주신 것을 감사드립니다. 오늘 행사의 세부 사항입니다. 오후 6시에는 새뮤얼 메이어가 쓴 새 뮤지컬 거슈인 폴리를 초연하게 되어 기쁩니다. 티켓 가격은 성인 25달러, 아동 15달러입니다. 저희는 현금과 주요 신용 카드 모두를 받습니다. 더 많은 정보를 원하시면, 555-4982번 매표소로 전화 주세요.

02 라디오 일기예보

Ⓐ Good evening. / This is the **6 o'clock weather report** from **WKPX Radio in Port Colborne**. Ⓑ Due to the **freezing** temperatures and **snow**, / the **roads** are very **slippery** right now, / so **make sure** you **drive carefully**. We expect the **temperature** to fall **even lower tomorrow**. For those of you planning to go outside **tomorrow**, / **don't forget to wrap up** warm in your best jackets and sweaters. Ⓒ Now, / let's get a **traffic** report from **Kip Salinger**.

voca **due to** …에 기인하는, … 때문에 | **freezing** 꽁꽁 얼게(너무나) 추운 | **temperature** 온도, 기온 | **even** (비교급을 강조하여) 한층 (더), 더욱 (더) | **slippery** 미끄러운 | **wrap up** 옷을 따뜻하게(단단히) 챙겨 입다(입히다)

STRATEGY POINT 🎤

Point Ⓐ 라디오 일기예보이다. 일기예보나 교통방송의 경우 짧지만 중요한 많은 정보를 담고 있으므로 청취자들이 이런 정보들을 혼동하거나 듣지 못하는 일이 없도록 또박또박 끊어 읽기에 신경 쓰고 또한 고유명사나 숫자 등 강조해야 할 부분들을 놓치지 않도록 한다.

Point Ⓑ 날씨 정보와 이에 관련한 당부 사항들이 전달되는 부분이다. 반복해서 나오는 중요 어휘를 강조하고, 특히 당부 사항을 이야기 할 때 주로 사용하는 don't forget to와 같은 표현은 특히 강조하여 또박또박 읽음으로써 뒤에 중요한 내용이 이어진다는 신호가 될 수 있도록 한다. 여러 개의 절로 이루어진 긴 문장일 경우, 숨표 앞이나 각 절이 시작되는 부분에서 잠시 끊어 읽는 것이 읽기에도 부담이 적고 급한 호흡으로 서둘러 읽는 것보다 훨씬 명확하게 전달된다는 것을 기억하자. 빨리 읽는다고 부소건 좋은 것이 아니다!

Point Ⓒ 라디오 방송의 마지막 부분에 주로 등장하는 다음 순서에 대한 소개이다. 누구의 어떤 방송인지를 전달해야 하는 부분이므로 이 정보를 강조하여 읽으면 된다.

해석

Q2 안녕하세요, 포트 콜본의 **WKPX** 라디오에서 전하는 6시 날씨 안내입니다. 영하의 기온과 눈으로 인해 현재 도로가 매우 미끄러우니 안전 운전하세요. 내일은 기온이 훨씬 더 떨어질 것으로 예상합니다. 내일 외출을 계획하고 계신 분들은, 외투와 스웨터로 따뜻하게 걸쳐 입는 것을 잊지 마세요. 이제, 킵 샐린저의 교통 안내를 듣겠습니다.

Part 2 "Describe a Picture" 사진 묘사하기

Question 3 ⏰ 준비시간 30초 / 답변시간 45초

Sample Response 1

This picture was taken on a golf course. There are two golfers in the picture. The woman is lining up a golf shot. She is wearing a light yellow shirt, navy blue shorts and a white baseball cap. She is also wearing white sneakers. The man is probably a caddy. He is wearing a red shirt and shorts and is standing next to a large bag that probably contains golfing equipment.

Sample Response 2

Ⓐ In the picture, the two people appear to be involved in the sport of golf. Ⓑ It seems to be a hot day as both are wearing shorts and T-shirts. One of them appears to be wearing some kind of red uniform, so is possibly the golfer's assistant. Ⓒ The other, probably a golfer, is wearing a white glove and seems to be carefully lining up a shot. Ⓓ There are a lot of trees and green foliage in the background.

voca **line up** ~을 일렬(한 줄)로 세우다(배열하다), ~을 (~에 맞춰) 제자리에 넣다(정리하다) | **navy blue** 짙은 감색의, 감청색의 | **caddy** 골프장의 캐디(장비를 들고 다니며 경기를 돕는 사람) | **next to** ~옆에 | **contain** (무엇의 안에 또는 그 일부로) …이 들어(함유되어) 있다 | **appear** ~처럼 보이다 | **be involved in** ~에 연관(연류)되다, ~에 몰두하다 | **assistant** 비서, 보조 | **foliage** 나뭇잎

STRATEGY POINT 🎤

사람이 있는 문제의 기본 format을 사용하자.

📄 **기본 format**

STEP 1 사진의 내용을 한 문장으로 집약
↓
STEP 2 주인공의 차림새와 외모에 대해 설명 (여러 명일 때에는 위치별 인물 설명)
↓
STEP 3 주인공의 행동을 상세히 묘사
↓
STEP 4 주인공 이외의 것들에 대해 언급 (배경 사항)
↓
STEP 5 마무리 (추측 문장 강추!)

Point Ⓐ 전체 사진 묘사 시 유용한 지문 "This is a picture of ~"나 "In this picture, ~"를 활용하자. 두 사람이 필드 위에서 골프를 치고 있는 사진이므로 In the picture, the two people appear to be involved in the sport of golf라고 전체 사진의 내용을 한 문장으로 집약해볼 수 있다. Part 3 사진 묘사에서 반드시 지켜야 할 것은 잘 모르는 어려운 어휘를 쓰려고 하지 말고, 확실히 알고 있는 자신의 어휘로 묘사를 해야 한다는 것이다. 익숙지 않아서 발음이 힘들거나 정확한 용례를 모르는 어려운 어휘를 고집할 필요가 전혀 없다.

Point Ⓑ 주인공의 차림새와 외모에 대해 설명을 할 차례! 모범답안에서와 같이 입고 있는 옷의 종류나 색상을 가지고 훌륭한 문장을 만들 수 있다. 묘사 시에는 현재형이나 현재 진행형 시제를 사용해 현장감을 더하는 것이 좋다.

Point Ⓒ 인물의 행동 묘사하기: 주인공의 행동을 상세히 묘사한다.

Point Ⓓ 인물 이외의 것들 언급하기: 배경 사항을 비롯해 주인공 이외, 즉 인물 이외의 것들에 대해 언급하면 된다. 파트 2 사신묘사에서 가장 어려워하는 부분은 주어진 사진에 대해 하고 싶은 말은 많은데 그 표현이 막상 영어로 떠오르지 않는다는 것이다. 어휘력은 한 순간에 갖출 수 있는 것이 아니라 평소에 꾸준히 익히는 것이고, 다양한 문장 속에서의 표현을 접함으로써 완전히 자신의 것이 될 수 있다는 것을 명심하자.

Point Ⓔ 마무리: 마무리는 추측 문장으로! 추측 문장으로는 날씨나 계절에 대해서 언급하는 것이 가장 일반적이다. 혹은 주어진 사진과 같이 여러 인물이 등장할 때에는 두 인물간의 관계나 역할 등에 대해 추측하는 문장을 만들어보아도 좋겠다.

해석 ✏️

S1 이 사진은 골프 코스에서 찍었습니다. 사진에는 두 명의 골퍼가 있습니다. 한 여자가 골프공을 치려 하고 있습니다. 이 여자는 연한 노란색 셔츠를 입고, 감청색 반바지와 흰 야구 모자를 쓰고 있습니다. 그녀는 흰 운동화도 신고 있습니다. 아마도 남자는 캐디인 것 같습니다. 그는 빨간 셔츠와 반바지를 입고 있는데 골프 도구가 담겨 있는 듯한 커다란 가방 옆에서 있습니다.

S2 사진에 있는 두 사람은 골프에 몰두해 있는 것으로 보입니다. 두 사람 모두 반바지와 티셔츠를 입고 있는 것으로 보아 매우 더운 날인 것 같습니다. 둘 중 한 사람은 빨간색 유니폼을 입고 있는 것 같아 보이는데, 아마도 골프 치는 사람의 보조인 것 같습니다. 다른 사람은, 아마도 골퍼인 듯한데, 흰 글러브를 끼고서 조심스럽게 골프공을 치려 하고 있습니다. 뒤편으로는 많은 나무와 푸른 잎들이 있습니다.

Part 3 "Respond to Questions" 질문에 답하기

Questions 4-6 🕐 각 문제 준비시간 없음 / 답변시간 4 · 5번 15초, 6번 30초

Situation

Imagine that a Canadian marketing firm is doing research in your country. You have agreed to participate in a telephone interview about computer gaming.

캐나다의 한 마케팅 회사가 당신의 나라에서 설문조사를 한다고 가정해 봅시다. 당신은 컴퓨터 게임에 관한 전화 인터뷰에 응하기로 동의했습니다.

04　How often do you play computer games?

얼마나 자주 컴퓨터 게임을 하시나요?

Sample Response 1

I love to play computer games and play them whenever I can. I normally play about two or three times a week, usually in the evening.

Sample Response 2

I think computer games are a bit childish, so I don't play them very often. My brother is always playing computer games though, so sometimes I play them with him.

voca **do research** 연구하다 | **participate in** ~에 참여하다, 참가하다 | **how often ~?** 얼마나 자주 ~? | **whenever** ~할 때마다, ~할 때면 언제나 | **normally** 보통(은), 보통 때는 | **childish** 유치한

STRATEGY POINT 🎙

15초 동안 3개 이상의 문장을 말하는 것이 좋다. 질문을 그대로 활용하여 보다 쉽게 답변 문장을 만들어 보도록 하자.
① 주어 일치: you → I
② 동사 일치: play computer games
③ 의문사에 답하기: whenever I can
④ 종합하기: I play computer games whenever I can

질문에 대한 명확한 답변을 만들었다. 여기에 이유나 구체적인 사례를 덧붙이면 더 다채로운 표현이 될 수 있다.
⑤ 문장 늘리기: normally about two or three times a week (보통 일주일에 두 세 번)
⑥ 전체 문장 종합하기: I play computer games whenever I can, normally about two or three times a week.

이것만으로도 충분히 훌륭한 답변이 된다. 두 가지 문장만 더하면 **perfect**! 어떤 문장을 더하는 것이 좋을지 위의 모범답안을 참고하여 만들어보도록 하자.

---

05 Which genre of computer game is your favorite to play?

당신이 가장 좋아하는 컴퓨터 게임은 어떤 장르인가요?

Sample Response 1

My favorite computer games are sports games. I am a huge soccer fan and I love to play soccer games against my friends online.

Sample Response 2

I really enjoy adventure games. I like controlling a single character and following a storyline as it develops. It's like starring in your very own movie!

voca **genre** 장르 | **favorite** 가장 좋아하는 | **adventure** 모험 | **control** 지배(통제/장악)하다 | **character** (책·영화 등의) 등장인물 | **follow** (누구의 삶이나 무엇의 발달 과정을) 따라가다(계속 다루다) | **as** ~함에 따라 | **develop** (사상·이야기 등을) 전개시키다 | **star in** (영화·연극 등에서) 주연(주역)을 맡다

STRATEGY POINT 🎙

15초 동안 목표문장 3개를 말해 주면 좋다. 질문을 그대로 재활용해 쉽게 하나의 문장을 만들어 보자.
① 주어 일치: My favorite computer games
② 동사 일치: are
③ 의문사에 답하기: sports games
④ 종합하기: My favorite computer games are sports games.

하나의 완벽한 문장을 만들었다. 여기에 구체적으로 게임의 이름을 언급하거나 어떤 종류의 스포츠 게임을 주로 하는지 등을 덧붙이면 그럴듯한 문장을 만들어낼 수 있다.
⑤ 문장 늘리기: and I usually enjoy soccer games against my friends online (그리고 저는 보통 친구들과 온라인상에서 축구 게임을 즐깁니다)
⑥ 전체 문장 종합하기: My favorite computer games are sports games and I love to play soccer games against my friends online.

이로써 멋진 문장을 완성했다. 이에 더하여 스포츠 게임 외에도 즐기는 다양한 게임에 대해 말하거나 재미있게 게임을 즐겼던 실제 사례를 두 세 문장으로 더 표현할 수 있다면 훌륭한 답변이 될 수 있다. 모범답안을 활용하여 자신만의 문장을 만들어 보는 것도 좋은 방법!

06 Do you feel that computer games are too expensive these days?

요즈음의 컴퓨터 게임이 너무 비싸다고 생각하시나요?

Sample Response 1

Yes, I think they are a bit over-priced. They are much more expensive than other forms of entertainment, such as DVDs and CDs. New games are released regularly, so it can be a very expensive hobby if you want to play all of the latest games. If they were a bit cheaper, I would certainly buy them more often.

Sample Response 2

No, I think they are very reasonably priced. Lots of research and design work goes into making a computer game, so the designers deserve to be well compensated for their time. A game can take a long time to complete and provides many hours of entertainment for the player. I think computer games represent good value for money.

voca **expensive** 값비싼 | **a bit** 약간 | **overpriced** 값이 비싼, 가격이 높게 책정된 | **much** 〔비교급을 강조하여〕 한층 (더), 더욱 (더) | **release** 출시하다, 내놓다 | **regularly** 정기적으로, 규칙적으로 | **latest** 최신의 | **reasonably** 적절하게 **deserve** …을 받을 만하다(누릴 자격이 있다), …을 (당)해야 마땅하다 | **compensate A for B** A에게 B를 보상하다 **take** 시간(돈) **to do** ~하는데 시간이 걸리다 | **complete** 완성하다, 완료하다 | **represent** (…에) 해당(상당)하다 **good value for money** 가격에 합당한 가치가 있다, 값어치를 하다

> **STRATEGY POINT** 🎤
>
> 30초 동안 목표문장 5개를 말하면 **perfect!** 하지만 우리는 일단 기본적인 답변 문장을 하나 만들어 보도록 하자.
> ① Do동사의 일반 의문문은 Yes / No 답변이 가능한 질문 유형이므로 긍정 / 부정 답변을 먼저 정하도록 한다. 보통은 yes 답변이 답하기 더 수월한 경우가 많다.
> ② 주어 일치: you → I
> ③ 동사 일치: feel they are too expensive / feel they are a bit over-priced
> ④ 종합하기: Yes, I think they are a bit over-priced.
>
> 훌륭한 문장이다. 여기에 필요한 내용을 덧붙이면 금상첨화!
> ⑤ 문장 늘리기: because they are much more expensive than other forms of entertainment (왜냐하면 그것들은 다른 형태의 오락거리 보다 훨씬 더 비싸기 때문입니다)
> ⑥ 전체 문장 종합하기: Yes, I think they are a bit over-priced because they are much more expensive than other forms of entertainment, such as DVDs and CDs.
>
> 기본적인 문장에서 시작했지만, 살을 붙이다 보니 이렇게 훌륭한 문장이 되었다. 중요한 것은 질문에 단답형으로 단어 하나만 던지지 말고, 문장 구조를 갖추어 답변하는 것이다. 여기에 조금씩 살을 붙여 풍성한 표현을 만드는 것은 연습하기에 달려있다.

해석

Q4

S1 저는 컴퓨터 게임 하는 것을 매우 좋아하고, 할 수 있을 때면 언제든지 합니다. 보통 일주일에 두세 번 게임을 하는데, 대개는 저녁 시간입니다.

S2 컴퓨터 게임은 좀 유치한 것 같습니다. 그래서 자주 하지는 않습니다. 제 동생이 항상 컴퓨터 게임을 해서 가끔 동생과 함께 하곤 합니다.

Q5

S1 제가 가장 좋아하는 컴퓨터 게임은 스포츠 게임입니다. 저는 축구 광팬이어서 친구들과 온라인상에서 컴퓨터 게임을 하는 것을 매우 좋아합니다.

S2 저는 모험 게임을 아주 좋아합니다. 하나의 캐릭터를 조정해서 이야기가 전개됨에 따라 그것을 따라가는 것을 좋아합니다. 마치 저만의 영화에 주연을 하는 것 같거든요!

Q6

S1 네, 좀 비싸다고 생각합니다. DVD나 CD와 같은 다른 형태의 오락거리보다 훨씬 비싸지요. 새로운 게임들이 정기적으로 출시되는데, 만약 당신이 모든 최신 게임들을 즐기기를 원한다면 굉장히 돈이 많이 드는 취미가 될 거예요. 값이 좀 싸다면, 좀 더 자주 사겠지요.

S2 아니요, 매우 적절한 가격이라고 생각합니다. 컴퓨터 게임을 만드는 데에는 많은 연구와 디자인 작업이 이루어지기 때문에, 디자이너들은 그들의 시간을 제대로 보상받을 자격이 있습니다. 하나의 게임은 완성되는데 많은 시간이 걸리고 즐기는 사람들에게도 장시간의 즐거움을 줍니다. 컴퓨터 게임은 그 비용에 대한 충분한 값어치를 갖는다고 봅니다.

Part 4 "Respond to Questions Using the Information Provided" 주어진 자료를 활용하여 질문에 답하기

Questions 7-9 🕐 준비시간 30초 / 답변시간 7 · 8번 15초, 9번 30초

Charity Fundraiser 자선 모금 기금회

You are hereby invited to the annual Children's Charity Fundraising Ball and Dinner.

당신은 이로써 연간 아동 돕기 자선기금 모금 저녁 파티에 초청되었습니다.

The event will be held on Saturday 9th of July at 7 P.M.

at The Riverdale Social Club in Dinton.

행사는 7월 9일 토요일 저녁 7시에 딘턴의 리버데일 소셜 클럽에서 개최됩니다.

Dinner 저녁식사

Dinner will be served at 7.30 P.M. in the Rose room.

Please see our website www.CCBall.com for menu details.

저녁 식사는 7시 30분에 로즈 실에서 제공될 것입니다.

상세 메뉴를 위해 www.CCBall.Com의 저희 웹사이트를 방문해주세요.

Dancing and Entertainment 댄싱 & 엔터테인먼트

The entertainment will commence at 9.00 P.M. in the Ivy room, featuring a performance by a local jazz band. There will also be an auction of signed shirts donated by a local sports team. All proceeds will be given to the charity.

여흥은 밤 9시에 아이비 실에서 시작됩니다. 지역 재즈 밴드의 공연이 있을 것이며, 지역 스포츠 팀이 기증한 사인이 있는 셔츠들의 경매가 있을 것입니다. 모든 수익금은 자선 단체에 보내질 것입니다.

Tickets: $40 티켓: 40달러

To make a reservation, please call Kenny on 0800 4030 403

or e-mail Kenny@CCBall.com

예약을 하시려면, 0800 4030 403번으로 케니에게 전화 주시거나,

Kenny@CCBall.com으로 이메일을 보내주세요.

※ There is no parking available at The Riverdale Social Club.

리버데일 소셜 클럽에는 주차가 불가능합니다.

There is ample parking space at The Golden Hotel next door.

Please use this if possible.

옆 건물인 골든 호텔에 충분한 주차 공간이 있으니 가능하시다면 그 곳을 이용하세요.

 Narration

Hello. My name is Joshua. I've heard that there will be a Children's Charity Fundraising dinner and have a few questions. I'm sure you can help me with that.

안녕하세요. 제 이름은 조슈아라고 합니다. 아동 자선기금 모금회가 있을 거라 들었습니다. 몇 가지 문의할 사항이 있는데, 도와 주실 수 있을 거라 믿습니다.

 When does the charity event take place?

자선 행사는 언제 개최되나요?

Sample Response 1

The charity event takes place at 7 o'clock in the evening on the 9th of July.

Sample Response 2

It is happening on July 9th, which is Saturday, at 7 P.M.

voca **take place; happen** 개최되다(일어나다)

STRATEGY POINT

주어진 정보를 30초 동안 최대한 정확히 파악하는 것이 중요하다. 질문이 화면에 나오지 않고 음성으로만 들려준다는 것을 명심하자. 정보를 꼼꼼히 파악했다면 이제 질문 듣고 15초 동안 목표문장 3개를 말하자. 위의 질문을 그대로 활용하여 가장 쉽게 질문에 답변이 되는 문장을 만들어 보자.

① 주어 일치: the charity event
② 동사 일치: takes place
③ 의문사에 답하기: 7 o'clock in the evening on the 9th of July
④ 종합하기: The charity event takes place at 7 o'clock in the evening on the 9th of July.

훌륭한 하나의 문장이 완성되었다. 같은 내용이라도 표현할 수 있는 방법이 다양하므로 주어진 모범답안을 활용하여 다양한 표현을 연습해보도록 하자.

 What are guests advised to do with regards to parking?

주차와 관련하여 내빈들은 어떤 권고를 받았나요?

Sample Response 1

There are no facilities for people to park at The Riverdale Social Club, so guests are asked to use the parking facilities at the hotel next door.

Sample Response 2

People are asked to use the parking spaces at the adjacent Golden Hotel because there are no parking facilities available at the social club.

voca **guest** 손님, 하객, 내빈 | **advise** 충고하다, 권고하다 | **with regards to** ~에 관하여 | **parking** 주차 | **facility** 시설 | **state** 언급하다 | **ample** 충분한 | **adjacent** 인접한, 가까운

STRATEGY POINT 🎙

답변시간 15초가 지나면 또 다음 문제가 음성으로 나온다. 집중하여 질문의 의도를 파악해야 한다.
① 주어 일치: guests
② 동사 일치: are advised to do something (with regards to parking)
③ 의문사에 답하기: use the parking facilities at the hotel next door
④ 종합하기: Guests are advised(asked) to use the parking spaces at the adjacent Golden Hotel

이제 훌륭한 문장을 하나 만들었다. 모범답안을 참조하여 다양하게 답하는 연습을 해보자.

---

 09 What can you tell me about the charity event?

자선 행사에 관하여 이야기 해 주실 수 있나요?

Sample Response 1

The event begins at 7 P.M. on the 9th of July. Dinner is to be served in the Rose room at 7:30, followed by entertainment and dancing in the Ivy room at 9 pm. A jazz band is going to play at the event and there is also to be an auction to raise money for charity.

Sample Response 2

The Riverdale Social Club will host the event, which includes dinner and dancing. Tickets for the ball are priced at forty dollars and a reservation can be made by phoning or e-mailing Kenny. Signed sports shirts will be sold off at the event, with the profits going to the charity.

voca **charity** 자선(단체) | **serve** (식당 등에서 음식을) 제공하다; (음식을 상에) 차려 주다[내다] | **follow** (시간·순서상 으로) 뒤를 잇다 | **auction** 경매 | **raise** (자금·사람 등을) 모으다 | **include** 포함하다[시키다] | **ball** 무도회 | **by -ing** ~함으로써 | **profits** 수익금 | **with** 명사 **-ing** 명사가 ~한 채로

STRATEGY POINT 🎙

질문을 듣자마자 주어진 정보에서 charity event가 어디에 나타나는지 빨리 찾아야 한다. 여기에서는 charity event가 전반에 걸쳐 전달되는 소재이므로 전체 내용을 요약하여 나열해 주면 된다. 많은 내용을 요약하여 답할 때는 육하원칙에 따라 답하는 것이 가장 효과적이다. 즉 육하원칙에 해당하는 정보를 찾아 제공된 문장을 최소한으로 변형하여 답해 보는 연습이 초보자들에게 가장 바람직하다. 예를 들어 the event will be held on Saturday 9th of July at 7p.m and Dinner and entertainment will also be provided. The ticket is 40$. 라고 답변할 수 있을 것이다. 이 정도의 답변은 주어진 문장을 거의 변형시키지 않고도 가능한 훌륭한 답변이 될 수 있다. 질문을 듣고 이해하는 능력에 더해 종합적인 사고와 판단을 요하는 다소 난이도가 있는 문제이므로 연습을 통해 유창하게 답할 수 있는 능력을 키우도록 하자. 위에 제공된 모범답안들을 참조하여 다양한 표현을 연습해보도록 한다.

해석 ✎

Q7
S1 자선 행사는 7월 9일 저녁 7시에 있습니다.
S2 7월 9일에 있을 것인데, 토요일이고 저녁 7시입니다.

Q8
S1 리버데일 소셜 클럽에는 주차 시설이 없으므로 내빈들은 옆 건물인 호텔의 주차 시설을 이용하도록 요청을 받았습니다.
S2 인접한 골든 호텔의 주차 공간을 이용할 것을 사람들에게 권고하고 있습니다. 소셜 클럽에는 이용 가능한 주차 공간이 없기 때문입니다.

Q9
S1 행사는 7월 9일 저녁 7시에 시작하며 저녁 식사는 로즈 실에서 7시 30분에 제공됩니다. 이어서 9시에는 아이비 실에서 엔터테인먼트와 댄싱이 있을 것이고 재즈 밴드가 공연을 할 것입니다. 또한, 자선 단체를 위한 기금을 모으기 위해 경매가 열릴 것입니다.
S2 리버데일 소셜 클럽이 이 행사를 주최하는데, 저녁 식사와 댄싱이 있을 것입니다. 무도회의 티켓은 40달러로 케니에게 전화를 하거나 이메일을 보내서 예약을 하실 수 있습니다. 행사에서 선수들의 사인이 담겨 있는 셔츠가 팔릴 것이고, 수익금은 자선 단체에 기부될 것입니다.

Part 5 "Propose a Solution" 해결방안 제시하기

Question 10  준비시간 30초 / 답변시간 60초

In your response, be sure to 대답할 때에는 다음 사항을 반드시 숙지하십시오.

· show that you recognize the problem, and 주어진 과제가 무엇인지 인지하였음을 보여주십시오.

· propose a way of dealing with the problem. 그 과제를 어떻게 다뤄야 하는지 방법을 제시하십시오.

Question Script

Hi, Susan? This is Frank. We've got a bit of a problem here. My car has broken down on the way to the conference. There seems to be some problem with the engine. I'm about 30 minutes away from the venue and the meeting starts in 45 minutes. I tried to fix the engine myself, but I was unable to. To make matters worse, I accidentally got some oil on my shirt. It's pretty much ruined. Can you help me, Susan? This conference is too important to miss.

안녕하세요? 수잔 씨. 저는 프랭크입니다. 약간의 문제가 발생했는데요. 제가 컨퍼런스에 가는 도중에 차가 고장이 났습니다. 엔진에 문제가 좀 있는 것 같습니다. 저는 행사 개최지에서 30분 거리 정도에 있는데, 회의는 45분 후에 시작됩니다. 제가 혼자서 엔진을 고쳐보려고 했지만, 할 수가 없었어요. 설상가상으로, 어쩌다가 셔츠에 기름이 묻어버렸습니다. 꽤 얼룩이 졌어요. 저를 도와주실 수 있나요, 수잔 씨? 이번 컨퍼런스는 놓치기에는 너무 중요합니다.

voca **break down** (기계 따위가) 고장 나다 | **on one's way to** ~로 가는 길에(도중에) | **venue** (행사)개최지 | **to make matters worse** 설상가상으로 | **accidentally** 우연히, 사고로 | **ruined** 엉망이 된 | **miss** 놓치다

Sample Response 1

Ⓐ Okay, Frank. Relax. That's quite a muddle you've got yourself into there.
Ⓑ Don't worry, we can work it out. Ⓒ I am going to send George from the sales department along to meet you. According to the GPS, he is only about 10 minutes away from you right now. He can pick you up and take you to the conference. With regards to the shirt, there is a clothing store just two blocks down from the conference center. It's called "Sam's Suits" and you should be able to pick up a clean shirt from there.

Sample Response 2

I'm sorry to hear that, Frank. You're having a lot of bad luck today. I think the best solution would be to call a taxi. It will be expensive, but this is an emergency, so we can charge it to the company credit card. If the oil stain is visible, we'll need to get you a clean shirt. I'm not familiar with the area, but the taxi driver should know of a suit shop where you could pick one up. Again, it's urgent, so just charge it to the company account. I will arrange for a mechanic to pick up your car for repair. Does that sound okay?

voca **muddle** 뒤죽박죽인(마구 헝클어진) 상태 | **get into a muddle** 혼란에 빠지다, 곤경에 처하다 | **work something out** ~을 해결하다((답을) 알아내다) | **according to** ~에 따르면 | **with regards to** ~에 관하여 | **charge** (요금 · 값을) 청구하다; 신용 카드로 사다 | **company credit card** 법인 카드 | **stain** 얼룩 | **visible** 눈에 보이는, 가시의 **arrange** 조정하다, 배열하다 | **mechanic** 기계공, 수리공

STRATEGY POINT 🎙

답을 할 때에는 항상 정해진 틀에 따라 답하려 노력을 하자. 그리고 중요한 두 가지는, 상대방의 문제를 인식했음을 명확히 말하는 것과 해결책을 필히 제시 해야 한다는 것이다. 이 문제의 경우 곤란한 상황에 처한 남자(Frank)가 직장 동료(Susan)에게 조언을 구하는 유형의 문제이므로 이에 적절한 답변을 하도록 한다.

📋 **기본 format** (STEP 2, 3 필수!)

STEP 1 상대방의 이름, 자기 소개

↓

STEP 2 전화를 건 목적 – 상대방이 말했던 문제점을 요약해서 언급함
　　　　　　　　　　　　 – 문제가 생기게 된 상황 설명(원인 또는 변명)

↓

STEP 3 해결책 제시(문제점에 대한 긍정적 해결 방안을 제시한다) – 답변시간 60초의 대부분이 해결책
　　　　　 제시에 할당된다.

↓

STEP 4 끝인사

Point Ⓐ 상대방의 이름과 자기소개: 상대방의 이름을 언급해주는 것이 좋다. 생소한 고유명사인 이름을 잘 기억하기 위해서는 이름을 들었을 때 두세 번 반복해서 소리 내어 말해보는 것이 좋다.

Point Ⓑ 직장 동료로서 곤란한 상황에 처한 남자에게 적절한 조언과 해결방안을 전해야 하는 상황이므로 여기에서는 문제점에 대한 인식여부 정도를 전달하는 것으로 충분하다. Don't worry, we can work it out이라는 표현으로 상대방을 진정시키는 여유도 보여줄 수 있다.

Point Ⓒ 예시답안을 보면 차량 문제와 셔츠에 대한 해결책을 모두 제시했다. 이렇게 답하기란 쉽지 않다. 일단 다양한 문제 상황에 대한 해결책이나 조언의 내용을 평소에 많이 연습을 하는 것이 중요하다. Practice makes PERFECT! 모범답안을 꼼꼼히 분석하여 본인만의 완벽한 답안을 다시 구성해보는 연습을 반복한다면 Part 5 역시 정복할 수 있을 것이다.

Point Ⓓ 끝인사: 문제를 유발시킨 입장이라면 다시 한 번 정중한 사과의 말을 하면서 마무리하는 것도 좋지만, 상황에 대한 마무리를 하는 것도 바람직한 방법 중 하나이다.

Point Ⓔ Part 5 필수단어 및 표현정리 부분을 암기하여 적용하는 것을 반복 연습하자. 또한, 상황에 대해 명확히 파악하고 각 상황에 적절한 어조를 유지하는 것도 좋은 점수를 얻는 방법이 된다. 이와 같은 문제 상황에 대한 해결책을 제시하는 상황에서는 사과문에 적절한 정중한 어조로 답할 수 있도록 한다.

해석 ✏

S1 네, 프랭크 씨. 일단 진정하세요. 곤경에 처하셨군요. 걱정하지 마세요! 저희가 해결해 드리겠습니다. 제가 판매 부서의 조지 씨가 당신을 만나도록 보내겠습니다. GPS에 따르면, 조지 씨는 현재 당신이 있는 곳에서 10분 거리에 있습니다. 그가 당신을 컨퍼런스 장까지 데려다 줄 수 있을 것입니다. 셔츠에 관해서는, 그 컨퍼런스 센터에서 두 블록 아래에 의류점이 있어요. "샌즈 수츠"라고 하는 곳인데. 거기에서 깨끗한 셔츠를 고를 수 있습니다.

S2 유감이군요, 프랭크 씨. 당신은 오늘 좀 불운이 겹치신 것 같네요. 최상의 해결책은 택시를 부르는 것 같습니다. 비용이 많이 들겠지만, 긴급 상황이니만큼, 법인 카드로 비용을 지불하겠습니다. 기름얼룩이 눈에 띤다면, 깨끗한 셔츠를 입을 수 있도록 해드리겠습니다. 저는 그 곳 지리에 익숙하지 않지만, 당신이 셔츠를 고를 수 있는 의류점을 택시 기사가 분명히 알 것입니다. 다시 말하지만, 긴급한 상황이기 때문에 회사법인 카드로 지불하세요. 제가 당신의 차량 수리를 위해 수리공에게 연락하겠습니다. 괜찮겠죠?

Part 6 "Express an Opinion" 의견 제시하기

Question 11 🕐 준비시간 15초 / 답변시간 60초

These days, lots of parents are sending their children to study abroad. Do you think this is a good idea?

요즘 많은 부모들이 공부를 시키기 위해 그들의 자녀들을 해외로 보내고 있습니다. 좋은 생각이라고 보시나요?

voca **spend** 시간 (in) **-ing** ～하는데 시간을 보내다

Sample Response 1

I think that this is an excellent idea. It allows children to experience a completely different culture and way of life. They can make new friends and learn about a part of the world that they may not have had the chance to see otherwise. Also, I believe this to be a good strategy for language learning, as they would be immersed in the foreign language. I think it is a fantastic opportunity for children.

Sample Response 2

Ⓐ No, I don't think that it is a particularly good idea. Ⓑ Children need the support of their family when they are very young. By sending them far away to a foreign country, the family may be separated for a long period of time. Ⓑ They would also be away from their friends and may struggle to make new ones when they return. Ⓒ I think children need stability in their lives, so I disagree that it is a good idea.

voca **abroad** 해외로, 외국으로 ｜ **allow** 허락하다 ｜ **experience** 경험하다 ｜ **completely** 완전히 ｜ **make friends** 친구를 사귀다 ｜ **otherwise** 그렇지 않으면 ｜ **strategy** 전략, 계략 ｜ **immerse** 수렴하다, 몰입하다, 푹 빠지다 ｜ **foreign** 외국의 ｜ **opportunity** 기회 ｜ **particularly** 특별히, 특히 ｜ **support** 보조, 도움,지지 ｜ **by -ing** ～함으로써 **separate** 분리시키다, 나누다 ｜ **divide** 나누다(나뉘다), 가르다 ｜ **struggle** 투쟁(고투)하다, 몸부림치다 ｜ **stability** 안정(성)

STRATEGY POINT 🎧

질문의 내용을 파악하고 문제를 읽어주는 동안 이미 brainstorming을 통해 답변 format에 들어갈 내용을 생각하기 시작해야 한다. 준비시간 15초도 현명하게 활용하여 최대한 정돈된 답변을 할 수 있도록 연습해야 한다. Part 6의 관건은 유창성에 더하여 논리성이다.

📄 기본 format

① **서론**: 화면에 제시된 질문을 그대로 재활용하여 본인의 입장을 밝힌다. 여기서 찬반을 묻는 질문이라면 중립적인 입장보다는 명확히 한 입장을 취하는 것이 좋다. 중요한 한 가지! 두괄식 답변을 하도록 한다.

↓

② **본론**: 두 가지 정도의 근거를 들거나 본인이 경험, 사례를 하나 정도 드는 것이 좋다. 이야기를 만들어 낼 수 있는 순발력도 필요하다.

↓

③ **결론**: 서론의 문장을 재탕! 그대로 말하기 보다는 paraphrasing으로 약간의 변화를 주는 것이 더 좋다

제시된 상황에 대한 의견을 묻고 있다.

Point Ⓐ 찬반을 묻는 질문에 중립적으로 답하는 것은 반드시 피해야 한다. 준비 시간 동안 자신의 입장을 분명히 정하고 뒷받침 할 수 있는 근거나 구체적 사례 등을 미리 생각해 두는 것이 관건이다.

Point Ⓑ 첫 번째 문장으로 제시한 자신의 의견을 뒷받침 할 수 있는 근거나, 구체화 시킬 수 있는 예시를 들어주는 것이 좋다. 평소에 다양한 주제에 관하여 의견을 정리해 보는 것도 도움이 되겠다. 예시 답안에서는 첫 번째 이유로 아동은 가족의 보살핌이 필요한 존재라는 점을 들었고 이에 더해 아이가 다시 한국으로 돌아왔을 때 겪을 어려움에 대한 부분도 언급했다.

Point Ⓒ 처음 제시했던 주제문을 그대로 말하거나 동의어로 살짝 변화하여 다시 말하며 결론을 내리면 된다. 표현하고 싶은 내용을 그대로 전달하기 위해서는 문장력과 어휘력이 모두 갖추어져야 하는데 이는 빠른 시간 안에 해결될 수 있는 부분이 아니다. 평소 시간이 다소 소요되더라도 연습을 통해 실력을 갖출 수 있도록 하자.

Part 6에서는 논리적인 연결이 중요하다. 서론에서 주장하는 바와 결론의 내용이 뒤집혀 버리면 아무리 멋진 어휘로 표현을 했더라도 좋은 점수를 받을 수 없다.

해석 ✎

S1 훌륭하다고 생각합니다. 그로 인해 아이는 완전히 다른 문화와 삶의 방식을 경험할 수 있습니다. 아이들은 새 친구들을 사귀고, 그렇지 않았다면 볼 기회조차 없었을 세상의 일부에 대해서 배울 수 있습니다. 또한, 이것이 언어 학습에도 좋은 전략이 될 수 있다고 생각합니다. 왜냐하면 그들은 외국어에 몰입될 것이기 때문입니다. 저는 이것이 아이에게 아주 좋은 기회라고 생각합니다.

S2 아니오, 저는 그것이 특별히 좋은 생각이라고 보지는 않습니다. 아이들은 가족의 부양을 필요로 합니다. 특히 그들이 매우 어릴 때에는요. 아이들을 먼 외국으로 보냄으로써, 가족은 장기간 동안 떨어져 있게 될 것입니다. 그들은 또한 그들의 친구들과도 헤어지게 되고, 돌아왔을 때 새로운 친구들을 사귀느라 어려움을 겪을 것입니다. 그 시기에는 안정성이 필요하다고 봅니다. 그래서 저는 이것이 좋은 생각이라는 것에 동의하지 않습니다.

Actual Test 9
& Study Strategies

ACTUAL_TEST_09.mp3

※ **mp3** 파일을 활용하여 실전 모의고사 1회분을 풀어보고 뒤의 전략 파트를 학습하세요.

TOEIC Speaking

Questions 1-2: Read a Text Aloud

Directions: In this part of the test, you will read aloud the text on the screen. You will have 45 seconds to prepare. Then you will have 45 seconds to read the text aloud.

TOEIC Speaking

Question 1 of 11

Good afternoon, everybody. I'd like to welcome you to Kendrick Castle. Kendrick Castle has a very interesting history. It was the home of the Royal Family for over a hundred years, and the birthplace of the famous artist Elena Kendrick. A book featuring some of Ms. Kendrick's paintings is available in the castle gift shop, which is at the main entrance. All money from the gift shop goes towards the restoration of the castle's damaged roof. Now, please follow me.

PREPARATION TIME
45 seconds

RESPONSE TIME
45 seconds

Looking for the most professional catering service for your office party or corporate event? Well, stop searching and check out Diamond Catering. Diamond Catering has menus to suit every kind of celebration. We now offer a range of entertainment options to make your event even more enjoyable. Also, we are pleased to offer a discount to first-time customers. Visit our website at www.diamondcatering.com for more details.

PREPARATION TIME
45 seconds

RESPONSE TIME
45 seconds

Actual Test 9

Question 3: Describe a Picture

Directions: In this part of the test, you will describe the picture on your screen in as much detail as you can. You will have 30 seconds to prepare your response. Then you will have 45 seconds to speak about the picture.

PREPARATION TIME
30 seconds

RESPONSE TIME
45 seconds

TOEIC Speaking

Questions 4-6: Respond to Questions

Directions: In this part of the test, you will answer three questions. For each question, begin responding immediately after you hear a beep. No preparation time is provided. You will have 15 seconds to respond to Questions 4 and 5, and 30 seconds to respond to Question 6.

TOEIC Speaking

Question 4 of 11

Imagine that an American marketing firm is doing research in your country. You have agreed to participate in a telephone interview about pets.

Q. Do you currently own any pets?

RESPONSE TIME
15 seconds

Imagine that an American marketing firm is doing research in your country. You have agreed to participate in a telephone interview about pets.

Q. What do you think should be the main consideration when deciding whether to get a pet?

RESPONSE TIME
15 seconds

Imagine that an American marketing firm is doing research in your country. You have agreed to participate in a telephone interview about pets.

Q. These days, many people prefer to have more exotic pets, such as snakes and lizards, rather than traditional pets, such as dogs and cats. Do you think it is appropriate to keep exotic kinds of pets in the home?

RESPONSE TIME
30 seconds

Questions 7-9: Respond to Questions Using Information Provided

Directions: In this part of the test, you will answer three questions based on the information provided. You will have 30 seconds to read the information before the questions begin. For each question, begin responding immediately after you hear a beep. No additional preparation time is provided. You will have 15 seconds to respond to Questions 7 and 8, and 30 seconds to respond to Question 9.

King's Elementary School

Excellence in Education since 1907

Here are the details of some of the important events taking place over the next month:

June 5: Summer Carnival

Come and support our school at this annual fundraiser. All proceeds from this year's event will go towards purchasing new gym equipment. Tickets: $5. Duration: 9 am until 3 pm.

June 17: Sports Day

Our sports day promises to be another exciting occasion as the Owl team fights to defend its title. Field events will take place from 9 am to 11 am and track events from 1 pm to 3 pm. Refreshments will be provided to all spectators.

June 25: Graduation

We are proud to announce that graduation for all students will take place on June 25th this year. Please make sure that your child is dressed in the appropriate uniform. Two family members may attend. Ceremonies begin at 1 pm, starting with class 1A. For information on specific class graduation times for Level 2 and 3 classes, please visit our website: www.kingselementary.edu

PREPARATION TIME
30 seconds

Q7.	**Q8.**	**Q9.**
RESPONSE TIME	RESPONSE TIME	RESPONSE TIME
15 seconds	15 seconds	30 seconds

Question 10: Propose a Solution

Directions: In this part of the test, you will be presented with a problem and asked to propose a solution. You will have 30 seconds to prepare. Then you will have 60 seconds to speak.

In your response, be sure to
· show that you recognize the problem, and
· propose a way of dealing with the problem.

Narration: (Recorded Voice)

In your response, be sure to
· show that you recognize the problem, and
· propose a way of dealing with the problem.

PREPARATION TIME
30 seconds

RESPONSE TIME
60 seconds

TOEIC Speaking

Question 11: Express an Opinion

Directions: In this part of the test, you will give your opinion about a specific topic. Be sure to say as much as you can in the time allowed. You will have 15 seconds to prepare. Then you will have 60 seconds to speak.

TOEIC Speaking

Question 11 of 11

Some medicines are tested on animals before being made available to humans. Do you agree that this practice is necessary?

PREPARATION TIME
15 seconds

RESPONSE TIME
60 seconds

Part 1 **"Read a Text Aloud"** 지문 낭독하기

Questions 1-2 각 문제 준비시간 45초 / 답변시간 45초 〈 / : 끊어 읽기   **굵은 글씨** : 강조해서 읽기〉

01 관광 안내

Ⓐ Good afternoon, everybody. I'd like to **welcome** you to **Kendrick Castle**.

Ⓑ **Kendrick Castle** has a very interesting history. / It was the home of the **Royal Family** for over a hundred years, / and the birthplace of the famous artist **Elena Kendrick**. Ⓒ **A book** / featuring some of Ms. Kendrick's paintings / is available in the **castle gift shop**, / which is at the main entrance. All money from the gift shop goes towards the **restoration** of the castle's damaged **roof**. Now, please follow me.

voca **birthplace** (특히 유명인의) 생가〔출생지〕 | **feature** 특별히 포함하다, 특징으로 삼다 | **main entrance** 정문 | **go towards** ~의 값〔비용〕으로 들어가다〔쓰이다〕 | **restoration** (낡은 건물 · 그림 등의) 복원〔복구〕 | **damaged** 손해〔피해〕를 입은; 하자가 생긴

STRATEGY POINT 🎤

Point Ⓐ 관광지를 안내하는 가이드의 안내문! 해당 관광지에 대한 정보와 투어의 순서 등 전달하고자 하는 중요한 정보들을 강조하여 읽도록 한다. 광고문이나 관광 안내문과 같은 글의 경우 예정된 청자인 고객이나 관광객의 관심을 불러일으키는 것이 그 목적이므로 밝고 경쾌한 어조로 읽는 것이 좋다.

Point Ⓑ 관광지에 대한 역사적인 배경을 전달하고 있다. 고유명사 등을 강조하여 읽고, 쉼표나 접속사 앞에서는 잠시 쉬어 읽도록 한다.

Point Ⓒ 분사구의 수식을 받아 길어진 주어는 해당 준동사구 앞에서 끊어 읽도록 하고, 문장 후반의 관계사절 앞에서도 한 번 끊어 읽는 것이 좋다.

해석 🖊

Q1 안녕하세요, 여러분. 켄드릭 성에 오신 것을 환영합니다. 켄드릭 성은 매우 흥미로운 역사를 가지고 있습니다. 이곳은 백년이 넘는 동안 왕실의 집이었으며, 유명한 예술가 엘레나 켄드릭의 출생지이기도 합니다. 켄드릭 여사의 그림 일부가 수록된 책은 이 성의 정문에 위치한 기념품점에서 구입하실 수 있습니다. 기념품점의 모든 수입은 이 성의 파손된 지붕을 복원하는데 쓰입니다. 자, 따라 오시죠.

02 광고문

Ⓐ Looking for the **most professional catering service** for your **office** party or **corporate** event? / Well, / stop searching and check out **Diamond Catering**. Ⓑ **Diamond Catering** has **menus** to suit **every** kind of **celebration**. / We now **offer** a range of **entertainment options** to make your event **even more** enjoyable. / Also, / we are pleased to **offer** a **discount** to **first-time** customers. Visit our website at www.diamondcatering.com for more details.

voca **look for** ~을 찾다 │ **professional** 전문적인 │ **catering** 음식공급(업) │ **corporate** 기업의, 회사의 │ **stop -ing** ~하는 것을 멈추다 │ **suit** (…에게) 편리하다(맞다) │ **celebration** 기념(축하) 행사 │ **a range of** 다양한 │ **option** 선택(권) │ **enjoyable** 즐거운 │ **first-time** (무엇을) 처음으로 해 보는

STRATEGY POINT 🎙

Point Ⓐ 광고문이다. 광고되는 상품이나 서비스가 무엇인지 파악하여 전달하도록 하며, 업체명이나 상품명 등을 또박또박 읽어야 함은 기본! 글의 특성 상, 소비자가 될 청자의 관심을 불러일으키는 것이 그 목적이므로 경쾌하고 밝은 어조로 읽는 것이 좋다. 또한 너무 급하게 읽지 않도록 유의해야 한다. more, better, best, highest와 같은 최상급(혹은 비교급)을 나타내는 어휘는 다른 단어에 비해 강조해서 읽어 청자의 주의를 끌 수 있도록 한다. 광고를 통해 전달하고자 하는 서비스인 catering service와 업체의 이름인 Diamond Catering 역시 강조하여 읽어야 한다

Point Ⓑ 광고문에서 반드시 제시되는 광고상품의 특성과 장점 및 제안 사항에 대한 내용이다. 준비시간을 활용하여 지문의 내용을 명확히 파악하고 어느 부분을 강조할지 미리 생각해두도록 하자. 예시문의 경우 업체의 메뉴, 엔터테인먼트 옵션에 대해 소개 하고 있으며, 처음 이 서비스를 이용하는 고객에게는 할인을 제공한다는 내용이므로 해당 어휘들을 강조하여 읽도록 하고, 문장과 문장 사이, 쉼표 등에서는 적절히 끊어 읽도록 한다.

해석

Q2 사무실 파티나 기업 행사를 위한 가장 전문적인 출장 연회 서비스를 찾고 계신가요? 검색은 그만하시고 다이아몬드 출장 연회를 찾아보세요. 다이아몬드 출장 연회는 모든 종류의 축하 행사에 적합한 메뉴를 갖추고 있습니다. 저희는 여러분의 행사를 훨씬 더 즐겁게 만들기 위해 현재 다양한 오락거리 선택권도 제공하고 있습니다. 또한, 처음 이용해 주시는 고객님들께는 할인 혜택도 드립니다. 더 자세한 사항을 원하시면 www.diamondcatering.com의 저희 웹사이트를 방문해 주세요.

Part 2 **"Describe a Picture"** 사진 묘사하기

Question 3 ⏰ 준비시간 30초 / 답변시간 45초

Sample Response 1

Ⓐ This picture displays a laptop computer. The screen of the computer is bright blue and seems to display a night scene, as the moon is visible in the upper left corner. The computer keys are black in color and the letters on them are white. Ⓒ The mouse is also black and is resting upon a mouse mat. The mouse mat, which is upside down, appears to have some sort of advertising imprinted upon it.

Sample Response 2

Ⓐ The picture shows a notebook computer resting upon a white desk. Ⓑ The keyboard and mouse of the computer are both black. The computer appears to be switched on and a picture of a mountain at night seems to be shown on the screen. Ⓒ A CD or DVD can be seen on the table behind the computer. Ⓓ The notebook appears to be connected to a main power supply, as the black power adapter is plugged into the right hand side.

voca **display** 진열〔전시〕하다; 보여주다 | **visible** 눈에 보이는, 가시의 | **upper** 상단의, 위쪽의 | **key** 키(타자기 등의) **in color** 색깔을 넣은 | **letter** 문자, 글자 | **upside down** 거꾸로〔뒤집혀〕 | **advertising** 광고〔업〕 | **imprint** 찍다, 새기다 | **rest upon** ~위에 놓여있다 | **both** 둘 다〔의〕, 모두 | **behind** ~뒤쪽에 | **connect** 연결시키다 | **power supply** 전력

STRATEGY POINT 🎤

사람이 없는 문제의 기본 format을 사용하자.

📄 기본 format

STEP 1 사진의 내용을 한 문장으로 집약
   ↓
STEP 2 주인공의 차림새와 외모에 대해 설명 (여러 명일 때에는 위치별 인물 설명)
   ↓
STEP 3 주인공의 행동을 상세히 묘사
   ↓
STEP 4 주인공 이외의 것들에 대해 언급 (배경 사항)
   ↓
STEP 5 마무리 (추측 문장 강추!)

Point Ⓐ 사물 위주의 사진이어서 장소를 특별히 언급하기가 애매하다면 "(책상 위에 있는) 노트북을 찍은 사진입니다." 정도로 간단하게 사진 전체를 묘사하면 된다. This picture displays a laptop computer라고 표현해 볼 수 있다. 사물의 위치에 대해 전치사구나 분사구를 활용해서 The picture shows a notebook computer resting upon a white desk라고 표현할 수 있다면 금상첨화!

Point Ⓑ 다음으로, 위치 별 주요 사물들을 묘사할 차례이다. 사물의 위치와 외형, 특징에 대해 묘사하면 된다. 쉽게는 사물의 모양과 색깔, 수량, 위치 관계 등을 묘사할 수 있다. 특정 사물을 설명할 때 단어를 모르는 경우에는 풀어서 쉬운 단어, 아는 단어로 설명을 하면 된다. 문장을 만들 때 가장 중요한 것은 얼마나 수준 높은 단어를 쓰는지가 아니라 기본적인 문장의 틀, 구조가 잡혀있는가이다.

Point Ⓒ 필요하다면 기타 주변 상황을 덧붙여 말할 수도 있다. 사진 속에 노트북을 제외한 나머지 부수적인 사물이나 배경에 대해 설명하면 된다. CD나 마우스에 대해 언급할 수 있겠고, 나아가 마우스 패드가 뒤집혀 있는 것 같다고도 할 수 있다면 더 없이 훌륭한 묘사가 되겠다.

Point Ⓓ 개인적인 느낌으로 마무리하기! 주측성 표현도 좋다. 사진에 등장하는 사물을 소재로 The notebook appears to be connected to a mains power supply, as the black power adapter is plugged into the right hand side라고 묘사해 볼 수 있겠다.

해석 ✎

S1 이 사진은 랩탑 컴퓨터를 보여줍니다. 컴퓨터의 화면은 밝은 파란색이며, 왼쪽 상단의 모서리에 달이 보이는 것으로 보아 야경을 보여주고 있는 것 같습니다. 컴퓨터의 키는 검정색이고 그 위의 문자들은 흰색입니다. 마우스 역시 검정색으로 마우스 패드 위에 놓여 있습니다. 마우스 패드는 위아래가 뒤집혀 있는데, 그 위에 일종의 광고가 찍혀 있는 것으로 보입니다.

S2 사진은 하얀 책상 위에 놓여 있는 노트북 컴퓨터를 보여줍니다. 컴퓨터의 키보드와 마우스는 모두 검정색입니다. 컴퓨터는 켜져 있는 것으로 보이는데, 밤에 찍은 산의 사진이 화면에 보이고 있습니다. **CD 또는 DVD로 보이는 것**이 테이블 위에 컴퓨터 뒤쪽으로 보입니다. 노트북 컴퓨터는 전원에 연결된 것으로 보이는데, 검정색 전원 어댑터가 오른쪽에 꽂혀 있습니다.

Part 3 "Respond to Questions" 질문에 답하기

Questions 4-6 ⏰ 각 문제 준비시간 없음 / 답변시간 4 · 5번 15초, 6번 30초

Situation

Imagine that an American marketing firm is doing research in your country. You have agreed to participate in a telephone interview about pets.

미국의 한 마케팅 회사가 당신의 나라에서 설문조사를 한다고 가정해 봅시다. 당신은 애완동물에 관한 전화 인터뷰에 응하기로 동의했습니다.

04 Do you currently own any pets?

당신은 현재 애완동물을 기르시나요?

Sample Response 1

Yes, I have a black Labrador puppy at home. He's about six months old and very playful. His name is Toby.

Sample Response 2

No, I don't really like animals very much. I'm allergic to cat hairs and I think pets become too much of a chore to keep around the house.

voca **do research** 연구하다 | **participate in** ~에 참여하다, 참가하다 | **currently** 현재, 지금 | **pet** 애완동물 **Labrador puppy** 래브라도 종 강아지 | **playful** 장난기 많은; 놀기 좋아하는 | **allergic** 알레르기가 있는 | **chore** 집일, 잔일

> **STRATEGY POINT** 🎙
>
> 15초 동안 목표문장 3개를 말해 주면 좋다. 질문을 그대로 재활용해 쉽게 하나의 문장을 만들어 보자.
> ① Do동사의 일반 의문문은 Yes / No 답변이 가능한 질문 유형이므로 긍정 / 부정 답변을 먼저 정하도록 한다. 보통은 yes 답변이 답하기 더 수월한 경우가 많다.
> ② 주어 일치: you → I
> ③ 동사 일치: own[have] a pet[dog/cat/hamster/lizard] at home
> ④ 종합하기: Yes, I have a black Labrador puppy at home.
>
> 훌륭한 문장이다. 여기에 필요한 내용을 덧붙이면 금상첨화!
> ⑤ 문장 늘리기: and his name is Toby (그리고 그것의 이름은 토비 입니다)
> ⑥ 전체 문장 종합하기: Yes, I have a black Labrador puppy at home and his name is Toby.
>
> 여기에 한 두 문장을 더하면 완벽한 답안이 된다. 모범답안을 활용하여 자신만의 문장을 만들어 보는 것도 좋은 방법!

05 What do you think should be the main consideration when deciding whether to get a pet?

애완동물을 기를지 말지에 대해서 결정할 때에 주로 무엇을 고려해야 한다고 생각하나요?

Sample Response 1

I think cost is the main consideration. Pets can be very expensive, with the initial cost of buying them and the price of vaccinations and food. I think that an owner must think carefully about whether they can afford to keep them.

Sample Response 2

I think the amount of free time you have is an important consideration. Some pets can be demanding of our time. Dogs, for example, need to be walked everyday and can't be left alone when young. It would be unfair to get a pet if we didn't have time to care for it.

voca **main** 주된, 주요한 | **consideration** 고려 사항 | **whether to** 동사원형 ~할지 아닐지 | **cost** 비용 | **initial** 초기의, 처음의, 원래의 | **vaccination** 백신(예방) 접종 | **afford** (…을 살 · 할 금전적 · 시간적) 여유(형편)가 되다 | **demanding** 부담이 큰, 힘든, 요구가 많은 | **walk** 산책시키다 | **unfair** 불공정한, 부당한 | **care for** ~를 보살피다(돌보다)

STRATEGY POINT 🎙

15초 동안 3개 이상의 문장을 말하는 것이 좋다. 질문을 그대로 활용하여 보다 쉽게 답변 문장을 만들어 보도록 하자.
① 주어 일치: you → I
② 동사 일치: think something(질문에 대한 답변) is an important consideration
③ 의문사에 답하기: the amount of free time you have
④ 종합하기: I think the amount of free time you have is an important consideration.

자, 이제 완벽한 하나의 문장을 만듦과 동시에 질문에도 정확하게 답변하였다. 이제 여기에 덧붙여, 이렇게 생각하는 이유나 구체적인 예를 들어보면 더 훌륭한 문장이 될 수 있다.
⑤ 문장 늘리기: because some pets can be demanding of our time (왜냐하면 일부 애완동물들의 경우 우리의 시간을 요구할 수 있기 때문이다)
⑥ 전체 문장 종합하기: I think the amount of free time you have is an important consideration because some pets can be demanding of our time.

일단 초보자의 입장에서 완벽한 복문 만들기에 성공했으니, 나머지 추가 문장은 모범답안을 참고하여 만들어 보도록 하자.

06 These days, many people prefer to have more exotic pets, such as snakes and lizards, rather than traditional pets, such as dogs and cats. Do you think it is appropriate to keep exotic kinds of pets in the home?

요즘은 많은 사람들이 전통적인 애완동물인 개나 고양이보다 뱀이나 도마뱀과 같은, 색다른 애완동물을 기르려는 경향을 보입니다. 가정에서 이러한 이국적인 애완동물을 키우는 것이 적절하다고 생각하나요?

Sample Response 1

I don't really think it's appropriate for people to keep exotic pets in their home. I think some animals make good pets because they can easily interact with humans, but a snake or lizard can't really interact with us as much as a cat or a dog. Also, some large snakes that people like to keep can be dangerous to other animals or humans. I think these kinds of animals are better off in the wild.

Sample Response 2

I think that people should be able to have whatever kinds of pet they want, as long as they are able to care for it properly. Different people prefer different animals and not everyone likes dogs and cats. They may also feel that dogs cost too high maintenance and would prefer a snake or turtle, which require much less attention. I see no problem with keeping exotic pets in the home as long as they are not dangerous and are treated properly.

voca **prefer to** ~보다 …을 선호하다(더 좋아하다) | **exotic** 이국적인, 색다른 | **lizard** 도마뱀 | **A rather than B** B보다 (오히려) A | **traditional** 전통적인 | **appropriate** 적절한, 적합한 | **make** (성장 · 발달하여) …이 되다 | **interact** 상호 작용하다, 서로 영향을 끼치다 (with) | **dangerous** 위험한 | **whatever** ~라면 무엇이든지 | **as long as** ~하는 한 | **care for** ~을 돌보다, 보살피다 | **properly** 적절하게, 적합하게 | **not every** (부분부정) 모두 ~인 것은 아니다 | **maintenance** 관리, 유지(비)

STRATEGY POINT 🎙

30초 동안 목표문장 5개를 말하면 perfect! 하지만 우리는 일단 기본적인 답변 문장을 하나 만들어 보도록 하자.

① Do동사의 일반 의문문은 Yes / No 답변이 가능한 질문 유형이므로 긍정 / 부정 답변을 먼저 정하도록 한다. 보통은 yes 답변이 답하기 더 수월한 경우가 많다.

② 주어 일치: you → I

③ 동사 일치: think it is appropriate to keep exotic kinds of pets in the home

④ 종합하기: Yes, I think it is appropriate to keep exotic kinds of pets in the home.

훌륭한 문장이다. 여기에 이유나 구체적인 사례를 덧붙이면 더 다채로운 표현이 될 수 있다.

⑤ 문장 늘리기: as long as the owners are able to care for it properly (주인들이 그것을 적절히 돌볼 수만 있다면)

⑥ 전체 문장 종합하기: Yes, I think it is appropriate to keep exotic kinds of pets in the home, as long as the owners are able to care for it properly.

자, 완벽한 하나의 문장을 만듦과 동시에 질문에 정확히 답변했다. 여기에 하나의 문장을 더하게 되면 Level 7! 중요한 것은 질문에 단답형으로 단어 하나만 던지지 말고, 문장 구조를 갖추어 답변하는 것이다. 모범답안을 참고하여 연구해 볼 것!

해석

Q4

S1 네, 래브라도 종 강아지를 한 마리 키우고 있습니다. 6개월 되었고 매우 장난기가 많은 녀석이지요. 이름은 토비입니다.

S2 아니요, 동물을 그다지 좋아하지 않아서요. 고양이 털에 알레르기가 있기도 하고, 집에서 애완동물을 기르는 데에는 너무 손이 많이 가는 것 같습니다.

Q5

S1 비용이 가장 주된 고려사항이지요. 애완동물을 구매할 때의 첫 비용에 예방접종비와 사료비를 더하면, 비용이 매우 많이 들 수도 있습니다. 주인들이 그것을 유지할 수 있는 경제적 여유가 있는지 아닌지에 대해 신중하게 생각해야만 한다고 봅니다.

S2 저는 당신이 가진 여가 시간의 양이 가장 중요하게 고려되어야 할 점이라고 생각합니다. 어떤 애완동물에는 우리의 시간이 상당히 필요할 수 있습니다. 예를 들어, 개의 경우, 매일 산책을 시켜주어야 하고, 어릴 때에는 혼자 두어서는 안 됩니다. 만약 애완동물을 돌볼 시간이 없다면 애완동물을 기르는 것이 옳지 못하다고 생각합니다.

Q6

S1 저는 사람들이 집에서 특이한 애완동물을 기르는 것이 적절치 않다고 생각합니다. 일부 동물들은 사람들과 쉽게 상호작용을 할 수 있기 때문에 좋은 애완동물이 될 수 있다고 생각합니다. 하지만 뱀이나 도마뱀은 개나 고양이가 할 수 있는 것만큼 많이 우리와 상호작용하지 못합니다. 또, 사람들이 기우고 싶어하는 일부 큰 뱀들은 다른 동물들이나 사람들에게 위험할 수 있습니다. 이런 동물들은 야생에 있는 것이 더 낫다고 생각합니다.

S2 저는 사람들이 원한다면 어떤 종류건 간에 키울 수 있다고 생각합니다. 그들이 그것을 적절히 돌볼 수만 있다면 말이죠. 사람들은 각기 다른 동물들을 좋아합니다. 누구나 개나 고양이를 좋아하는 것은 아니니까요. 개는 너무 많은 유지비가 들어서 뱀이나 거북이와 같은 관심이 덜 필요한 동물들을 선호할 수도 있습니다. 위험하지 않고 적절히 키울 수만 있다면, 가정에서 특이한 애완동물들을 키우는 것이 문제가 되지 않는다고 생각합니다.

Part 4 "Respond to Questions Using the Information Provided" 주어진 자료를 활용하여 질문에 답하기

Questions 7-9 ⏰ 준비시간 30초 / 답변시간 7 · 8번 15초, 9번 30초

King's Elementary School 킹스 초등학교

Excellence in Education since 1907
1907년 개교 이래 우수한 교육을 자랑합니다.

Here are the details of some of the important events taking place over the next month: 다음 달 중에 있을 중요한 일정 몇 가지에 대한 세부사항입니다.

June 5: Summer Carnival 6월 5일: 썸머 카니발

Come and support our school at this annual fundraiser. All proceeds from this year's event will go towards purchasing new gym equipment. Tickets: $5. Duration: 9 am until 3 pm.
학교에 오셔서 이번 연례 기금 모금행사를 도와주세요. 올해 행사의 모든 수익금은 새로운 운동기구를 구매하는 데에 사용될 것입니다. 티켓: 5달러. 기간: 오전 9시부터 오후 3시까지

June 17: Sports Day 6월 17일: 운동회

Our sports day promises to be another exciting occasion as the Owl team fights to defend its title. Field events will take place from 9 am to 11 am and track events from 1 pm to 3 pm. Refreshments will be provided to all spectators.
저희 운동회는 올빼미팀이 그들의 타이틀을 방어하기 위해 싸울 것이기 때문에, 분명 또 다른 재미있는 볼거리가 될 것입니다. 필드 경기는 오전 9시부터 11시까지 있을 것이고 트랙 경기는 오후 1시부터 3시까지 있을 예정입니다. 모든 관중들에게 다과가 제공됩니다.

June 25: Graduation 6월 25일: 졸업식

We are proud to announce that graduation for all students will take place on June 25th this year. Please make sure that your child is dressed in the appropriate uniform. Two family members may attend. Ceremonies begin at 1pm, starting with class 1A. For information on specific class graduation times for Level 2 and 3 classes, please visit our website: www.kingselementary.edu
올해 졸업식이 6월 25일에 있을 것임을 알려드리게 되어 기쁩니다. 귀댁의 자녀분들에게 꼭 교복을 입혀주세요. 두 명의 가족이 참석할 수 있습니다. 식은 오후 1시에 1A반부터 시작합니다. 2학년과 3학년 특정 학급의 졸업식 시간에 대한 정보는 학교 웹사이트인 www.kingselemetary.edu에서 확인하실 수 있습니다.

 **Narration**

Hello. My son goes to your school. I heard that there will be important events next month. I'm hoping you can answer a few questions for me.

안녕하세요 우리 아이가 당신 학교의 학생입니다. 다음 달에 중요한 행사들이 있다고 들었습니다. 몇 가지 문의사항 답변을 해주시면 감사 하겠습니다.

 What date is the summer carnival and how long will it last?

썸머 카니발은 며칠이고 진행시간이 얼마나 되나요?

Sample Response 1

The summer carnival is on June 5th and lasts for a total of 6 hours.

Sample Response 2

The carnival is going to take place on June 5th. It starts at 9 am and finishes at 3 pm, so it is open for a total of 6 hours.

voca **how long ~?** 얼마나 오래(시간/기간) ~? | **last** 지속하다, 계속되다 | **be scheduled to do** ~하기로 되어 있다, ~할 예정이다 | **hold** 개최하다

STRATEGY POINT 🎤

주어진 정보를 30초 동안 최대한 정확히 파악하는 것이 중요하다. 질문이 화면에 나오지 않고 음성으로만 들려준다는 것을 명심하자. 주어진 정보를 바탕으로 15초 동안 질문에 요구한 정확한 답만 말해 주면 된다. 질문을 그대로 활용해 답을 만드는 것이 쉽게 답하는 기본적인 방법이다. 이 문제의 경우 두 가지 정보(what date / how long)를 묻고 있으므로 두 가지 정보를 모두 답변하는 것이 중요하다.

① 주어 일치: the summer carnival
② 동사 일치: is
③ 의문사에 답하기: on June 5th and lasts for a total of 6 hours
④ 종합하기: The summer carnival is on June 5th and lasts for a total of 6 hours.

이제 훌륭한 문장을 하나 만들었다. 모범답안을 참조하여 다양하게 답하는 연습을 해보자.

What is happening in the afternoon of June 17th?

6월 17일 오후에는 무슨 일이 있나요?

Sample Response 1

Sports day is held on June 17th. In the afternoon of this day, the track events will take place.

Sample Response 2

The track events of the sports day will take place in the afternoon of June 17th.

voca **happen** 일어나다, 발생하다 | **take place** 개최되다(일어나다)

STRATEGY POINT 🎤

답변시간 15초가 지나면 다음 문제가 음성으로 나온다. 이 문제는 June 17th가 keyword가 된다. 주어진 정보에서 이 날짜 표현을 빨리 찾아 질문에 답변하도록 한다.
① 주어 일치: 주어가 곧 의문사에 대한 답변 내용이 된다. the track events
② 동사 일치: are happening in the afternoon of June 17th.
③ 종합하기: In the afternoon of this day, the track events will take place.

 My child is in a Level 3 class. What information can you tell me about graduation?

제 아이는 Level 3 학급에 있습니다. 졸업식에 대한 정보를 알려주시겠어요?

Sample Response 1

Graduation is taking place on the 25th of June and ceremonies begin at 1 pm. The school has requested that children wear their uniform. For specific information on the graduation time of level 2 and 3 classes, the parent is asked to consult the school's website. The student is allowed to bring two family members.

Sample Response 2

Each student is requested to wear his or her uniform and is permitted to be accompanied by two guests. The graduation ceremony is taking place on June 25th. Although the exact time is not provided for each class, we are told that ceremonies begin at 1 pm with class 1A and to look on a website for more details.

voca **graduation** 졸업(식) | **take place** 일어나다(발생하다) | **ceremony** 식, 의식, 예식 | **request** 요청하다 **specific** 특정한 | **consult** (정보를 얻기 위해 무엇을) 찾아보다(참고하다) | **permit** 허락(허가)하다 | **accompany** 동반하다 | **exact** 정확한, 확실한 | **provide** 제공하다 | **look on** 확인하다

STRATEGY POINT 🎙

질문을 듣자 마자 빨리 주어진 정보 중 graduation에서 a Level 3 class가 어디에 나타나는지 찾아야 한다.

Graduation
We are proud to announce that graduation for all students will take place on June 25th this year. Please make sure that your child is dressed in the appropriate uniform. ~ For information on specific class graduation times for Level 2 and 3 classes, please visit our website: www.kingselementary.edu

찾아낸 정보를 최대한 활용하여 답을 만들어 보자.

조금은 어려울 수 있다. 주어진 질문과 찾아낸 정보 속의 단어들을 최대한 활용한 단순한 답변이다. 9번 문제에서는 이와 같이 Can you tell me about ~? 형태의 정보 요청 질문이 자주 나오므로 about 뒤의 내용을 table 속에서 빨리 찾아내어 문장을 만드는 연습을 많이 해야 한다. 초보자를 위한 팁은 관련정보를 최소한 변형하여 답하는 연습부터 해보는 것이다. 문장을 거의 변형하지 않더라도 질문에 대한 답이 제공되는 한 큰 문제는 없다. 심지어 당황하여 막막하면 본인이 찾은 정보를 그대로 읽어도 어색하지 않은 답이 될 경우도 많다.

 해석

Q7
S1 썸머 카니발은 6월 5일이고 총 6시간 진행됩니다.
S2 카니발은 6월 5일에 개최될 예정이고 오전 9시에 시작해서 3시에 끝나므로 총 6시간동안 진행됩니다.

Q8
S1 6월 17일에는 운동회가 열립니다. 이 날 오후에는 트랙 행사가 있을 것입니다.
S2 운동회의 트랙 행사가 6월 17일 오후에 있을 것입니다.

Q9
S1 졸업식은 6월 25일에 있을 예정이며 식은 오후 1시에 시작합니다. 학교는 모든 학생들에게 교복을 입을 것을 당부했습니다. 2학년과 3학년 학급의 졸업식 시간에 대한 특정한 정보를 얻으려면, 학부모님들께서는 학교의 웹사이트를 참고하시면 됩니다. 학생들은 2명의 가족을 동반할 수 있습니다.
S2 각 학생들은 교복을 입을 것을 당부 받았고, 두 명의 내빈을 동반할 수 있습니다. 졸업식은 6월 25일에 있을 예정이며, 각 학급에 대한 정확한 예식 시간은 제시되지 않았지만 1A 학급으로 시작하여 오후 1시에 식이 시작될 것입니다. 더 많은 정보를 원하시면 웹사이트를 방문하실 수 있습니다.

Part 5 "Propose a Solution" 해결방안 제시하기

Question 10  준비시간 30초 / 답변시간 60초

In your response, be sure to 대답할 때에는 다음 사항을 반드시 숙지하십시오.
· show that you recognize the problem, and 주어진 과제가 무엇인지 인지하였음을 보여주십시오.
· propose a way of dealing with the problem. 그 과제를 어떻게 다뤄야 하는지 방법을 제시하십시오.

Question Script

Good afternoon. My name is Mr. Cole of 107 West Lane. We received delivery of a new washing machine from your company yesterday. I'm afraid to report that we've been having some problems with it. There is a big crack along one side from where the deliverymen must have dropped it. When I tried to wash some clothes, it made a very strange buzzing noise for a moment and then stopped working. Water then started gushing out of the side of the machine, flooding my kitchen floor. What are you going to do about this?

좋은 오후입니다. 저는 107 웨스트 레인에 사는 콜입니다. 우리가 어제 당신의 회사로부터 새 세탁기를 배송받았습니다만, 제품에 문제가 있어서 말씀드립니다. 한 쪽 면에 커다란 홈이 있는데, 아마도 배송 담당 직원들이 떨어뜨린 것 같습니다. 제가 세탁물들을 세탁하려고 했을 때, 매우 이상한 윙윙거리는 소리가 나더니 갑자기 작동이 멈췄습니다. 그러더니 물이 세탁기 한 쪽에서 쏟아져 나오기 시작해서는 주방 바닥에까지 흘러 넘쳤습니다. 어떻게 하실건가요?

voca **receive** 받다, 받아들이다 | **delivery** 배달, 배송 | **be afraid to do** ~하게 되어 유감이다 | **crack** (무엇이 갈라져 생긴) 금 | **must have p.p.** ~했음에 틀림없다 | **buzzing** 윙윙거리는 소리 | **stop -ing** ~하는 것을 멈추다 | **gush** (액체가) 솟구치다(쏟아져 나오다) | **flood** 물에 잠기다(잠기게 하다), 침수되다(시키다)

Sample Response 1

Ⓐ Hello, Mr. Cole. Ⓑ First of all, I would like to apologize for the faulty product that you have received. I can assure you that it was in full working order when it left our warehouse, so it does appear to be the fault of the deliverymen. Ⓒ I shall have a word with them about that. I shall arrange for them to pick up the faulty machine from your house this afternoon and replace it with a new one. We are also happy to cover any cleaning costs that you may have incurred when the water leaked out. Ⓓ I'm very sorry about this. It won't happen again.

Sample Response 2

Ⓐ Oh dear, I'm sorry to hear that, Mr. Cole. I would like to apologize on behalf of our delivery staff. We have just started to use a new transit company and it seems that they can be quite clumsy at times. I think we will have to go back to using the old company. As a sign of our goodwill, we will replace your broken machine with an upgraded model for free. We will also send you a voucher for 25% off your next purchase with us. Does that sound okay to you?

voca **first of all** 무엇보다도, 먼저 | **would like to do** ~하고 싶다 | **apologize for** ~에 대해 사과(사죄)하다 | **faulty** 결함이 있는 | **assure** 확신시키다 | **warehouse** 창고 | **fault** 잘못 | **have a word** (…에게) 잔소리를 하다 | **replace A with B** A를 B로 교환하다 | **cover** (무엇을 하기에 충분한 돈을(이)) 대다(되다) | **incur** (좋지 못한 상황을(에)) 초래하다(처하게 되다); (비용을) 발생시키다(물게 되다) | **leak out** 새다; 누설(유출)되다 | **on behalf of** ~를 대신(대표)하여 | **transit** 수송 | **clumsy** 어설픈 | **at times** 때때로 | **goodwill** 호의 | **for free** 무료로 | **voucher** 할인권, 상품권

Sample Responses & Study Strategies for **ACTUAL TEST 9**

STRATEGY POINT 🎤

답을 할 때에는 항상 정해진 틀에 따르도록 노력 하자. 그리고 중요한 두 가지는, 상대방의 문제를 인식했음을 정확히 말하는 것과 해결책을 필히 제시해야 한다는 점이다!

📝 **기본 format** (STEP 2, 3 필수!)

STEP 1 상대방의 이름, 자기 소개
↓
STEP 2 전화를 건 목적 − 상대방이 말했던 문제점을 요약해서 언급함
↓   − 문제가 생기게 된 상황 설명(원인 또는 변명)
STEP 3 해결책 제시(문제점에 대한 긍정적 해결 방안을 제시한다) − 답변시간 60초의 대부분이 해결책
↓   제시에 할당된다.
STEP 4 끝인사

Point Ⓐ Formal한 관계와 상황이 주를 이루므로 상대방의 이름은 가능한 기억하여 답변의 시작 문장으로 사용하는 것이 좋다.

Point Ⓑ 문제 상황에 대해 인식했음을 알리고 이런 문제가 발생한 원인을 설명해야 한다. 먼저 문제 상황에 대한 인식 여부를 알리며 정중히 사과하고 그러한 상황이 발생된 원인 혹은 변명을 하면 perfect!

Point Ⓒ 해결책 제시하기

모범답안을 꼼꼼히 분석하여 본인만의 완벽한 답안을 다시 구성해보는 연습을 반복함과 동시에 다양한 상황에 대한 해결책이나 조언에 대해 평소에 생각해 보는 것도 도움이 된다.

Point Ⓓ 끝인사: 문제를 유발시킨 입장이라면 정중한 사과의 말을. 단순히 조언을 해주는 입장이라면 유감의 표현이나 위로의 표현을 마지막에 해주는 것이 좋다.

해석 ✏️

S1 안녕하세요, 콜 씨. 우선, 고객님께서 받으신 결함이 있는 상품에 대해서 사과드립니다. 제품이 저희 창고에서 출고될 때에는 완전히 작동을 했었기 때문에, 배송 직원들의 잘못으로 보입니다. 직원들에게 그것에 대해 분명히 이야기를 하겠습니다. 그리고 고객님 댁에 오늘 오후에 방문하여 결함이 있는 세탁기를 가지고 오고 새 것으로 교체하도록 지시하겠습니다. 또한, 누수로 인해 입었을 피해 부분에 대해서도 기꺼이 비용을 부담하도록 하겠습니다. 정말로 죄송합니다. 다시는 이런 일이 없도록 하겠습니다.

S2 정말로 유감입니다, 콜 씨. 저희 배송 직원들을 대신하여 사과드립니다. 저희가 새 배송 업체를 사용하기 시작했는데, 그들이 때때로 좀 어설픈 것 같습니다. 이전에 거래했던 배송 업체를 다시 찾아야 할 것 같습니다. 호의의 표시로, 저희가 고객님의 고장 난 기계를 상위 모델로 무료로 교환해 드리도록 하겠습니다. 더불어 고객님께서 저희 매장에서 다음에 구매하실 때 사용하실 수 있는 25% 할인 쿠폰도 보내드리겠습니다. 괜찮으시겠어요?

Part 6 "Express an Opinion" 의견 제시하기

Question 11 ⏰ 준비시간 15초 / 답변시간 60초

Some medicines are tested on animals before being made available to humans.
Do you agree that this practice is necessary?

일부 의약품들은 인체에 사용하기 전에 동물들에게 테스트 합니다. 이러한 실험이 필요하다는 것에 동의하시나요?

voca **spend+시간+(in) -ing** ~하는 데 시간을 보내다

Sample Response 1

Ⓐ Yes, I think it is important to do this to make sure that things such as medicine are safe before releasing them for human use. Ⓑ If they are not tested on animals, they would need to be tested on people and many people could die. I don't like to see animals being hurt, but I think that developing new drugs and medicines is more important, as this is necessary for the advancement of the human race.

Sample Response 2

No, I think it is outrageous that this practice is allowed to continue. Humans can be very selfish. We are not the only creatures on this planet and we should learn to respect other life forms, not use them as tools to do whatever we like with. Testing new kinds of medicines on animals is cruel and should be stopped. Also, the way in which an animal's body reacts to a drug may be misleading, as a human body may respond completely differently.

voca **medicine** 의술, 약 | **available** 이용(입수)가능한 | **practice** 실습, 연습, 관행 | **such as** ~와 같은 | **safe** 안전한 | **release** 방출하다, 출시하다 | **advancement** 진보, 발전 | **human race** 인류 | **outrageous** 너무나 충격적인; 터무니없는 | **selfish** 이기적인 | **only** 유일한 | **respect** 존경(존중)하다 | **tool** 도구, 수단 | **cruel** 잔인한 | **react** 반응하다 | **misleading** 오도하는, 오해를 불러일으키는 | **respond** 반응하다 | **completely** 안전히 | **differently** 다르게

STRATEGY POINT 🎙

질문의 내용을 파악하고 문제를 읽어주는 동안 이미 brainstorming을 통해 답변 format에 들어갈 내용을 생각하기 시작해야 한다. 준비시간 15초도 현명하게 활용하여 최대한 정돈된 답변을 할 수 있도록 연습해야 한다. Part 6의 관건은 유창성에 더하여 논리성이다.

📄 **기본 format**

① **서론**: 화면에 제시된 질문을 그대로 재활용하여 본인의 입장을 밝힌다. 여기서 찬반을 묻는 질문이라면 중립적인 입장보다는 명확히 한 입장을 취하는 것이 좋다. 중요한 한 가지! 두괄식 답변을 하도록 한다.

↓

② **본론**: 두 가지 정도의 근거를 들거나 본인이 경험, 사례를 하나 정도 드는 것이 좋다. 이야기를 만들어 낼 수 있는 순발력도 필요하다.

↓

③ **결론**: 서론의 문장을 재탕! 그대로 말하기 보다는 paraphrasing으로 약간의 변화를 주는 것이 더 좋다

제시된 의견에 동의하는지 여부를 묻는 문제이다. 기본 format에 따라 답을 구성해 보면,

Point Ⓐ 질문을 그대로 재활용하여 본인이 선택한 의견에 해당하는 부분을 화면을 보며 그대로 읽어주면 된다.

Point Ⓑ 서론에 제시한 문장을 뒷받침할 수 있는 근거를 제시한다. 이왕이면 구체적인 예로 자신의 경험이나 사례를 들어주는 것이 좋겠다. 예시 답안 1에서 어렵다고 할 만한 어휘는 사실 없다. 있다면 advancement정도? 중요한 것은 기본적인 뼈대에 해당하는 문장의 구조에 대해 여러분 각자가 잘 갖추고 있는지 여부이다.

Point Ⓒ 결론에 해당하는 마지막 문장은 서론에서 제시한 문장을 그대로 반복해도 좋지만, 약간 표현을 달리하여 새로운 문장으로 마무리한다면 금상첨화! 여기에 결론을 이끄는 연결어를 앞에 써주면 좀 더 고급스러운 문장이 될 수 있다.

Part 6에서는 논리적인 연결이 중요하다. 서론에서 주장하는 바와 결론의 내용이 뒤집혀 버리면 아무리 멋진 어휘로 표현을 했더라도 좋은 점수를 받을 수 없다. 또한, 어휘력이 부족하다면 자신이 알고 있는 어휘를 최대한 활용하여 풀어서 설명할 수 있는 것도 능력이다. 다양한 모범답안들을 공부하여 유용한 표현과 문장을 익히도록 하자.

해석 ✎

S1 네, 의약품과 같은 것들이 대중들에게 유포되기 이전에 안전한지 확인해야 하므로 이러한 실험이 중요하다고 생각합니다. 동물이 아니라면 사람에 시험을 해보아야 하는데 그러면 많은 사람들이 죽을 수도 있습니다. 동물들이 다치는 것을 보고 싶지는 않지만, 인류의 발전을 위해서는 이것이 필요하기 때문에 새로운 의약품을 개발하는 것이 더 중요하다고 생각합니다.

S2 아니요, 이러한 관행이 계속되도록 허락된다는 것은 말도 안 된다고 생각해요. 사람들은 매우 이기적입니다. 우리가 이 지구 상의 유일한 생명체가 아닙니다. 그리고 우리는 다른 생명체들을 존중하는 것을 배워야 해요. 그것들을 우리가 하고 싶은 대로 도구로써 사용해서는 안 됩니다. 동물에 새 의약품들을 시험하는 것은 잔인한 일이고 중지해야 합니다. 또한, 인간의 몸은 완전히 달리 반응할 수도 있기 때문에, 의약에 대해 동물이 반응하는 방식은 오해를 불러일으킬 수도 있습니다.

Actual Test 10
& Study Strategies

 ACTUAL_TEST_10.mp3
※ **mp3** 파일을 활용하여 실전 모의고사 1회분을 풀어보고 뒤의 전략 파트를 학습하세요.

Questions 1-2: Read a Text Aloud

Directions: In this part of the test, you will read aloud the text on the screen. You will have 45 seconds to prepare. Then you will have 45 seconds to read the text aloud.

Good morning. This is Bobby Davies with WXGC's traffic update. I'm happy to inform you all that the roads are relatively clear this morning, with no major traffic jams in the downtown area. However, there is about a 15-minute delay at the intersection of Main Street and Ridgemount Avenue. Construction crews are currently working in this area to repair damaged roads. I'll be back in half an hour with another update. Remember to drive safely, everyone.

PREPARATION TIME
45 seconds

RESPONSE TIME
45 seconds

Actual Test 10

In a recent press release, Richmond Starr Inc. has confirmed that its merger with Garret Petroleum Company will not proceed as quickly as it had expected. Richmond's financial report was publicly released last week and showed that the chemical engineering company had experienced a dramatic decrease in annual revenue. Richmond's chairman admitted that the decision to delay the merger was influenced by the company's worrying drop in profits.

PREPARATION TIME
45 seconds

RESPONSE TIME
45 seconds

Question 3: Describe a Picture

Directions: In this part of the test, you will describe the picture on your screen in as much detail as you can. You will have 30 seconds to prepare your response. Then you will have 45 seconds to speak about the picture.

PREPARATION TIME
30 seconds

RESPONSE TIME
45 seconds

TOEIC Speaking

Questions 4-6: Respond to Questions

Directions: In this part of the test, you will answer three questions. For each question, begin responding immediately after you hear a beep. No preparation time is provided. You will have 15 seconds to respond to Questions 4 and 5, and 30 seconds to respond to Question 6.

TOEIC Speaking

Question 4 of 11

Imagine that a British marketing firm is doing research in your country. You have agreed to participate in a telephone interview about television viewing habits.

Q. On average, how many times do you watch television a week?

RESPONSE TIME
15 seconds

Imagine that a British marketing firm is doing research in your country. You have agreed to participate in a telephone interview about television viewing habits.

Q. Lots of people are paying for cable TV these days. Do you think that cable or satellite television packages are good value for money?

RESPONSE TIME
15 seconds

Imagine that a British marketing firm is doing research in your country. You have agreed to participate in a telephone interview about television viewing habits.

Q. Do you think that parents should allow their children to have a TV in their bedrooms? Why or why not?

RESPONSE TIME
30 seconds

Questions 7-9: Respond to Questions Using Information Provided

Directions: In this part of the test, you will answer three questions based on the information provided. You will have 30 seconds to read the information before the questions begin. For each question, begin responding immediately after you hear a beep. No additional preparation time is provided. You will have 15 seconds to respond to Questions 7 and 8, and 30 seconds to respond to Question 9.

Actual Test 10

New York City Tours

1 day or 2 day tours available

Call 0800-593-939

Discounts for large groups

Economy Tour – 1 Day – $49

Includes:
- Hotel pickup
- Open-top bus tour around the city
- Ticket to the art museum
- Hotel drop-off

Advanced Tour – 1 Day – $89

Includes all features of Economy Tour PLUS:
- Ticket to the science museum
- Entry to The Empire State Building
- A seafood dinner

Premium Tour – 2 Days – $130

Includes all features of Economy Tour and Advanced Tour PLUS:
- Empire State building VIP Visitor pass
- Entry pass to the Statue of Liberty
- Complimentary bottle of wine with dinner

PREPARATION TIME
30 seconds

Q7.

RESPONSE TIME
15 seconds

Q8.

RESPONSE TIME
15 seconds

Q9.

RESPONSE TIME
30 seconds

TOEIC Speaking

Question 10: Propose a Solution

Directions: In this part of the test, you will be presented with a problem and asked to propose a solution. You will have 30 seconds to prepare. Then you will have 60 seconds to speak.

In your response, be sure to
· show that you recognize the problem, and
· propose a way of dealing with the problem.

Narration: (Recorded Voice)

In your response, be sure to
· show that you recognize the problem, and
· propose a way of dealing with the problem.

PREPARATION TIME
30 seconds

RESPONSE TIME
60 seconds

TOEIC Speaking

Question 11: Express an Opinion

Directions: In this part of the test, you will give your opinion about a specific topic. Be sure to say as much as you can in the time allowed. You will have 15 seconds to prepare. Then you will have 60 seconds to speak.

TOEIC Speaking

Question 11 of 11

These days, many children use the Internet both as a study aid and for leisure. Parents are becoming increasingly concerned about inappropriate content in the Internet. Many parents are taking the option to install software that allows them to restrict and control the websites that their children can access. Do you think this is a good idea?

PREPARATION TIME
15 seconds

RESPONSE TIME
60 seconds

Part 1 "Read a Text Aloud" 지문 낭독하기

Questions 1-2 ⏱ 각 문제 준비시간 45초 / 답변시간 45초 〈 **/** : 끊어 읽기　**굵은 글씨** : 강조해서 읽기〉

01　교통 방송

Good morning. This is Bobby Davies with WXGC's traffic update. Ⓐ I'm **happy to inform** / you all that / the **roads** are relatively **clear** this morning, with **no** major traffic jams in the downtown area. Ⓑ **However**, / there is about a **15-minute delay** at the intersection of **Main Street** and **Ridgemount** Avenue. Construction crews are currently working in this area to repair damaged roads. Ⓒ I'll be **back** in **half an hour** with another **update. Remember** to drive safely, everyone.

voca **traffic** 교통 | **relatively** 상대적으로 | **traffic jam** 교통 체증 | **delay** 지연 | **intersection** 교차로 | **currently** 지금 **repair** 수리 | **damaged** 손해(피해)를 입은; 하자가 있는 | **half an hour** 30분

STRATEGY POINT 🎙

Point Ⓐ 교통 안내 방송은 짧지만 많은 정보를 담고 있다. 청취자들이 이런 정보들을 혼동하거나 듣지 못하는 일이 없도록 또박또박 끊어 읽기에 주의하고, 강조해야 할 정보들에 집중하자. 대명사와 조동사 등은 강조해서 좋을 것이 없지만, 부정어를 비롯하여 부정을 나타내는 조동사에는 강세를 둔다. 또한 inform 동사의 직접 목적어에 해당하는 that절은 다소 길어 전체 문장을 한 번에 읽기에 부담이 될 수 있으므로 that을 전후하여 잠시 끊어 읽는 것도 효율적인 방법이 된다.

Point Ⓑ 교통 안내 방송에서는 이와 같이 도로 공사 등의 이유로 특정 도로가 폐쇄 되었다거나 정체가 있다는 내용이 흔히 나온다. However와 같이 역접을 나타내는 접속부사(혹은 접속사)는 내용의 전환을 알리는 포인트가 되므로 명확히 읽도록 하며, 한 박자 쉬어주는 것을 명심하자.

Point Ⓒ 교통 방송은 일정한 간격을 두고 방송이 된다. 30분 후에 새로운 소식을 전하겠다는 마지막 문장도 역시 중요한 내용이므로, 급한 마무리가 되지 않도록 서두르지 않고 읽는 것이 좋다. 또한 Remember 이하에는 중요한 전달 사항이 전개되는 경우가 많으므로 이 부분 역시 또박또박 읽어 청자로 하여금 필요한 정보를 명확히 들을 수 있게 하자.

해석 🖉

Q1 안녕하세요. 저는 WXGC 교통 정보의 바비 데이비스입니다. 시내에 큰 교통 정체 없이, 오늘 아침 도로가 비교적 한산하다는 것을 전해드리게 되어 기쁩니다. 하지만, 메인 스트리트와 리지마운트 애비뉴 교차로에서는 약 15분 가량 지체되겠습니다. 건설 인부들이 현재 파손된 도로를 복구하기 위해 이지역에서 작업하고 있습니다. 30분 후에 새로운 소식으로 다시 찾아뵙지요. 여러분, 안전운전하세요.

02 　기사문

Ⓐ In a recent press release, **Richmond Starr Inc**. has confirmed that / its **merger** with **Garret Petroleum Company** will **not proceed** as quickly as it had expected. Ⓑ **Richmond's** financial report was publicly released last week / and showed that the **chemical engineering company** had experienced a dramatic **decrease** in annual revenue. Ⓒ **Richmond's chairman** admitted that / the decision **to delay the merger** was influenced by the company's worrying **drop in profits**.

voca **press release** (기관 · 정당 · 정부 부처의) 대언론 공식 발표〔성명〕 | **confirm** (특히 증거를 들어) 사실임을 보여주다 〔확인해 주다〕 | **merger** 합병, 통합 | **proceed** (이미 시작된 일을〔이〕) 계속〕 진행하다〔되다〕 | **publicly** 공공연하게, 공개적으로 | **revenue** (정부 · 기관의) 수익〔수입/세입〕 | **worrying** 걱정스러운, 걱정되는, 우려되는

STRATEGY POINT 🎤

Point Ⓐ 기사문이다. 기사문의 경우 불필요한 수식어 없이 핵심이 되는 내용만 전달하는 것이 특성이므로 청자에게 내용이 잘 전달되도록 명확히 읽는 것이 중요하다. 그 중에서도 첫 문장은 주제문에 해당하므로 급히 읽어 불분명하게 전달되는 일이 없도록 유의한다. 그리고 기사문의 특성 상, "누가/ 언제/ 어디서/ 무엇을/ 어떻게/ 왜"에 해당하는 육하원칙에 근거해 문장을 쓰는 경우가 많으므로, 이러한 정보들을 강조하여 읽도록 한다. 부정의 부사어구는 강조하여 읽는 것이 좋다.

Point Ⓑ 첫 문장에서 합병이 늦춰지고 있음을 전달하였고, 이어지는 두 번째 문장이 그에 대한 이유에 해당한다. 기사문의 경우 광고문이나 기내 안내 방송 등에 비해 다소 어려운 내용인 경우가 많으므로 준비 시간을 활용하여 내용을 명확히 이해, 숙지하도록 한다. 내용 파악이 이루어지지 않은 채로 글을 읽게 되면 내용에 적합한 어조(tone)도 구현해 낼 수 없을 뿐 아니라, part 1에서 가장 기본이 되는 올바른 끊어 읽기를 할 수 없음을 유념하자.

Point Ⓒ 기사문은 인용문으로 마무리하는 경우가 많다. 직책명이나 사람의 이름과 같은 고유명사는 명확히 전달해야 하는 요소이므로 발음에 주의하고, that절 등이 삽입되어 문장이 길어지게 되면 접속사를 전후하여 적절히 끊어 읽어 여유롭게 읽도록 하자. 주어진 예시문의 경우, 마지막의 drop in profits 부분은 p와 f sound가 반복되어 다소 발음하기 어려운 표현이 될 수 있다. 연습 시간을 활용하여 발음이 어려운 부분들은 미리 충분히 연습하도록 한다.

해석 ✎

Q 2 최근의 보도 자료에서, 리치몬드 스타 사는 개럿 페트롤리움 사와의 합병이 그들이 기대했던 것만큼 빠르게 진행되지 않을 것임을 밝혔다. 리치몬드 사의 재무 보고서가 지난 주 공개되었고, 여기에는 화학 엔지니어링 회사의 연 수익이 현격히 감소했음이 나타나 있다. 리치몬드 사의 회장은 합병을 연기하기로 한 결정이 회사의 우려할 만한 수익 감소에 영향을 받은 것임을 인정했다.

Part 2 "Describe a Picture" 사진 묘사하기

Question 3 준비시간 30초 / 답변시간 45초

Sample Response 1

Ⓐ This is a picture of a freight train. The train is pulling a long line of carriages along the track. Ⓑ The main body of the train is painted yellow in color with a black roof. Red stripes are also visible on the bodywork. There is also some kind of writing along the side of the train. The carriages that it is pulling are light brown and white in color. Ⓒ Two train tracks are visible in the picture, but only one is occupied.

Sample Response 2

Ⓐ This picture shows a train pulling a set of carriages along a track. Ⓑ It doesn't look like a passenger train, so it is probably hauling some commercial goods. Ⓒ A large, white building is visible in the background, possibly a factory. The picture was probably taken near a small town rather than a city, as only two sets of train tracks are visible. Ⓓ The weather looks fine, with only a few wispy clouds visible against a clear blue sky.

voca **freight** 화물; 화물 운송 │ **carriage** (기차의) 객차 │ **pull** ~을 끌다 │ **along** ~을 따라서 │ **visible** 눈에 보이는, 가시의 │ **bodywork** 차체 │ **occupy** 차지하다, 사용하다 │ **haul** 끌다 │ **commercial** 상업의 │ **goods** 상품 **A rather than B** B라기 보다는 (오히려) A │ **wispy** (촘촘하지 못하고) 몇 가닥[줄기]으로 된, 성긴

STRATEGY POINT 🎤

사람이 없는 문제의 기본 format을 사용하자.

📄 **기본 format**

STEP 1 **사진의 내용을 한 문장으로 집약**
↓
STEP 2 **주인공의 차림새와 외모에 대해 설명 (여러 명일 때에는 위치별 인물 설명)**
↓
STEP 3 **주인공의 행동을 상세히 묘사**
↓
STEP 4 **주인공 이외의 것들에 대해 언급 (배경 사항)**
↓
STEP 5 **마무리 (추측 문장 강추!)**

Point Ⓐ 사진에 제시된 장소가 어디인지 묘사하거나 사진 속에 주연급으로 등장한 사물에 대해 묘사하여 사진의 전체적인 상황을 말해주면 된다. 화물열차의 사진이라고 간단히 묘사한 후 The train is pulling a long line of carriages along the track의 새 문장을 덧붙여 말할 수도 있지만, 현재분사를 활용하여 This picture shows a (freight) train pulling a set of carriages along a track과 같이 하나의 문장으로 좀 더 "있어 보이는" 묘사를 할 수도 있다! 평소 사진 묘사 연습 시 분사 구문을 활용하여 자주 문장을 만들어 본다면 이 정도 표현쯤은 식은 죽 먹기!

Point Ⓑ 위치 별 주요 사물들의 상태를 묘사해보자. 사물의 모양과 색깔, 수량, 위치 관계 등을 묘사하면 된다. 예시 답안 2에서처럼 사물에 대한 묘사를 할 때에도 추측성 문장을 쓸 수 있다. 앞에서 pull(끌다)이라는 동사를 이미 한 번 사용했으므로 이번에는 같은 뜻의 다른 어휘인 haul을 써 보았다. Paraphrasing도 어휘력! 아는 것이 힘이다.

Point Ⓒ 필요하다면 기타 주변 상황을 덧붙여 말할 수도 있다. 배경에 보이는 건물에 대해 이야기 할 수도 있고, 또는 선로에 대해서 이야기 할 수도 있다. 사물이 주가 되는 사진의 경우 인물이 등장하는 사진에 비해 상대적으로 묘사할 거리가 많지 않은 것이 사실이지만, 사진 속에 보이는 것만을 묘사하려 애쓸 필요는 없다. 사진 내용과 관련만 있다면 추측성 표현으로 묘사를 풍성하게 만들어 낼 수 있음을 명심하자.

Point Ⓓ 개인적인 느낌으로 마무리하기! 추측성 표현의 연장으로 보아도 좋겠다. The weather looks fine, with only a few wispy clouds visible against a clear blue sky와 같이 날씨에 대한 묘사로 마무리 할 수 있다.

해석 ✏

S1 이것은 회물 운송 열차의 사진입니다. 열차는 선로를 따라서 긴 객차들을 끌고 있습니다. 열차의 주요부는 노란색으로 칠해져 있고, 검정색 지붕이 있습니다. 차체에 빨간색 선들도 보입니다. 열차의 측면을 따라 글자가 써있습니다. 열차가 끌고 있는 객차들은 연한 갈색과 흰색입니다. 두 개의 열차 선로가 사진에 보이는데, 하나만이 사용되고 있습니다.

S2 사진은 열차가 선로를 따라 일련의 객차들을 끌고 있는 것을 보여줍니다. 승객용 열차로 보이지는 않고, 아마도 상업 용품들을 끌고 있는 것 같습니다. 커다랗고 하얀 건물이 뒤쪽으로 보이는데 아마도 공장인 것 같습니다. 두 개의 열차 선로만 보이는 것으로 보아 사진은 도시라기보다는 작은 마을에서 찍은 것 같습니다. 맑고 푸른 하늘에 몇 가닥의 얇은 구름들만이 보이는 화창한 날씨입니다.

Part 3 "Respond to Questions" 질문에 답하기

Questions 4-6 각 문제 준비시간 없음 / 답변시간 4 · 5번 15초, 6번 30초

Situation

Imagine that a British marketing firm is doing research in your country. You have agreed to participate in a telephone interview about television viewing habits.

영국의 한 마케팅 회사가 당신의 나라에서 설문조사를 한다고 가정해 봅시다. 당신은 TV 시청 습관에 관한 전화 인터뷰에 응하기로 동의했습니다.

04 On average, how many times do you watch television a week?

평균적으로, 당신은 일주일에 TV를 몇 시간 보나요?

Sample Response 1

I normally watch television every night. Watching a soap opera is entertaining and helps me to relax after a hard day at work.

Sample Response 2

I don't watch television very often, maybe once or twice a week. I only watch if there's a show on that I'm really interested in, such as a nature documentary or a soccer game.

voca do research 연구하다 | **participate in** ~에 참여하다, 참가하다 | **habit** 습관 | **normally** 보통 | **every night** 밤마다 | **soap opera** 연속극(드라마) | **entertaining** 재미있는, 즐거움을 주는 | **relax** 휴식을 취하다(느긋이 쉬다)

STRATEGY POINT 🎤

15초 동안 목표문장 3개를 말해 주면 좋다. 질문을 그대로 재활용해 쉽게 하나의 문장을 만들어 보자.
① 주어 일치: you → I
② 동사 일치: watch television
③ 의문사에 답하기: every night
④ 종합하기: I normally watch television every night.

하나의 완전한 문장이 만들어졌다. 여기에 이유나 구체적인 사례에 대해 덧붙이면 더 훌륭한 표현이 될 수 있다.
⑤ 문장 늘리기: because I think watching a soap opera helps me to relax after a hard day at work (왜냐하면 드라마를 보는 것은 힘든 하루 후에 긴장을 푸는 것을 도와주기 때문이다)
⑥ 전체 문장 종합하기: I normally watch television every night because I think watching a soap opera helps me to relax after a hard day at work.

일단 초보자의 입장에서 완벽한 복문 만들기에 성공했으니, 나머지 추가 문장은 모범답안 참고하여 만들어 보도록 하자.

---

05 Lots of people are paying for cable TV these days. Do you think that cable or satellite television packages are good value for money?

요즘 많은 사람들이 비용을 지불하며 케이블 TV를 시청합니다. 케이블이나 위성 TV 상품이 가격에 합당한 가치가 있다고 생각하시나요?

Sample Response 1

Yes. Although cable television is more expensive, you gain access to many more channels, giving you lots more variety and choice. I think the extra cost is well worth it.

Sample Response 2

I don't really think cable television is good value for money. It is much more expensive than normal, terrestrial TV and comes with many channels that I am just not interested in watching.

voca **pay for** 대금을 지불하다 | **satellite** 위성 | **be good value for money** 가격에 합당한 가치가 있다 | **access** 접근(권한) | **variety** 다양성 | **choice** 선택(권) | **extra** 여분의 | **much** (비교급을 강조하여) 한층 (더), 더욱 (더) | **terrestrial** (위성이 아닌) 지상파를 이용하는 | **come with** …이 딸려 있다

STRATEGY POINT 🎤

15초 동안 3개 이상의 문장을 말하는 것이 좋다. 질문을 그대로 활용하여 보다 쉽게 답변 문장을 만들어 보도록 하자.
① Do동사의 일반 의문문은 Yes / No 답변이 가능한 질문 유형이므로 긍정 / 부정 답변을 먼저 정하도록 한다. 보통은 yes 답변이 답하기 더 수월한 경우가 많다.
② 주어 일치: you → I
③ 동사 일치: think cable or satellite television packages are good value for money
④ 종합하기: Yes, I think cable or satellite television packages are good value for money.

훌륭한 문장이다. 여기에 필요한 내용을 덧붙이면 금상첨화!
⑤ 문장 늘리기: because you gain access to many more channels, giving you lots more variety and choice (왜냐하면 당신은 훨씬 더 많은 채널을 볼 수 있고 훨씬 더 많은 선택권을 가질 수 있기 때문에)
⑥ 전체 문장 종합하기: Yes, (Although cable television is more expensive,) I think cable or satellite television packages are good value for money because you gain access to many more channels, giving you lots more variety and choice.

이러한 문장을 만들어내기가 쉽지는 않다. 평소에 다양한 주제의 문제에 대해 문장의 틀을 갖추어 답하는 연습을 하자. 주어진 모범 답안을 참고하여 자기만의 답안을 만들어 내는 것도 좋은 방법!

06 Do you think that parents should allow their children to have a TV in their bedrooms? Why or why not?

당신은 자녀들의 방에 TV를 놓는 것을 부모가 허락해야 한다고 생각하나요? 왜 그렇게 생각하나요?

Sample Response 1

No, I don't think children should have access to their own TV. This is because it is a parent's job to regulate how their children spend their time and to make sure they are not spending too much time watching TV. With a TV in their bedroom, they may watch it too much, causing their school grades to suffer. Also, I feel that some TV shows are inappropriate for children, so a parent needs to restrict access to these.

Sample Response 2

Yes, I think children should be allowed to have a TV in their bedroom. I think it is a harmless way in which children can learn some responsibility and time management skills. It also allows children to gain some independence from their parents, in that they can watch shows that explore their own personal interests. I would be happy for my own children to have a TV in their bedroom.

voca   **allow A to do** A가 ~하도록 허락하다 │ **have access to** ~에 접근권한을 갖다, ~에 접근하다 │ **regulate** 규제(통제, 재제)하다 │ **cause** 야기하다 │ **inappropriate** 적절하지 않은, 부적합한 │ **restrict** 제한하다, 통제하다 │ **harmless** 해가 없는, 무해한 │ **responsibility** 책임감 │ **management** 경영(운영, 관리) │ **independence** 독립〔심〕 │ **in that** ~라는 점에서 │ **explore** 탐험하다 │ **personal** 개인적인, 개인의 │ **interest** 관심, 흥미

30초 동안 목표 문장 5개를 말하면 perfect! 하지만 우리는 일단 기본적인 답변 문장을 하나 만들어 보도록 하자.
① Do동사의 일반 의문문은 Yes / No 답변이 가능한 질문 유형이므로 긍정 / 부정 답변을 먼저 정하도록 한다.
　보통은 yes 답변이 답하기 더 수월한 경우가 많다.
② 주어 일치: you → I
③ 동사 일치: think children should be allowed to have a TV in their bedroom
④ 종합하기: Yes, I think children should be allowed to have a TV in their bedroom.

훌륭한 문장이다. 여기에 이유 등을 덧붙여 주면 완벽한 답안이 될 수 있다.
⑤ 문장 늘리기: because it is a harmless way in which children can learn some responsibility and time management skills (왜냐하면 이것이 아이가 책임감과 시간 운용 능력을 배울 수 있는 무해한 방법이기 때문에)
⑥ 전체 문장 종합하기: Yes, I think children should be allowed to have a TV in their bedroom because it is a harmless way in which children can learn some responsibility and time management skills.

기본적인 문장에서 시작했지만, 살을 붙이다 보니 이렇게 훌륭한 문장이 되었다. 중요한 것은 질문에 단답형으로 단어 하나만 던지지 말고, 문장 구조를 갖추어 답변하는 것이다. 여기에 조금씩 살을 붙여 풍성한 표현을 만드는 것은 연습하기에 달려있다.

해석

Q4
S1 저는 보통 매일 밤마다 TV를 봅니다. 드라마를 보는 것은 재미있고 직장에서 힘든 하루를 보낸 후긴장을 푸는 것을 도와줍니다.
S2 저는 TV를 아주 자주 보지는 않습니다. 일주일에 한두 번 정도 봅니다. 자연 다큐멘터리나 축구 경기와 같이, 제가 매우 관심 있어 하는 방송이 있다면 시청을 합니다.

Q5
S1 네. 케이블 TV가 더 비싸긴 하지만, 훨씬 더 많은 채널을 볼 수 있고 훨씬 더 많은 선택권을 갖게 됩니다. 저는 추가적인 비용이 그만큼의 가치가 있다고 생각합니다.
S2 저는 케이블 TV가 가격에 합당한 가치가 있다고 생각하지 않습니다. 케이블 TV는 보통의 지상파 TV보다 훨씬 더 비싸고, 별로 관심이 없는 채널들도 많습니다.

Q6
S1 아닙니다. 저는 아이들이 그들만의 TV를 가져서는 안 된다고 생각해요. 왜냐하면 자녀들이 그들의 시간을 어떻게 보내는지 규제하고 그들이 TV를 시청하는 데에 너무 많은 시간을 보내지 않도록 하는 것이 부모의 역할이기 때문입니다. 자녀들의 방에 TV가 있다면, 그들은 분명 TV를 너무 많이 시청할 것이고 학교 성적이 좋지 않게 될 것입니다. 또한, 일부 TV 방송은 아이들에게는 적절하지 않기 때문에, 이것에 대한 부모의 통제가 필요하다고 생각합니다.
S2 네, 저는 아이들이 그들의 방에 TV를 놓을 수 있도록 허락해야 한다고 생각합니다. 저는 이것이 아이가 책임감과 시간 운용 능력을 배울 수 있는 무해한 방법이라고 생각합니다. 자녀들이 그들만의 개인적인 흥미를 탐구할 수 있는 방송을 시청할 수 있다는 점에서 부모로부터 독립을 얻을 수 있는 방법이라고도 생각합니다. 저는 기꺼이 제 아이의 방에 TV를 놓도록 할 것입니다.

Part 4 "Respond to Questions Using the Information Provided" 주어진 자료를 활용하여 질문에 답하기

Questions 7-9 🕐 준비시간 30초 / 답변시간 7 · 8번 15초, 9번 30초

New York City Tours 뉴욕 시티 투어

1 day or 2 day tours available
하루 혹은 이틀간의 투어가 가능합니다.

Call 0800-593-939 0800-593-939로 전화주세요.

Discounts for large groups 단체에는 할인이 적용됩니다.

Economy Tour – 1 Day – $49
이코노미 투어 – 하루 – 49달러

Includes: 다음을 포함합니다.

- Hotel pickup 호텔로 픽업
- Open-top bus tour around the city 지붕 없는 버스를 타고 도시 투어
- Ticket to the art museum 미술관 티켓
- Hotel drop-off 호텔에 내려주는 것

Advanced Tour – 1 Day – $89
고급 투어 – 하루 – 89달러

Includes all features of Economy Tour PLUS:
이코노미 투어의 모든 부분을 포함하고, 그에 더하여:

- Ticket to the science museum 과학박물관 티켓
- Entry to The Empire State Building 엠파이어스테이트 빌딩 출입권
- A seafood dinner 해산물 저녁 식사

Premium Tour – 2 Days – $130
프리미엄 투어 – 이틀 – 130달러

Includes all features of Economy Tour and Advanced Tour PLUS:
이코노미 투어와 고급 투어의 모든 부분을 포함하고, 그에 더하여:

- Empire State building VIP Visitor pass 엠파이어스테이트 빌딩의 VIP 방문증
- Entry pass to the Statue of Liberty 자유의 여신상 출입증
- Complimentary bottle of wine with dinner 저녁 식사에 무료 와인 1병

Narration

Hi. My name is Cater. I'm planning to visit New York next week. I'm interested in one of your tour packages. Can you give me some information and help me book a trip?

안녕하세요. 제 이름은 카터입니다. 제가 다음 주에 뉴욕에 방문할 계획인데요, 귀사의 여행 상품에 관심이 있습니다. 상품에 대한 정보를 부탁드리며, 여행 예약을 도와주시겠어요?

 07 What types of city tour do you offer?

귀사가 제공하는 시티 투어는 어떤 종류인가요?

Sample Response 1

Our tours last for either one or two days. There are three kinds of city tour – an Economy Tour, an Advanced Tour and a Premium Tour.

Sample Response 2

We have an Economy Tour and an Advanced Tour, both of which last one day. We also offer a Premium Tour, which lasts for two days.

voca **offer** 제공하다 | **last** 지속[계속]되다

STRATEGY POINT 🎤

15초 동안 질문에 요구한 정확한 답만 말해 주면 된다. 질문을 그대로 활용해 답을 만드는 것이 쉽게 답하는 기본적인 방법이다. 이 문제의 경우 두 가지 정보(what date / how long)를 묻고 있으므로 두 가지 정보를 모두 답변하는 것이 중요하다.

① 주어 일치: you → we
② 동사 일치: offer[have]
③ 의문사에 답하기: an Economy Tour, an Advanced Tour, and a Premium Tour
④ 종합하기: We have an Economy Tour and an Advanced Tour, both of which last one day. We also offer a Premium Tour, which lasts for two days.

이제 훌륭한 문장을 하나 만들었다. 모범답안을 참조하여 다양하게 답하는 연습을 해보자.

---

 08 Is hotel pickup provided on all of your tours?

호텔 픽업은 모든 투어에서 다 제공되나요?

Sample Response 1

Yes, hotel pickup is indeed provided on all of our tours.

Sample Response 2

Of course. It doesn't matter which package you choose, hotel pickup is included with all of them.

voca **indeed** 정말(확실히, 참으로) | **matter** 중요하다

 I am going to be in New York next week. What can you tell me about your Premium Tour?

저는 다음 주에 뉴욕에 갈 예정입니다. 당신의 프리미엄 투어에 대해 이야기해 줄 수 있나요?

Sample Response 1

The Premium tour lasts for two days and costs $130. Pickup and drop-off at your hotel is included in the price of this tour. You will be taken around the city on an open-top bus and provided with tickets to the Statue of Liberty as well as the art and science museums. With the Premium Tour, your Empire State Building ticket is upgraded to a VIP pass. A seafood dinner with wine is also included.

Sample Response 2

The price of the Premium tour is $130, although this can be negotiated if you are a part of a large group. The Premium tour includes all of the features from both the Economy and Advanced tours, along with a pass to see the Statue of Liberty. The Empire State Building ticket is upgraded with this tour and a bottle of wine is included with dinner.

voca **take around** 일순하다, 한 바퀴 돌다 | **A as well as B** B뿐만 아니라 A도 | **along with** ~와 함께, ~에 덧붙여

STRATEGY POINT 🎙

질문을 듣자 마자 주어진 정보에서 **Premium tour**가 어디에 나타나는지 찾아 해당 정보를 나열해야 한다. 9번 문제에서는 이와 같이 **Can you tell me about ~?** 형태의 정보 요청 질문이 자주 나오므로 **about** 뒤의 내용을 빨리 **table** 속에서 찾아내어 문장을 만드는 연습을 많이 하도록 하자.

> Premium Tour – 2 Days – $130
> Includes all features of Economy Tour and Advanced Tour PLUS:
> • Empire State building VIP Visitor pass.
> • Entry pass to the Statue of Liberty.
> • Complimentary bottle of wine with dinner.

표의 가장 후반부에 나와 있는 정보를 찾았다면, 찾아낸 정보를 최대한 활용하여 답을 만들면 된다.
다소 어려울 수 있지만 위이 모범답안을 참조하여 다른 형태의 답변들을 연구해보자.

해석

Q7
S1 우리의 투어는 하루나 혹은 이틀간 진행됩니다. 3가지 종류의 시티 투어가 있는데, 이코노미 투어와 고급 투어, 프리미엄 투어가 있습니다.
S2 이코노미 투어와 고급 투어가 있는데, 둘 다 하루 동안 진행됩니다. 우리는 또한 프리미엄 투어도 제공하는데, 이것은 이틀간 진행됩니다.

Q8
S1 네, 호텔 픽업은 저희 모든 투어에서 제공됩니다.
S2 물론입니다. 고객님께서 어떤 패키지를 선택을 하시든지, 호텔 픽업은 포함되어 있습니다.

Q9
S1 프리미엄 투어는 이틀간 진행되며 비용은 130달러입니다. 고객님을 호텔에서부터 모셔오고, 무셔다 드리는 것이 투어의 비용에 포함되어 있습니다. 고객님께서는 지붕이 없는 버스를 타고 도시를 돌아볼 것이고, 미술관과 과학박물관 뿐 아니라 자유의 여신상 출입 티켓도 받으실 것입니다. 프리미엄 투어에는 엠파이어 스테이트 빌딩에 대한 VIP 출입증을 받으실 수 있습니다. 해산물 저녁 식사와 와인 또한 포함됩니다.

S2 프리미엄 투어는 130달러이지만, 만일 단체 고객이시라면 가격은 조정하실 수 있습니다. 프리미엄 투어에는 이코노미 투어와 고급 투어의 모든 부분들이 포함되고 자유의 여신상을 볼 수 있는 출입증도 제공됩니다. 엠파이어 스테이트 빌딩 티켓은 업그레이드 되며 저녁 식사에 와인이 포함됩니다.

Part 5 "Propose a Solution" 해결방안 제시하기

Question 10 ⏱ 준비시간 30초 / 답변시간 60초

In your response, be sure to 대답할 때에는 다음 사항을 반드시 숙지하십시오.
· show that you recognize the problem, and 주어진 과제가 무엇인지 인지하였음을 보여주십시오.
· propose a way of dealing with the problem. 그 과제를 어떻게 다뤄야 하는지 방법을 제시하십시오.

 **Question Script**

Good afternoon. My name is Clive Wilson and we are staying in Room 501. We checked in to your hotel this morning and have only just gained access to our room. I'm afraid to report that the room is not satisfactory. There is a very strong smell of cigarette smoke in the room and we specifically asked for a non-smoking room. Furthermore, the bathroom is filthy and doesn't appear to have been cleaned at all. The bed is also unmade and appears to have been slept in. I am very angry. What are you going to do about it?

안녕하세요. 저는 클라이브 윌슨이고 501호에 머무르고 있습니다. 오늘 아침에 이 호텔에 체크인을 하고 이제 막 방으로 들어왔는데, 유감스럽게도 객실이 만족스럽지 않네요. 저희가 특별히 비흡연실을 부탁드렸었는데, 방에서 강한 담배냄새가 나네요. 게다가, 욕실은 매우 더럽고 전혀 청소된 것 같지 않네요. 침구도 전혀 정리가 되어 있지 않고, 금방 누가 자고 나간 것 같군요. 굉장히 불쾌합니다. 어떻게 하실 건가요?

voca **stay** 머무르다 | **gain access to** ~로의 접근(권한)을 얻다 | **satisfactory** 만족스러운 | **specifically** 특별히 **furthermore** 게다가, 더욱이 | **filthy** 아주 더러운

Sample Response 1

Ⓐ Oh, Mr. Wilson, Ⓓ I'm sorry about that. Ⓑ There seems to have been some confusion at the front desk during check in. We have a new staff member working today and she was supposed to put you in room 511. I can see from our files that room 501 hasn't been cleaned yet from last night. Ⓒ If you could come down to the front desk, we will give you the keys to room 511. I'm very sorry about this, Mr. Wilson. It won't happen again. I'll also throw in two complimentary passes to the breakfast buffet to show how sorry we are.

Sample Response 2

Ⓐ Hello, Mr. Wilson. This is the manager speaking. Ⓓ I'm terribly sorry to hear that. We've been having quite a few problems this morning. It seems that for whatever reason, half of the cleaning staff simply didn't turn up for work today. Believe me, I am also angry. I think we'll have to switch to using a different company. Anyway, I have decided to upgrade your room to the Emperor suite to apologize for this mess. Believe me, Mr. Wilson, you are one of our most valued customers and we would hate to lose you. Do you find this to be satisfactory?

voca **confusion** 혼란, 혼동 | **be supposed to do** ~하기로 되어 있다 | **complimentary** 무료의 | **turn up** 나타나다 **apologize** 사과(사죄)하다 | **mess** (많은 문제로) 엉망인 상황 | **valued** 존중되는, 귀중한, 소중한

Sample Responses & Study Strategies for **ACTUAL TEST 10**

해석 🖊

S1 윌슨 씨. 정말로 죄송합니다. 체크인을 하시는 동안 안내 데스크에서 혼동이 있었던 것 같습니다. 저희가 오늘 새 직원을 쓰고 있는데, 그 직원이 고객님을 511호실로 안내해 드렸어야 하는데요. 제가 파일에서 확인하기로, 501호실은 어제 밤 이후로 아직 청소되지 않았습니다. 안내 데스크로 내려오시면 511호실의 열쇠를 드리겠습니다. 진심으로 사과드립니다. 윌슨 씨. 다시는 이런 일이 없도록 하겠습니다. 사과의 표시로 저희가 무료 조식 뷔페권을 두 매 드리도록 하겠습니다.

S2 안녕하세요, 윌슨 씨. 저는 이 호텔의 관리자입니다. 유감스럽습니다. 저희가 오늘 아침에 다소 문제가 있었습니다. 어떤 이유에서인지, 청소를 담당하는 직원 중 절반이 오늘 출근하지를 않았습니다. 저 역시 매우 화가 납니다. 청소 용역 회사를 바꾸어야 할 것 같네요. 어찌되었든, 이런 혼란에 대해 사과드리는 의미에서, 고객님의 객실을 Emperor 스위트 실로 업그레이드 해 드리겠습니다. 윌슨 씨, 고객님은 저희의 가장 귀중한 고객님들 중 한 분이시고, 결코 잃고 싶지 않습니다. 이러한 것으로 만족하시는지요?

Part 6 "Express an Opinion" 의견 제시하기

Question 11 🕐 준비시간 15초 / 답변시간 60초

These days, many children use the Internet both as a study aid and for leisure. Parents are becoming increasingly concerned about inappropriate contents in the Internet. Many parents are taking the option to install software that allows them to restrict and control the websites that their children can access. Do you think this is a good idea?

요즈음, 많은 아이들은 학습의 도구와 여가 활동을 위해 인터넷을 사용합니다. 부모은 자녀가 인터넷 상의 적절치 않은 내용들에 대해 점차 크게 걱정하고 있습니다. 적잖은 부모들이 소프트웨어를 설치를 선택해서 자녀들이 접속하는 웹사이트를 제한하고 통제하고 있습니다. 이것이 좋은 생각이라고 보나요?

voca **both A and B** A와 B 둘 다(모두) | **aid** 보조 기구, 보조물 | **inappropriate** 적절하지 않은, 부적합한

Sample Response 1

No, I don't think it's a good idea. I think that by taking the steps to record what pages were visited on the Internet, parents are effectively spying on their own children. I think the answer is to educate the child to make him or her aware of the dangers that people on the Internet can pose. In this way, the child learns to take responsibility for his or her own actions. I believe that educating children with the relevant information to help make them wise to the threats is a better method than simply trying to lock out the dangers and pretend that they don't exist.

Sample Response 2

Ⓐ Yes, I think this is a good idea and I fully support it. Ⓑ I believe it is a parent's duty to protect their children in any way they can, including on the Internet. Children don't always posses the skills to regulate their own behavior and a mischievous child may actively seek out inappropriate content using the Internet. A parent wouldn't let their child walk the dark streets of bad neighborhoods at night alone. I believe it is the same with the Internet. Ⓒ Parents should take control and keep their child safe until the child is mature enough to make his or her own decisions about such matters.

voca **take steps** 조치를 취하다 | **record** 기록하다 | **effectively** 효율(효과)적으로 | **spy** 감시하다 | **pose** (위험, 문제 등을) 내포하다 | **take responsibility for** ~에 책임을 지다 | **mischievous** 짓궂은, 말썽꾸러기의

STRATEGY POINT 🎤

질문의 내용을 파악하고 문제를 읽어주는 동안 이미 brainstorming을 통해 답변 format에 들어갈 내용을 생각하기 시작해야 한다. 준비시간 15초도 현명하게 활용하여 최대한 정돈된 답변을 할 수 있도록 연습해야 한다. Part 6의 관건은 유창성에 더하여 논리성이다.

📑 **기본 format**

① **서론**: 화면에 제시된 질문을 그대로 재활용하여 본인의 입장을 밝힌다. 여기서 찬반을 묻는 질문이라면 중립적인 입장보다는 명확히 한 입장을 취하는 것이 좋다. 중요한 한 가지! 두괄식 답변을 하도록 한다.

↓

② **본론**: 두 가지 정도의 근거를 들거나 본인이 경험, 사례를 하나 정도 드는 것이 좋다. 이야기를 만들어 낼 수 있는 순발력도 필요하다.

↓

③ **결론**: 서론의 문장을 재탕! 그대로 말하기 보다는 paraphrasing으로 약간의 변화를 주는 것이 더 좋다

제시된 의견에 동의하는지 여부를 묻는 문제이다. 기본 format에 따라 답을 구성해 보면.

Point Ⓐ Yes, I think this is a good idea and I fully support it. 길게 말하고 싶다면 "this"에 화면에 보이는 문장을 그대로 넣어 읽으면 된다. 첫 문장에 시간을 많이 할애하다 보면 이하의 sub sentences의 분량은 상대적으로 적어질 수 있음을 유념하자.

Point Ⓑ 주제문을 뒷받침할 수 있는 근거를 들거나 구체적인 사례를 드는 것이 바람직하다. 예시 답안 2에서는 자녀를 보호하는 것이 부모의 역할임을 강조하는 것으로 주제문을 뒷받침하고 있다. 여기에 비유적인 표현을 더하여, 뒷받침 하는 문장을 더 훌륭하게 만든다. 우리말로 해석해 보면 별 것 아닌 표현일 수 있지만, 이러한 비유적 표현을 활용할 수 있다면 당신의 답변은 향신료가 더해진 더욱 풍성한 표현이 될 수 있다.

Point Ⓒ 결론에 해당하는 마지막 문장은 서론에서 제시한 문장을 그대로 반복해도 좋지만, 약간 표현을 달리하여 새로운 문장으로 마무리한다면 금상첨화! 여기에 결론을 이끄는 연결어를 앞에 써주면 좀 더 고급스러운 문장이 될 수 있다.

Part 6에서는 논리적인 연결이 중요하다. 서론에서 주장하는 바와 결론의 내용이 뒤집혀 버리면 아무리 멋진 어휘로 표현을 했더라도 좋은 점수를 받을 수 없다. 또한, 어휘력이 부족하다면 자신이 알고 있는 어휘를 최대한 활용하여 풀어서 설명할 수 있는 것도 능력이다. 다양한 모범답안들을 공부하여 유용한 표현과 문장을 익히도록 하자.

해석 📎

S1 아니요, 좋지 않다고 생각합니다. 인터넷 상에서 접속한 페이지를 기록하는 조치를 취함으로써, 부모들은 그들의 자녀들을 효율적으로 감시하게 된다고 생각합니다. 저는 인터넷 상에 있는 사람들이 내포하고 있는 위험요소들에 대해 아이에게 가르치는 것이 답이라고 생각합니다. 이렇게 해서, 아이는 그들의 행동에 책임을 져야 한다는 것을 배웁니다. 단순히 위험요소들을 차단하거나 그것들이 존재하지 않는 것처럼 하는 것보다는 적절한 정보로 아이들이 위험요소들에 대해 현명해 질 수 있도록 가르치는 것이 더 낫다고 봅니다.

S2 네, 좋은 생각이고 전적으로 동의합니다. 인터넷을 포함하여, 어떤 방식으로이든 자녀를 보호하는 것이 부모의 의무라고 생각합니다. 아이들이 항상 그들의 행동을 통제할 수 있는 능력을 갖는 것은 아닙니다. 또, 짓궂은 아이는 인터넷을 사용하면서 부족절한 내용물을 열심히 찾기도 할 것입니다. 부모는 한밤중에 아이 혼자 좋지 않은 동네의 어두운 길로 걸어가도록 허락하지 않을 것입니다. 인터넷에 관해서도 마찬가지입니다. 부모는 통제력을 가지고서 아이를 안전하게 지켜야합니다. 아이가 이러한 문제에 관해 스스로 결정을 내릴 수 있을 만큼 충분히 성숙할 때 까지는 말입니다.